Start! 텝스 보카 1500 $^{+}\alpha$

Start! 텝스 보카 1500 $^{+\alpha}$

2015년 8월 10일 초판 인쇄
2015년 8월 15일 초판 발행

지은이 김효상
발행인 손건
편집기획 김상배
마케팅 이언영
디자인 김선옥
제작 최승용
인쇄 선경프린테크

발행처 *LanCom* 랭컴
주소 서울시 영등포구 영신로 38길 17

등록번호 제 312-2006-00060호
전화 02) 2636-0895
팩스 02) 2636-0896
홈페이지 www.lancom.co.kr

ⓒ 김효상 2015
ISBN 978-89-98469-82-5   13740

Start!
텝스 보카 1500 +α

김효상 지음

LanCom
Language & Communication

Preface

텝스에 나오는 어휘는

토익보다 어렵고 토플보다 조금 쉽거나 비슷한 수준이라고 할 수 있

습니다. 기출 문제나 실전 문제를 풀어 보신 분이라면 텝스의 범위에 기가 죽을 수도 있겠지만 절대

로 그럴 필요가 없습니다. 텝스도 시험의 일종이고 모든 시험에는 범위가 있기 때문입니다. 그렇다고 해서

아무 책이나 무작정 붙잡고 단어를 외우는 것은 효율이 너무 떨어지지요.

텝스는 어학 시험 중에서도 어휘력의 중요성이 부각되는 시험이므로

평소에 꾸준히 어휘력을 높이는 것이 관건인데, 그렇다고 해서 사전을 들고 외울

수는 없으니 효율적인 방법이 필요하지요.

이 책이 그 방법을 제시해 드립니다.

이 책은 텝스를 치른 경험이 별로 없는 분들을 위해 개발된 것입니다.

공부하시다 보면 좀 어려운 것도 있고, 이미 잘 알고 있는 단어라고 생각했는데 뜻밖에 공부할 것이 있다

는 것도 아시게 될 것입니다. 이런 점이 텝스의 특징입니다. 그렇기 때문에 평소에 꾸준히 공부하는 것이

중요하며, 이 책도 그런 점에 중점을 두어 구성했습니다.

하루빨리 원하는 텝스 점수를 획득하셔서 여러분의 꿈을 마음껏 펼치실 수 있기를 바랍니다.

I believe you can make it!

이 책의 특징

1 텝스에 출제되었거나 출제될 가능성이 있는 어휘들을 선별하여 난이도 순으로 수록했습니다.

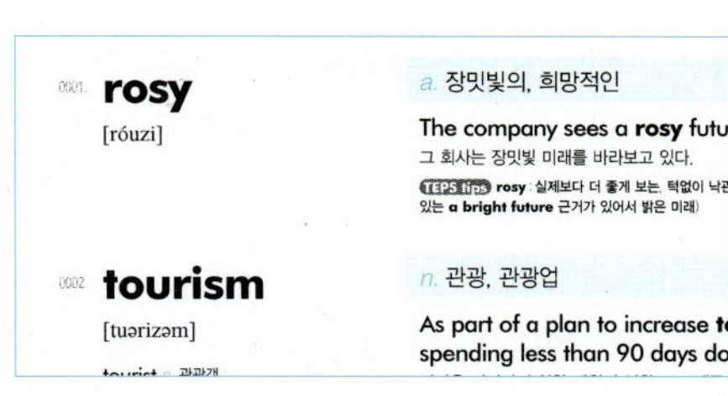

2 표제어의 파생어, 유의어, 반의어 등을 수록하여 입체적인 단어 학습을 도왔습니다.

3 참고 사항으로 TEPS Tips 를 다양하게 수록하여 흥미를 갖고 공부할 수 있게 했습니다.

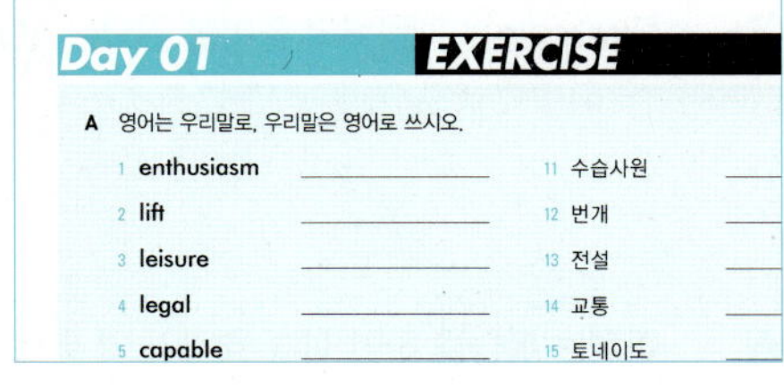

4 하나의 DAY마다 연습 문제를 수록하여 곧바로 복습할 수 있도록 했습니다.

5 단어를 빨리 암기하는 데 도움이 되는 짧은 암기구를 부록에 실었습니다.

이 책의 효과적인 활용법

1 이미 알고 있는 표제어는 예문을 한 번 읽어본 다음 넘어갑니다.

2 모르는 어휘는 일단 정확한 의미를 익히는 데 중점을 두어 학습합니다.

3 시간이 많지 않은 분들은 예문은 건너뛰고 부록으로 제공된 암기구만 공부합니다.

4 이런 식으로 끝까지 한 번 다 공부한 뒤에는 유의어와 반의어, **TEPS Tips** 까지 모두 함께 다시 한 번 봅니다.

5 Exercise는 처음부터 풀어볼 필요는 없고, 책을 한 번 정도 본 다음에 풀어 보면 좋습니다.

6 어휘는 복습을 하면 학습 효과가 몇 배로 늘어납니다. 이는 과학적으로 검증된 사실이기도 합니다. 하루에 공부한 어휘들을 몇 시간 뒤 또는 다음 날에 복습하고, 그 다음에는 3일, 그 다음에는 1주일, 이런 식으로 누적된 학습 내용을 간격을 늘려가며 복습합니다.

TEPS란 어떤 시험?

Test of English Proficiency developed by Seoul National University의 약자로 서울대학교 언어교육원에서 개발하고, TEPS관리위원회에서 주관하는 국가공인 영어시험입니다.

- TEPS는 서울대학교 언어교육원(구 어학연구소)이 집중적인 연구를 통해 개발한 영어능력 평가시험입니다.

- 서울대학교 언어교육원(구 어학연구소)은 대한민국 정부가 공인하는 외국어 능력 측정기관으로 32년간 정부기관, 각급 단체 및 기업체를 대상으로 어학능력을 측정해 왔습니다.

- TEPS는 청해, 문법, 어휘, 독해로 구성되어 있으며 총 200문항, 990점 만점의 시험입니다.

- TEPS는 100여명의 국내외 유수 대학의 최고수준 영어전문가들이 출제합니다.

- TEPS는 언어 테스팅 분야의 세계적 권위자인 Bachman 교수 (미국UCLA)와 Oller 교수(미국 뉴멕시코대)에게서 타당성을 검증받았으며, 지난 10여 년간의 정기시험과 연 100여회 진행된 특별시험으로 신뢰성과 타당도가 입증된 시험입니다.

- TEPS는 우리나라 사람들의 살아있는 영어 실력, 즉 의사소통 능력을 가장 효과적이고 정확하게 측정해주는 시험이라고 할 수 있습니다. TEPS는 진정한 실력자와 비실력자를 확실히 구분할 수 있도록 구성된 시험으로써 변별력에 있어서 본인의 정확한 실력 파악에 실제적인 도움이 됩니다. 또한 TEPS 성적표는 수험생의 영어 능력을 영역별로 세분화한 평가를 해주기 때문에 수험자의 어느 부분이 탁월한지 잘 알 수 있을 뿐만 아니라 효과적인 영어공부 방향을 제시해주기도 합니다.

- TEPS는 다양하고 일반적인 영어능력을 평가하는 시험으로 대학교, 기업체, 각종 기관 및 단체, 개인이 다양한 목적을 위해 응시할 수 있는 시험입니다.

구성 및 등급

TEPS는 청해, 문법, 어휘, 독해 4개 영역에 걸쳐 총 200문항으로 구성되어 있으며 시험시간은 약 2시간 20분입니다. 문항반응이론에 따라 990점 만점으로 채점됩니다.

● 구성

Section		Part별 내용	문항수	시간 · 배점
청취 LC	Part I	**질의응답**(문장 하나를 듣고 이어질 대화 고르기)	15	55분 400점
	Part II	**짧은 대화**(3 문장의 대화를 듣고 이어질 대화 고르기)	15	
	Part III	**긴 대화**(6–8 문장의 대화를 듣고 질문에 해당하는 답 고르기)	15	
	Part IV	**설명문**(담화문의 내용을 듣고 질문에 해당하는 답 고르기)	15	
문법 Grammar	Part I	**짧은 대화**(대화문의 빈칸에 적절한 표현을 고르기)	20	25분 100점
	Part II	**문어체**(문장의 빈칸에 적절한 표현을 고르기)	20	
	Part III	**대화문**(대화에서 어법상 틀리거나 어색한 부분 고르기)	5	
	Part IV	**설명문**(문단에서 문법상 틀리거나 어색한 부분 고르기)	5	
어휘 Vocabulary	Part I	**구어체**(대화문의 빈칸에 적절한 단어 고르기)	25	15분 100점
	Part II	**문어체**(단문의 빈칸에 적절한 단어 고르기)	25	
독해 RC	Part I	**빈칸 넣기**(지문을 읽고 질문의 빈칸에 들어갈 내용 고르기)	16	45분 400점
	Part II	**내용 이해**(지문을 읽고 질문에 가장 적절한 내용 고르기)	21	
	Part III	**흐름 찾기**(지문을 읽고 문맥상 어색한 내용 고르기)	3	
총계		**13개의 Part**	200 문항	140분 990점*

● 텝스 점수와 의사소통 능력 상관표

등급	점수	능력 검정 기준
1⁺급	901~990	**Native Level of Communicative Competence** 외국인으로서 최상급 수준의 의사소통능력 : 교양 있는 원어민에 버금가는 정도로 의사소통이 가능하고 전문분야 업무에 대처할 수 있음
1급	801~900	**Near-Native Level of Communicative Competence** 외국인으로서 최상급 수준에 근접한 의사소통능력 : 단기간 집중 교육을 받으면 대부분의 의사소통이 가능하고 전문분야 업무에 별 무리 없이 대처할 수 있음
2⁺급	701~800	**Advanced Level of Communicative Competence** 외국인으로서 상급 수준의 의사소통능력 : 단기간 집중 교육을 받으면 일반 분야 업무를 큰 어려움 없이 수행할 수 있음
2급	601~700	**High Intermediate Level of Communicative Competence** 외국인으로서 중상급 수준의 의사소통능력 : 중장기간 집중 교육을 받으면 일반 분야 업무를 큰 어려움 없이 수행할 수 있음
3⁺급	501~600	**Mid Intermediate Level of Communicative Competence** 외국인으로서 중급 수준의 의사소통능력 : 중장기간 집중 교육을 받으면 한정된 분야의 업무를 큰 어려움 없이 수행할 수 있음
3급	401~500	**Low Intermediate Level of Communicative Competence** 외국인으로서 중하급 수준의 의사소통능력 : 중장기간 집중 교육을 받으면 한정된 분야의 업무를 다소 미흡하지만 큰 지장 없이 수행할 수 있음
4⁺급	301~400	**Novice Level of Communicative Competence** 외국인으로서 하급수준의 의사소통능력 : 장기간의 집중 교육을 받으면 한정된 분야의 업무를 대체로 어렵게 수행할 수 있음
4급	201~300	
5⁺급	101-200	**Near-Zero Level of Communicative Competence** 외국인으로서 최하급 수준의 의사소통능력 : 단편적인 지식만을 갖추고 있어 의사소통이 거의 불가능함
5급	10~100	

◐ 일러두기

n. 명사   *v.* 동사   *a.* 형용사   *ad.* 부사   *prep.* 전치사   *conj.* 접속사

pl. 복수형   = 유의어   ↔ 반의어

Contents

Advanced Stage

Basic Stage

Day 01 ~ Day 07

Day01

월   일

0001. rosy
[róuzi]

a. 장밋빛의, 희망적인

The company sees a **rosy** future for itself.
그 회사는 장밋빛 미래를 바라보고 있다.

TEPS tips rosy : 실제보다 더 좋게 보는, 턱없이 낙관적인 (**bright** : 낙관적인 근거가 있는 **a bright future** 근거가 있어서 밝은 미래)

0002. tourism
[tuərizəm]

tourist *n.* 관광객

n. 관광, 관광업

As part of a plan to increase **tourism**, visitors spending less than 90 days do not need a visa.
관광을 장려하기 위한 계획의 일환으로, 체류 기간이 90일 미만인 관광객은 비자가 필요 없다.

0003. violent
[váiələnt]

violence *n.* 폭력

a. 난폭한, 폭력적인 = **fierce, aggressive**

Do **violent** computer games really cause people to become more aggressive?
폭력적인 컴퓨터 게임은 정말로 사람들을 더 공격적으로 만들까?

0004. virtue
[və́:rtʃu:]

virtuous *a.* 덕이 있는

n. 미덕, 선행, 장점 = **advantage** ↔ **vice**

Among his many **virtues**, he is always direct and honest.
그는 여러 장점이 있지만 특히 언제나 올곧고 정직하다.

0005. visible
[vízəbəl]

visibility *n.* 눈에 보임

a. 눈에 보이는, 명백한 = **obvious** ↔ **invisible**

A single headlight was suddenly **visible** far below them.
그들이 있던 곳에서 저 멀리 아래로 전조등 하나가 갑자기 나타났다.

☐ rosy ☐ tourism ☐ violent ☐ virtue ☐ visible

0006. vital
[váitl]

vitality *n.* 중대함, 생명력

a. 매우 중요한 = **crucial**, **critical**, 생명의

His evidence was **vital** to the defense case.
그가 갖고 있는 증거가 피고의 변호에 아주 중요했다.

0007. vote
[vout]

voter *n.* 투표인

n. v. 투표(하다)

Do you think my **vote** really makes a difference?
내 한 표가 정말로 중요한 역할을 한다고 생각하니?

0008. wage
[weidʒ]

n. 임금, 급여

Eva earns an hourly **wage** of $15.
에바는 시급 15달러를 받는다.

0009. sense
[sens]

n. 감지, 감각 *v.* 감지하다

After a while, I **sensed** that he was no longer listening.
얼마 있다가 나는 그가 더 이상 귀를 기울이지 않는다는 것을 느꼈다.

0010. sentimental
[sèntəméntl]

sentiment *n.* 감성

a. 감성적인, 감정이 풍부한

I quite enjoyed the movie but I thought the ending was a little **sentimental.** 그 영화를 참 재미있게 보기는 했는데 결말이 조금 신파적이었던 것 같다.

0011. serious
[síəriəs]

seriousness *n.* 진지함

a. 진지한, 심각한 = **grave**

Friends described him as a **serious** and thoughtful man.
친구들은 그가 진지하고 생각이 많은 사람이라고 했다.

☐ vital ☐ vote ☐ wage ☐ sense ☐ sentimental ☐ serious

0012. value
[vǽljuː]
valuable *a.* 값진

n. 가치, 가격 = **price**
Real estate **values** continue to rise.
부동산 가격이 계속 오르고 있다.
(⊙ 1142 **valuable**)

0013. vary
[véəri]
various *a.* 다양한
variety *n.* 다양함

v. 다양하다, 다르다 = **differ**, 바꾸다
Her income **varies** considerably from one month to the next.
그녀의 수입은 달마다 상당히 많이 다르다.

0014. vast
[væst / vɑːst]

a. 거대한, 엄청난 = **immense**, **enormous**, **huge**
Vast areas of the Amazon rainforest have been destroyed.
아마존 우림 중에 아주 넓은 지역이 파괴된 상태이다.

0015. vehicle
[víːikəl / víːhi-]

n. 차량
Only about 240,000 **vehicles** were sold despite a massive $86 billion ad campaign by the auto industry.
자동차 업계에서 무려 860억 달러나 들여 광고를 했는데도 판매된 차량은 24만대밖에 되지 않았다.

0016. tornado
[tɔːrnéidou]

n. 토네이도
Tornadoes can lift houses and trees and put them down miles away. 토네이도는 집과 나무를 땅에서 뽑아내어 몇 마일 떨어진 곳까지 날려버릴 수 있다.

0017. total
[tóutl]

n. 총계 *a.* 완전한 *v.* 총 ~이다
The company was forced to pay fines and penalties **totaling** $35.5 million.
그 회사는 총 3550만 달러의 벌금을 납부해야 했다.

☐ value ☐ vary ☐ vast ☐ vehicle ☐ tornado ☐ total

0018. **traffic**
[trǽfik]

n. 교통

There's been a lot more **traffic** around here since they opened the mall.
쇼핑몰이 개장한 뒤로 이 근처에 몰리는 차량이 더 많아졌다.

0019. **operation**
[àpəréiʃən / ɔ̀p-]

operate v. 작동하다, 수술하다

n. 작동, 수술

Tell the mechanic to check the **operation** of the ignition system.
정비공한테 시동 장치의 작동을 확인해 달라고 말해라.

0020. **offer**
[ɔ́(:)fər / áf-]

v. 제공하다, 제안하다 n. 제안

Carl was **offered** a huge salary to become team manager.
칼은 팀장을 맡으면 거액의 연봉을 주겠다는 제안을 받았다.

0021. **executive**
[igzékjətiv]

n. 임원, 중역 a. 관리직의, 행정의

Richard, a former congressman, is now an **executive** for a large charity.
전직 국회의원이었던 리처드는 지금 큰 자선단체의 임원이다.

0022. **recognize**
[rékəgnàiz]

recognition n. 인식

v. 알아보다, 인식하다, 인정하다 = **acknowledge**

I wonder if Korean medical qualifications are **recognized** abroad.
한국의 의사 자격증이 외국에서 인정되는지 궁금합니다.

0023. **capable**
[kéipəbəl]

capability n. 능력

a. 능력 있는 = **skilled**, **competent**, 감당할 수 있는

Rebecca was, without question, the most **capable** technician on the team.
레베카는 의심할 여지없이 팀에서 가장 능력 있는 기술자였다.

□ traffic □ operation □ offer □ executive □ recognize □ capable

0024.
legal
[lígəl]

legalize *v.* 합법화하다

a. 법의, 합법적인 = **lawful** ↔ **illegal**

Consumers have the **legal** right to demand their money back if a product is faulty. 소비자는 구입한 제품이 불량일 경우 환불을 요구할 법적 권리를 갖고 있다.

0025.
legend
[lédʒənd]

legendary *a.* 전설적인

n. 전설

Elvis Presley is a **legend** of rock and roll.
엘비스 프레슬리는 로큰롤의 전설이다.

0026.
leisure
[líːʒəːr / léʒ-]

leisurely *a.* 한가한

n. 여가, 한가함

The reduction in average working hours has led to an increase in **leisure** time.
평균 노동 시간이 감소하자 여가 시간이 증가했다.

0027.
lift
[lift]

v. 들어 올리다 = **raise**

Firefighters had to use a mobile crane to **lift** the carriages back onto the rails. 소방관들이 객차를 철로 위에 다시 올려놓기 위해 이동식 크레인을 사용해야 했다.

0028.
lightning
[láitniŋ]

n. 번개

A flash of **lightning** lit up the whole sky.
번개가 한 번 번쩍 하자 온 하늘이 밝아졌다.

0029.
intern
[intə́ːrn]

internship *n.* 수습 기간

n. 수습사원, (의대) 인턴

She refused to be treated by an **intern** and demanded to see a qualified doctor.
그녀는 인턴에게 치료받기를 거부하고 자격증을 가진 의사를 데려오라고 요구했다.

☐ legal ☐ legend ☐ leisure ☐ lift ☐ lightning ☐ intern ☐ enthusiasm

0030. # enthusiasm

[enθúːziæzəm]

enthusiastic *a.* 열정적인
enthusiast *n.* 애호가

n. 열정, 정열

She plays tennis with great **enthusiasm**, but not very well.
그녀는 테니스를 무척 열심히 치기는 하는데 별로 잘 치지는 못한다.

Day 01 — EXERCISE

A 영어는 우리말로, 우리말은 영어로 쓰시오.

1	enthusiasm	_____	11 수습사원	_____
2	lift	_____	12 번개	_____
3	leisure	_____	13 전설	_____
4	legal	_____	14 교통	_____
5	capable	_____	15 토네이도	_____
6	recognize	_____	16 관광	_____
7	executive	_____	17 다양하다	_____
8	offer	_____	18 미덕	_____
9	rosy	_____	19 투표	_____
10	vehicle	_____	20 급여	_____

B 빈칸에 알맞은 것을 보기에서 고르시오.

보기   ⓐ visible   ⓑ violent   ⓒ vast   ⓓ sentimental

1 Do _____ computer games really cause people to become more aggressive?
폭력적인 컴퓨터 게임은 정말로 사람들을 더 공격적으로 만들까?

2 I quite enjoyed the movie but I thought the ending was a little _____ .
그 영화를 참 재미있게 보기는 했는데 결말이 조금 신파적이었던 것 같다.

3 A single headlight was suddenly _____ far below them.
그들이 있던 곳에서 저 멀리 아래로 전조등 하나가 갑자기 나타났다.

정답   **A** 1. 열정 2. 올리다 3. 여가 4. 합법적인 5. 능력 있는 6. 알아보다 7. 중역 8. 제공하다 9. 장밋빛의 10. 차량
11. intern 12. lightning 13. legend 14. traffic 15. tornado 16. tourism 17. vary 18. virtue 19. vote 20. wage
B 1. ⓑ 2. ⓓ 3. ⓐ

Day02

0031. blueprint
[blú:prìnt]

n. 청사진, 설계도, 계획

There is no **blueprint** for dealing with the conflicts when they arise.
갈등이 발생했을 때 해결하기 위한 계획이 마련되어 있지 않다.

0032. strict
[strikt]

a. 엄격한, 엄밀한 = **exact**

Dates must be listed in **strict** chronological order.
날짜는 정확히 시간 순서대로 나열해야 한다.

0033. strike
[straik]

n. 파업

Since the miners' **strike**, thirty of the mines in the area have been closed.
광부들이 파업을 시작한 이후 그 지역의 광산 중 30군데가 휴업 상태이다.

0034. structure
[strʌ́ktʃər]

structural *a.* 구조적인

n. 구조(물), 건물

The **structure** of the U.S. education system lacks centralization.
미국 교육 체제의 구조는 중앙 집중화가 안 되어 있다.

0035. pursue
[pərsú: / -sjú:]

pursuit *n.* 추구
pursuer *n.* 추적자

v. 추구하다, 뒤쫓다 = **chase**

A good reporter will **pursue** a story until he or she knows all the facts.
훌륭한 기자는 모든 사실을 알아낼 때까지 한 사건을 계속 파헤치는 사람이다.

☐ blueprint ☐ strict ☐ strike ☐ structure ☐ pursue

0036. quarter
[kwɔ́:rtər]

quarterly *a.* 1년에 4회 하는 *n.* 계간지

n. 4분의 1, 25센트, 15분, 분기

The company's profits rose in the first **quarter** of the year.
그 회사의 올해 1분기 수익이 증가했다.

0037. clash
[klæʃ]

n. 다툼 = **conflict**, 부딪힘 *v.* 싸우다

Choose bright colors, but make sure they don't **clash.** 밝은 색상을 고르되 서로 어울리지 않는 색은 피하세요.

0038. interior
[intí(:)əriər]

a. 실내의 ↔ **exterior** *n.* 실내

When my wife and I chose the car it was for its comfort, performance and **interior** space.
아내와 내가 그 차를 선택한 것은 편안함과 성능, 그리고 실내 공간 때문이었다.

0039. industrial
[indʌ́striəl]

industry *n.* 산업

a. 산업의, 공업의, 산업근로자

The factory has developed an ingenious way of dealing with **industrial** waste.
그 공장은 산업 폐기물을 처리하는 기발한 방법을 개발해 냈다.

0040. enormous
[inɔ́:rməs]

enormity *n.* 거대함

a. 거대한, 엄청난 = **huge**, **immense**

He has an **enormous** amount of work to finish before Friday.
그는 금요일 전까지 끝내야 할 일이 엄청나게 많다.

0041. universal
[júːnəvə̀:rsəl]

a. 보편적인

It is not easy to write a song that has **universal** appeal.
보편적인 호소력을 지닌 노래를 작곡하기는 쉽지 않다.

☐ quarter ☐ clash ☐ interior ☐ industrial ☐ enormous ☐ universal

0042. **appropriate**

[əpróuprəit]

appropriateness *n.* 적절함

a. 적당한, 타당한 = **proper** ↔ **inappropriate**

Considering what he did, I think the punishment was **appropriate.**
그가 한 행동을 생각하면 그 처벌은 적절했다고 생각한다.

0043. **splash**

[splæʃ]

v. (물 등을) 튀기다, 튀다 = **splatter**

Ray fell into the river with a loud **splash.**
레이는 요란하게 풍덩 소리를 내며 강에 빠졌다.

0044. **religion**

[rilídʒən]

religious *a.* 종교의, 신앙심 깊은

n. 종교, 종파, 신앙(심), 신조

My beliefs about abortion are not influenced by **religion.**
낙태에 대한 나의 신념은 종교의 영향을 받지 않은 것이다.

0045. **harvest**

[háːrvist]

n. 수확 *v.* 수확하다 = **reap**

Once again this autumn, I lost the race with the squirrels to **harvest** the hazel nuts. 나는 올 가을 헤이
즐넛을 수확하는 철에 청설모와 벌이는 경주에서 또 졌다.

0046. **shield**

[ʃiːld]

n. 방패, 보호막 *v.* 보호하다 = **protect**

Sunblock acts as a kind of **shield** against the sun's harmful ultraviolet rays. 자외선방지 크림은 태양이 발
산하는 해로운 자외선을 차단하는 일종의 보호막 역할을 한다.

0047. **shortage**

[ʃɔ́ːrtidʒ]

n. 부족 = **dearth, lack**

Parts of Korea are suffering water **shortages** after the unusually dry winter. 한국은 예년에 비해 강수량
이 적었던 겨울이 지나자 곳곳에서 물 부족을 겪고 있다.

☐ appropriate ☐ splash ☐ religion ☐ harvest ☐ shield ☐ shortage

0048. **short-cut**
[ʃɔ́ːrt kʌt]

n. 지름길, 요령

Taxi drivers know all the **short-cuts.**
택시 운전사들은 모든 지름길을 안다.

0049. **shower**
[ʃóuəːr]

n. 소나기

Heavy **showers** are forecast for the weekend.
주말에 소나기로 많은 비가 올 것으로 예상됩니다.

0050. **shy**
[ʃai]

a. 수줍은, 부족한 = **short** *v.* 피하다

I will not **shy** away from tackling difficult subjects that may cause offense. 나는 불쾌감을 유발할 수도 있는 까다로운 문제에 맞서는 일을 피하지 않을 것이다.

0051. **sidewalk**
[sáidwɔ̀ːk]

n. 보도, 인도 = **pavement**

A woman in a yellow sundress came toward him, then veered quickly off the **sidewalk.**
노란 민소매 드레스를 입은 여자가 그에게 다가오다 갑자기 방향을 틀어 보도 밖으로 나갔다.

0052. **sightseeing**
[sáitsìːiŋ]

sightseer *n.* 관광객

n. 관광

After an afternoon's **sightseeing** we were all exhausted.
오후 내내 관광을 다니고 나서 우리는 모두 녹초가 되었다.

0053. **sincerely**
[sinsíəːrli]

sincere *a.* 진실한

ad. 진심으로, 진실로

We **sincerely** regret any trouble this has caused.
저희는 이번 일로 발생한 문제를 진심으로 유감스럽게 생각합니다.

☐ short-cut ☐ shower ☐ shy ☐ sidewalk ☐ sightseeing ☐ sincerely

0054. remarkable
[rimá:rkəbl]

remarkably *ad.* 놀랍도록

a. 무척 놀라운 = **astonishing**

Clark did a **remarkable** job setting things up for the meeting. 클라크는 회의에 필요한 준비를 아주 잘 했다.

0055. tissue
[tíʃuː]

n. 신체 조직

Scientists have created disease by inoculating animals with brain **tissue** from infected animals.
과학자들은 병균에 감염된 동물의 뇌 조직을 다른 동물에게 주입하여 질병을 유발했다.

0056. proportion
[prəpóːrʃən]

proportional *a.* 비례하는

n. 비율, 비례 = **ratio**

A high **proportion** of the products tested were found to contain harmful chemicals.
검사를 받은 제품들 중 다수가 해로운 화학물질을 함유한 것으로 나타났다.

0057. radiator
[réidièitəːr]

n. 난방기, 냉각기

He paused by one of the **radiators** to warm his hands. 그는 손을 녹이려고 난방기 옆에서 잠깐 멈춰 섰다.

0058. vibration
[vaibréiʃən]

vibrate *v.* 진동하다

n. 진동

Bottles sometimes fell off the shelves because of **vibration** from above.
위에서 발생하는 진동 때문에 선반에 놓인 병이 가끔 바닥에 떨어졌다.

0059. numerous
[njúːmərəs]

a. 매우 많은 = **innumerable, countless**

I want to thank all the people, too **numerous** to mention, who've helped me win this election.
일일이 거명하기에는 너무 많지만, 제가 이 선거에 당선되는 데 도움을 주신 모든 분들께 감사드리고 싶습니다.

☐ remarkable ☐ tissue ☐ proportion ☐ radiator ☐ vibration ☐ numerous ☐ combine

0060. # combine

[kəmbáin]

combination *n.* 연결

v. 연결하다, 합치다

Combine the egg yolks and the cream, and cook over a low heat.

달걀 노른자와 크림을 섞은 다음 은근한 불에 익히세요.

Day 02   EXERCISE

A 영어는 우리말로, 우리말은 영어로 쓰시오.

1	combine	___________	11	진동	___________
2	numerous	___________	12	신체조직	___________
3	radiator	___________	13	소나기	___________
4	proportion	___________	14	지름길	___________
5	remarkable	___________	15	방패	___________
6	sincerely	___________	16	수확	___________
7	sightseeing	___________	17	종교	___________
8	sidewalk	___________	18	보편적인	___________
9	shortage	___________	19	산업의	___________
10	appropriate	___________	20	거대한	___________

B 빈칸에 알맞은 것을 보기에서 고르시오.

보기 ⓐ pursue   ⓑ shy   ⓒ crash   ⓓ clash

1 Choose bright colors, but make sure they don't __________ .

밝은 색상을 고르되 서로 어울리지 않는 색은 피하세요.

2 A good reporter will __________ a story until he or she knows all the facts.

훌륭한 기자는 모든 사실을 알아낼 때까지 한 사건을 계속 파헤치는 사람이다.

3 I will not __________ away from tackling difficult subjects that may cause offense.

나는 불쾌감을 유발할 수도 있는 까다로운 문제에 맞서는 일을 피하지 않을 것이다.

정답 **A** 1. 연결하다 2. 아주 많은 3. 난방기 4. 비율 5. 대단한 6. 진심으로 7. 관광 8. 인도 9. 부족 10. 적절한
11. vibration 12. tissue 13. shower 14. short-cut 15. shield 16. harvest 17. religion 18. universal 19. industrial
20. enormous **B** 1. ⓓ 2. ⓐ 3. ⓑ

Day03

월   일

0061. accompany

[əkʌ́mpəni]

accompaniment *n.* 동행

v. 동행하다, 반주하다

Children under 10 must be **accompanied** by an **adult.** 10세 미만의 아동은 어른과 함께 와야 합니다.

0062. mechanical

[məkǽnikəl]

machine *n.* 기계
mechanic *n.* 정비공

a. 기계의, 틀에 박힌 = **routine**

A **mechanical** problem may be to blame for the crash. 기계적 결함이 그 추락사고의 원인일 수도 있다.

0063. garbage

[gáːrbidʒ]

n. 쓰레기 = **trash, rubbish**

You can throw out all the stuff in that cupboard, it's **garbage.**
그 찬장에 있는 물건은 죄다 내다버려도 돼. 쓰레기니까.

0064. imitation

[ìmətéiʃən]

imitate *v.* 흉내 내다

n. 모조품, 성대모사 = **impersonation** *a.* 모조의

The necklace was a cheap **imitation**, but she was obviously very proud of it. 그 목걸이는 싸구려 모조품이었지만 그녀는 그것을 매우 자랑스러워하는 듯했다.

0065. neighborhood

[néibərhùd]

neighbor *n.* 이웃

n. 근처, 동네 = **vicinity**

The Robins live in a very wealthy **neighborhood.**
로빈스 가족은 엄청 부자 동네에서 산다.

□ accompany □ mechanical □ garbage □ imitation □ neighborhood

0066. variation
[vɛ̀əriéiʃən]
vary *v.* 다르다

n. 변화 = **alteration**, 차이

There is a great deal of **variation** among the responses. 응답들이 각각 상당한 차이를 보인다.

0067. occasionally
[əkéiʒənəli]
occasional *a.* 드문드문한

ad. 가끔, 때때로 = **sometimes**

Occasionally we go out to restaurants, but mostly we eat at home.
우리는 가끔 레스토랑에서 외식할 때도 있지만 대개는 집에서 먹는다.

0068. ruin
[rú(ː)in]

v. 부수다 = **wreck**, 망치다
n. 파괴 = **destruction**, 폐허

A long strike would **ruin** the company.
파업이 길어지면 그 회사는 망할 수도 있다.

0069. bother
[báðər]
bothersome *a.* 성가신

v. 괴롭히다, 성가시게 하다 = **irritate**, **disturb**

Something's **bothering** him but I'm not sure what.
그는 뭔가 고민이 있는데 무엇인지는 잘 모르겠다.

0070. freshman
[fréʃmən]

n. (고교, 대학) 1학년

Chris remembers his **freshman** year at UCLA as if it were yesterday.
크리스는 UCLA 1학년 시절을 마치 어제처럼 선명하게 기억한다.

0071. sophomore
[sáfəmɔ̀ːr]

n. (고교, 대학) 2학년

George dropped out of college in his **sophomore** year. 조지는 2학년 때 대학을 중퇴했다.

☐ variation ☐ occasionally ☐ ruin ☐ bother ☐ freshman ☐ sophomore

0072. **senior**
[síːnjər]

n. 대학 4학년, 고교 최고 학년, 연상 ↔ **junior**

I can't believe that Casey is a high school **senior** already.
케이시가 벌써 고등학교 3학년이라니 믿기지 않는다.

0073. **tutor**
[tjúːtər]

n. 개인 교사 *v.* 개인 교습을 하다

All students received **tutoring** and academic and personal counseling.
모든 학생들이 개인 교습과 학문적, 개인적 문제로 상담을 받았다.

0074. **ashamed**
[əʃéimd]

shame *n.* 치욕

a. 창피해하는 = **regretful**

For a long time I was **ashamed** of my father and the fact he never finished school. 오랫동안 나는 아버지를 창피해했고 그가 학교를 졸업하지 못했다는 사실을 창피해했다.

0075. **register**
[rédʒəstər]

registration *n.* 등록
registry *n.* 등기

v. 등록하다 = **enroll**

Call or write to the consumer affairs board to **register** your complaint. 불만사항을 접수하시려면 소비자 담당부서로 전화나 편지를 주십시오.

0076. **awful**
[ɔ́ːfəl]

a. 끔찍한, 심한 = **terrible**, **horrible**

I felt **awful** about not being able to help.
나는 도와줄 수 없어서 기분이 무척 언짢았다.

TEPS tips **awesome** *a.* 멋진, 굉장한

0077. **historical**
[histɔ́(ː)rikəl]

history *n.* 역사
historic *a.* 역사적으로 중요한
historian *n.* 역사가

a. 역사의, 실제 있었던

It is crucial to understand the **historical** background.
역사적 배경을 이해하는 것이 매우 중요하다.

☐ senior ☐ tutor ☐ ashamed ☐ register ☐ awful ☐ historical

0078. illustrate
[íləstrèit]

illustration *n.* 묘사

v. 그림을 넣다, 증명하다= **demonstrate**

The experiment **illustrates** how careful you have to be when interpreting results. 그 실험은 실험결과를 해석할 때 얼마나 주의를 기울여야 하는지를 보여준다.

0079. originate
[ərídʒənèit]

origin *n.* 기원
original *a.* 독창적인

v. 생겨나다 = **result**, 만들다 = **create**

Buddhism **originated** in India and came to China in the first century A.D.
불교는 인도에서 창시되어 서기 1세기에 중국으로 전해졌다.

0080. substance
[sʌ́bstəns]

n. 물질 = **material**, 실체

Poisonous **substances**, such as garden chemicals, should be clearly labeled. 정원용 화학 약품과 같은 독성 물질에는 잘 보이도록 표지를 붙여야 한다.

0081. livestock
[láivstàk]

n. 가축

A tiger had been ravaging the countryside and killing the villagers' **livestock**. 호랑이 한 마리가 시골마을을 쑥대밭으로 만들면서 마을사람들의 가축을 죽이고 있었다.

0082. uncomfortable
[ʌnkʌ́mfərtəbl]

uncomfortably *ad.* 불편하게

a. 불편한, 불쾌한
= **discomforting** ↔ **comfortable**

All this talk about love and romance was making me **uncomfortable.**
사랑과 연애에 대한 이야기는 나를 불편하게 만들 뿐이었다.

0083. disappoint
[dìsəpɔ́int]

disappointment *n.* 실망

v. 실망시키다 = **dismay**

Timberlake promised a great performance, and he didn't **disappoint.**
팀버레이크는 멋진 공연을 약속했고 실망시키지 않았다.

☐ illustrate ☐ originate ☐ substance ☐ livestock ☐ uncomfortable ☐ disappoint

0084. recently

[rí:səntli]

recent *a.* 최근의

ad. 최근에 = **lately**

This is a new species of plant that was only **recently** discovered in southern Brazil.
이것은 아주 최근에 브라질 남부에서 발견된 새로운 종의 식물이다.

0085. pill

[pil]

n. 알약

I took a couple of **pills** for my stuffy nose.
나는 코가 막혀서 약을 두 알 먹었다.

0086. suck

[sʌk]

v. 빨다, 빨아먹다 = **absorb**

He's eight years old and he still **sucks** his thumb.
그는 여덟 살인데 아직도 엄지손가락을 빤다.

0087. flatter

[flǽtər]

flattery *n.* 아첨

v. 아첨하다 = **adulate, praise**

His **flattering** comments embarrassed her.
그가 아첨하는 말을 하자 그녀는 당황했다.

0088. bud

[bʌd]

n. 봉오리, 꽃눈, 잎눈 = **sprout**

A twig she had picked has burst into **bud** in a vase.
그녀가 꺾어 온 나뭇가지가 꽃병 속에서 잎눈을 틔웠다.

0089. struggle

[strʌ́gl]

n. 투쟁 = **strife**
v. 발버둥 치다, 애쓰다 = **endeavor, strive**

It seems that he **struggled** with the robber and got quite seriously hurt.
그는 강도와 몸싸움을 벌이다 꽤 심각한 부상을 입은 것으로 보인다.

☐ recently ☐ pill ☐ suck ☐ flatter ☐ bud ☐ struggle ☐ ordinary

0090. # **ordinary**

[ɔ́:rdənèri / ɔ́:dənəri]

ordinarily *ad.* 보통은

a. 평범한 = **common** ↔ **extraordinary**

Can you get connected to the Internet through an ordinary telephone line?
일반 전화선을 통해 인터넷에 연결할 수 있습니까?

Day 03   *EXERCISE*

A 영어는 우리말로, 우리말은 영어로 쓰시오.

1	ordinary		11	아첨하다
2	struggle		12	빨다
3	originate		13	알약
4	illustrate		14	최근에
5	historical		15	실망시키다
6	awful		16	불편한
7	ashamed		17	가축
8	freshman		18	등록하다
9	bother		19	개인 교사
10	ruin		20	동네

B 빈칸에 알맞은 것을 보기에서 고르시오.

보 기   ⓐ sophomore   ⓑ bud   ⓒ senior   ⓓ substances

1 A twig she had picked has burst into __________ in a vase.
그녀가 꺾어 온 나뭇가지가 꽃병 속에서 잎눈을 틔웠다.

2 George dropped out of college in his __________ year.
조지는 2학년 때 대학을 중퇴했다.

3 Poisonous __________ , such as garden chemicals, should be clearly labeled.
정원용 화학 약품과 같은 독성 물질에는 잘 보이도록 표지를 붙여야 한다.

정답   **A** 1. 평범한   2. 투쟁   3. 생겨나다   4. 묘사하다   5. 역사의   6. 끔찍한   7. 창피해하는   8. (고교, 대학) 1학년   9. 귀찮게 하다   10. 망치다   11. flatter   12. suck   13. pill   14. recently   15. disappoint   16. uncomfortable   17. livestock   18. register   19. tutor   20. neighborhood   **B** 1. ⓑ   2. ⓐ   3. ⓓ

Day 04

월   일

0091. popular
[pápjələr / póp-]
popularity *n.* 인기

a. 인기 있는, 대중적인 = **pop** ↔ **unpopular**

Chatlines have proved very **popular** with young people.
전화 채팅이 젊은이들에게 매우 인기 있는 것으로 나타났다.

0092. unfortunately
[ʌnfɔ́ːrtʃənitli]
unfortunate *a.* 운 없는

ad. 불행히도, 운 없게도
= **regrettably** ↔ **fortunately**

Unfortunately, I've already made plans for that weekend.   아쉽지만 저는 그 주말에 이미 약속이 있습니다.

0093. normally
[nɔ́ːrməli]
normal *a.* 보통의
normalcy *n.* 평소

ad. 일반적으로 = **generally**, 평소대로

Normally, it takes me twenty minutes to get to work.
나는 보통 출근하는 데 20분이 걸린다.

0094. fix
[fiks]

v. 확정하다 = **set**, 고치다 = **repair**, **mend**

Gary waited while Tina **fixed** the projector.
티나가 프로젝터를 고치는 동안 게리는 기다렸다.

0095. dumb
[dʌm]

a. 멍청한 = **stupid**,
    말을 못하는 = **speech-impaired**

He stared in **dumb** misery at the wreckage of the car.
그는 멍하니 참담한 표정으로 박살난 차를 바라보았다.

☐ popular ☐ unfortunately ☐ normally ☐ fix ☐ dumb

0096. **crush**

[krʌʃ]

v. 으깨다 = **squeeze**,
진압하다 = **put down**, **quash**

Coconuts have to be **crushed** in order to extract their oil.
코코넛에서 기름을 짜내려면 으깨야 한다.

0097. **progress**

[prágrəs / próug-]

progressive a. 진보적인

n. 발전, 진보, 진척

Any **progress** in cancer research may help to save lives.
암 연구의 발전은 모두 생명을 구하는 데 도움이 될 것이다.

0098. **positive**

[pázətiv / póz-]

a. 긍정적인, 효과적인, 양성의 ↔ **negative**, 확신하는

I'm absolutely **positive** I haven't made a mistake.
나는 실수를 하지 않았다고 100퍼센트 확신한다.

0099. **cash**

[kæʃ]

n. 현금 v. 현금으로 바꾸다

No interest will be paid if it is **cashed** in within first year.
1년 이내에 현금으로 전환하는 경우 이자는 지급되지 않는다.

0100. **alternative**

[ɔːltə́ːrnətiv / æl-]

alternate v. 번갈아 하다
alternatively ad. 또는

n. 대안 a. 대안적인

Alternative medicine can cure many problems but not diseases like cancer. 대체 의학은 여러 가지 질환을 치료할 수는 있지만 암 같은 질병은 해당 안 된다.

0101. **coworker**

[kóuwə̀ːrkər]

n. 동료 = **colleague**

The manual explains what to do if a **coworker** is injured and in need of medical attention.
그 설명서에는 동료가 부상을 당해서 의료 조치가 필요한 경우 어떻게 해야 하는지 나와 있다.

☐ crush ☐ progress ☐ positive ☐ cash ☐ alternative ☐ coworker

0102. **refill**

[riːfíl]

refillable *a.* 다시 채워 쓸 수 있는

v. 다시 채우다 *n.* 한 잔 더

Richard got a second **refill** on his coffee.
리처드에게 두 잔째 커피를 따라 주었다.

0103. **institution**

[ìnstətjúːʃən]

institutional *a.* 기관의
institutionalize *v.* 기관에 보내다

n. 기관, 조직, 제도

Children in these **institutions** do not receive good care because the government cannot afford it. 이 기관에 있는 아이들을 제대로 돌보지 못하는 것은 정부가 운영비를 감당하지 못하기 때문이다.

0104. **medical**

[médikəl]

medicine *n.* 의학, 약

a. 의학의, 의료의

As many as 30,000 refugees died of hunger and a lack of **medical** care.
무려 3만 명의 난민이 굶주리고 치료를 받지 못해 사망했다.

0105. **reward**

[riwɔ́ːrd]

n. v. 보상(하다)

She got no **reward** for all the hard work she did.
그녀는 열심히 일을 했는데도 전혀 보상을 받지 못했다.

0106. **nearly**

[níərli]

ad. 거의 = **almost**

The long story is **nearly** impossible to follow.
그 이야기는 너무 길어서 따라가기가 거의 불가능하다.

0107. **outer**

[áutər]

a. 외부의, 맨 바깥의 = **external** ↔ **inner**

As they reached the **outer** suburbs it began to drizzle slightly.
그들이 시 외곽에 들어서자 가랑비가 내리기 시작했다.

☐ refill ☐ institution ☐ medical ☐ reward ☐ nearly ☐ outer

0108. **profit**
[práfit / prɔ́f-]

profitable *a.* 이익을 내는

n. 이익, 수익 = **benefit** ↔ **loss**

For the first time, the company's annual **profits** were over $1 million.
처음으로 그 회사의 연간 수익이 1백만 달러를 넘어섰다.

0109. **resource**
[ríːsɔːrs / -zɔːrs / rizɔ́ːrs]

n. 자원

The country is rich in organic and mineral **resources.**
그 나라는 유기물 자원과 광물 자원이 풍부하다.

0110. **gallery**
[ǽləri]

n. 전시관, 2층석 = **balcony**

Carlyle is showing some of his work in one of the **galleries** downtown.
칼라일은 시내에 있는 한 전시관에서 자신의 작품을 전시하고 있다.

0111. **sensitive**
[sénsətiv]

sensitivity *n.* 민감함

a. 민감한, 예민한 ↔ **insensitive**

He's **sensitive** about his bad teeth, so try not to look at them.
그는 고르지 못한 자기 치아에 예민하니까 그의 치아를 보지 않도록 해.

0112. **conclude**
[kənklúːd]

conclusion *n.* 결론
conclusive *a.* 결정적인

v. 결론짓다, 마무리 짓다

By July the research team had **concluded** the main part of its work.
7월에 연구팀은 작업의 주요 부분을 마무리 지은 상태였다.

0113. **accurate**
[ǽkjərit]

accuracy *n.* 정확함

a. 정확한 = **correct**

I think your assessment of the current economic situation is pretty **accurate.**
현재 경제 상황에 대한 당신의 평가는 상당히 정확하다고 생각합니다.

☐ profit ☐ resource ☐ gallery ☐ sensitive ☐ conclude ☐ accurate

0114. **reaction**

[riːǽkʃən]

react *v.* 반응하다

n. 반응, 반작용

Can you tell us about your first **reactions** to this news?
당신이 소식을 접하고 나서 처음 보인 반응을 말씀해 주시겠어요?

0115. **length**

[leŋθ]

lengthen *v.* 연장하다

n. 길이, 기간

Actually, no one has legs of exactly equal **length**.
사실 양다리의 길이가 완전 똑같은 사람은 없다.

0116. **ceremony**

[sérəmòuni / -məni]

ceremonial *a.* 예식의

n. 예식, 의식

A **ceremony** is held every year to remember those who died in the war.
전쟁 당시에 사망한 사람들을 기리는 의식이 해마다 열린다.

0117. **quantity**

[kwántəti / kwɔ́n-]

quantitative *a.* 양의

n. 양, 분량 = **amount** ↔ **quality**

An enormous **quantity** of chemical waste has been dumped in the river.
엄청난 양의 화학 폐기물이 전부터 계속 그 강에 버려졌다.

0118. **rapid**

[rǽpid]

rapidity *n.* 빠름

a. 빠른, 급격한

Adolescence is a period of great and **rapid** change.
사춘기는 대폭의 급격한 변화가 일어나는 시기이다.

0119. **block**

[blɑk / blɔk]

n. 구획 *v.* 가로막다, 못 하게 하다

A big truck had turned over on its side, and it was **blocking** the road.
큰 트럭 한 대가 옆으로 쓰러져서 도로를 가로막고 있었다.

□ reaction □ length □ ceremony □ quantity □ rapid □ block □ custom

0120. # custom
[kʌ́stəm]

customary *a.* 관습적인

n. 관습 = **practice**, 습관 = **habit**

It is the custom in Korea to take your shoes off when you go into someone's house.
한국에서는 집안에 들어갈 때 신발을 벗는 것이 관습으로 되어 있다.

Day 04 — EXERCISE

A 영어는 우리말로, 우리말은 영어로 쓰시오.

1 rapid	___________	11 관습	___________
2 quantity	___________	12 가로막다	___________
3 ceremony	___________	13 반응	___________
4 length	___________	14 결론짓다	___________
5 accurate	___________	15 민감한	___________
6 gallery	___________	16 다시 채우다	___________
7 resource	___________	17 동료	___________
8 outer	___________	18 대안	___________
9 nearly	___________	19 현금	___________
10 medical	___________	20 긍정적인	___________

B 빈칸에 알맞은 것을 보기에서 고르시오.

보 기   ⓐ progress   ⓑ profit   ⓒ process   ⓓ reward

1 She got no __________ for all the hard work she did.
그녀는 열심히 일을 했는데도 전혀 보상을 받지 못했다.

2 Any __________ in cancer research may help to save lives.
암 연구의 발전은 모두 생명을 구하는 데 도움이 될 것이다.

3 For the first time, the company's annual __________ s were over $1 million.
처음으로 그 회사의 연간 수익이 1백만 달러를 넘어섰다.

정답 **A** 1. 빠른 2. 양 3. 예식 4. 길이 5. 정확한 6. 전시관 7. 자원 8. 외부의 9. 거의 10. 의학의 11. custom 12. block 13. reaction 14. conclude 15. sensitive 16. refill 17. coworker 18. alternative 19. cash 20. positive
B 1. ⓓ 2. ⓐ 3. ⓑ

Day05

월   일

0121. **customer**

[kʌ́stəmər]

n. 고객, 손님

The automaker has launched a big sales campaign in an effort to bring in new **customers.**
그 자동차 회사는 신규 고객을 끌어들이기 위한 노력의 일환으로 대규모의 영업 광고를 개시했다.

0122. **talent**

[tǽlənt]

talented *a.* 재능 있는

n. 재능, 인재

Jason has a **talent** for making a difficult subject understandable and interesting.
제이슨은 어려운 주제를 이해하기 쉽고 재미있게 만드는 재능이 있다.

0123. **experiment**

[ikspérəmənt]

experimental *a.* 실험적인

n. 실험 *v.* 실험하다

The elderly people were taught meditation in the 12-week **experiment.**
그 노인들은 12주에 걸쳐 진행된 실험에서 명상을 배웠다.

0124. **duty**

[djúːti]

n. 세금, 관세 = **customs**, 의무, 업무

The customs **duty** on luxury cars went up last month.
저번 달에 고가의 자동차에 부과되는 관세가 인상되었다.

0125. **exist**

[igzíst]

existing *a.* 기존의
existent *a.* 존재하는
existence *n.* 존재, 생존

v. 존재하다, 생존하다 = **survive**

Poor families in our city are barely able to **exist** during the winter.
도시의 빈곤층 가정은 겨울을 나기가 무척 힘들다.

☐ customer   ☐ talent   ☐ experiment   ☐ duty   ☐ exist

0126.
expand
[ikspǽnd]

expansion *n.* 확장

v. 늘다, 확장하다 = **enlarge, swell** ↔ **contract**

Heat makes the gas in the container **expand.**
열을 가하면 용기 안에 있는 기체가 팽창한다.

0127.
minimum
[mínəməm]

n. a. 최소(의) ↔ **maximum**

What is the **minimum** wage these days?
요즘 최저 임금이 얼마입니까?

0128.
rush
[rʌʃ]

v. 급히 몰다[가다] *n.* 다급함

Don't try to **rush** things in a new relationship.
처음에 인간관계를 맺을 때는 여러 가지를 한꺼번에 하려 들지 마라.

0129.
annoy
[ənɔ́i]

annoyance *n.* 짜증

v. 짜증나게 하다 = **irritate**

Brian talks to me like a child, which really **annoys** me.
브라이언은 나한테 어린애처럼 말을 하는데 정말 짜증난다.

0130.
treatment
[tríːtmənt]

treat *v.* 취급하다, 치료하다

n. 취급, 치료 = **cure**

Although I was the boss's son, I didn't get preferential **treatment.**
나는 사장의 아들이었지만 특별대우는 받지 않았다.

0131.
principle
[prínsəpəl]

n. 원리, 원칙 = **rule**

The **principles** governing the world of physics are unchanging.
물리학의 세계를 지배하는 원칙은 변하지 않는다.

☐ expand　☐ minimum　☐ rush　☐ annoy　☐ treatment　☐ principle

0132. capital
[kǽpitəl]

capitalist *n.* 자본가
capitalism *n.* 자본주의

n. 수도 = **metropolis**, 대문자, 자본

Our return on **capital** has more than doubled since 2000. 우리가 자본금을 바탕으로 거둔 수익이 2000년 이후 두 배 이상으로 증가했다.

0133. sight
[sait]

n. 시력 = **eyesight**, 광경, 명소

Kevin looked a sorry **sight** — his jaw was broken, and he had a black eye.
케빈은 몰골이 말이 아니었다. 턱뼈가 부서지고, 눈은 멍이 들었다.

0134. dramatic
[drəmǽtik]

dramatically *ad.* 갑자기, 극적으로

n. 극적인, 갑작스러운, 대단한 = **impressive**

Firefighters carried out a **dramatic** rescue of the boy trapped in the burning house.
소방관들이 불 난 집에 갇혀 있던 소년을 극적으로 구출해 냈다.

0135. aware
[əwέər]

awareness *n.* 의식

a. 알고 있는, 의식하는 = **conscious** ↔ **unaware**

Mindy was fully **aware** of her transitional problems.
민디는 전환기에 발생하는 모든 문제를 알고 있었다.

0136. typical
[típikəl]

type *n.* 유형

a. 전형적인, 대표적인 = **representative**

Lindsay a **typical** teenager — she doesn't want anything to do with her parents. 린지는 전형적인 청소년이라서 부모와 함께 어떤 일에 연관되는 것을 싫어한다.

0137. circulate
[sə́ːrkjəlèit]

circulation *n.* 순환, 유통

v. 순환하다, 유통시키다 = **mobilize**, **rotate**

A list of well-known fraudsters was **circulated** to all local police chiefs.
악명 높은 사기꾼들의 명단이 모든 지역 경찰서장들에게 배포되었다.

☐ capital ☐ sight ☐ dramatic ☐ aware ☐ typical ☐ circulate

0138. **lessen**
[lésn]

v. 줄다, 줄이다
= **decrease, diminish** ↔ **increase**

By Thursday, smoke in the valley had considerably **lessened.**
목요일이 되자 계곡에 들어찼던 연기가 상당히 줄어들었다.

0139. **sacrifice**
[sǽkrəfàis]

sacrificial *a.* 희생하는

n. v. 희생(하다)

He **sacrificed** a promising career to look after his handicapped son.
그는 장애가 있는 아들을 돌보기 위해 유망한 직업을 그만두었다.

0140. **violate**
[váiəlèit]

violation *n.* 위반

v. 어기다, 위반하다 = **flout**, 침해하다 = **invade**

Nick's actions **violated** a court order to stay away from his ex-wife. 닉의 행동은 전 부인에게 접근하지 말라는 법원의 명령을 위반한 것이었다.

0141. **switch**
[switʃ]

v. 바꾸다, 교환하다 = **exchange**

He **switched** easily and fluently from speaking English to French to German. 그는 영어에서 불어에서 독일어로 자유자재로 바꾸어가며 유창하게 말했다.

0142. **mental**
[méntl]

mentality *n.* 정신

a. 정신적인, 정신병의

After months of overworking, Bruce was suffering from **mental** and physical exhaustion.
브루스는 몇 달 동안 과로를 하는 바람에 극심한 정신적, 육체적 피로에 시달리고 있었다.

0143. **rescue**
[réskjuː]

n. 구출 *v.* 구출하다, 구조하다

Firefighters worked for two hours to **rescue** people who were trapped in the bus.
소방대원들이 두 시간 동안 버스 안에 갇힌 사람들의 구조 작업을 벌였다.

☐ lessen　☐ sacrifice　☐ violate　☐ switch　☐ mental　☐ rescue

0144.

groom
[gru(ː)m]

n. 신랑 = **bridegroom** ↔ **bride**

It is traditional for the **groom** to buy presents for the bridesmaids.
전통적으로 신랑이 신부 들러리들에게 선물을 사 준다.

0145.

catch
[kætʃ]

v. 알아듣다, 이해하다

I'm afraid I didn't **catch** your name.
죄송한데 이름을 잘 못 들었습니다.

TEPS tips 부정문에서 이러한 뜻으로 쓰인다. 말소리가 너무 작거나 집중하지 않아서 못 알아들었을 때 이런 말을 쓴다.

0146.

behavior
[bihéivjər]

behave *v.* 행동하다
behavioral *a.* 행동의

n. 행동, 행실 = **conduct**

His **behavior** in school is beginning to improve.
그가 학교에서 하는 행실이 나아지고 있다.

0147.

frustrate
[frʌ́streit]

frustration *n.* 좌절

v. 좌절시키다, 성공 못 하게 하다, 짜증나게 하다 = **annoy**

It's so **frustrating** when you're in a hurry and the traffic isn't moving.
빨리 가야 하는데 차들이 막혀서 움직일 줄 모르면 정말 짜증난다.

0148.

highlight
[háilàit]

v. (색칠해서) 돋보이게 하다, 강조하다 = **emphasize**
n. 핵심 부분

Before the game, fans were shown **highlights** of the season on a large video screen. 경기 전에 커다란 비디오 화면으로 그 시즌의 하이라이트를 팬들에게 보여 주었다.

0149.

writer
[ráitəːr]

n. 작가, 저자 = **author**

Do you have any books by modern American **writers?** 현대 미국 작가가 쓴 책 있나요?

☐ groom ☐ catch ☐ behavior ☐ frustrate ☐ highlight ☐ writer ☐ embezzle

0150. **embezzle**

[embézəl / im-]

embezzlement *n.* 횡령
embezzler *n.* 횡령한 자

v. 횡령하다

The manager was charged with embezzling $30 million.
그 팀장은 3천만 달러를 횡령한 혐의로 기소되었다.

Day 05　　EXERCISE

A 영어는 우리말로, 우리말은 영어로 쓰시오.

1 highlight	__________	11 횡령하다	__________
2 behavior	__________	12 저자	__________
3 mental	__________	13 좌절시키다	__________
4 switch	__________	14 신랑	__________
5 lessen	__________	15 희생	__________
6 circulate	__________	16 전형적인	__________
7 aware	__________	17 시력	__________
8 dramatic	__________	18 자본	__________
9 annoy	__________	19 원칙	__________
10 expand	__________	20 최소	__________

B 빈칸에 알맞은 것을 보기에서 고르시오.

보기　ⓐ rescue　ⓑ catch　ⓒ grab　ⓓ violate

1 I'm afraid I didn't __________ your name.
죄송한데 이름을 잘 못 들었습니다.

2 Nick's actions __________(e)d a court order to stay away from his ex-wife.
닉의 행동은 전 부인에게 접근하지 말라는 법원의 명령을 위반한 것이었다.

3 Firefighters worked for two hours to __________ people who were trapped in the bus.
소방대원들이 두 시간 동안 버스 안에 갇힌 사람들의 구조 작업을 벌였다.

정답　**A** 1. 주요 부분　2. 행동　3. 정신의　4. 바꾸다　5. 줄다　6. 순환시키다　7. 인식하는　8. 극적인　9. 짜증나게 하다　10. 확장하다
11. embezzle　12. writer　13. frustrate　14. groom　15. sacrifice　16. typical　17. sight　18. capital　19. principle
20. minimum　**B** 1. ⓑ　2. ⓓ　3. ⓐ

Day06

월   일

0151. embrace
[imbréis]

v. 포옹하다 = **hug**, 수용하다 = **accept** *n.* 포옹, 수용

The corporation quickly **embraced** the Web as a new vehicle for advertising.
그 회사는 인터넷을 새로운 광고 매체로 재빨리 수용했다.

0152. emit
[imít]

emission *n.* 방출

v. 방출하다, 내뿜다

The alarm **emits** infra-red rays which are used to detect any intruder.
그 경보장치는 침입자를 탐지하는 데 사용되는 적외선 광선을 방출한다.

0153. aide
[eid]

aid *v.* 돕다

n. 참모, 고문

An **aide** avowed that the President had known nothing about the deals.
참모는 대통령이 그 협상에 대해 전혀 알지 못했다고 강조했다.

0154. alienation
[èiljənéiʃən]

alienate *v.* 소외시키다

n. 소외, 멀리함

This short-sighted **alienation** of their own supporters may lose them the election. 그들이 이렇게 근시안적으로 자기네 지지자들을 소외시키면 선거에서 패배할 수도 있다.

0155. authority
[əθɔ́ːriti]

authorize *v.* 인증하다

n. 권위, 권위자 = **specialist**, 〈-ties〉당국

The health **authorities** are investigating the problem.
보건 당국이 그 문제를 조사하고 있다.

☐ embrace ☐ emit ☐ aide ☐ alienation ☐ authority

0156. autonomy
[ɔːtánəmi]

autonomous *a.* 자치의

n. 자치, 자치권

The universities are anxious to preserve their **autonomy** from central government.
대학들은 중앙 정부로부터 자율권을 보호받기를 열망한다.

0157. bureau
[bjúərou]

n. (조직의) 국, 부, 사무소, 안내처, 화장대
= **chest of drawers**

Her disappearance was reported to the police department's Missing Persons **Bureau.**
그녀의 실종은 경찰서의 실종자 담당부서로 신고되었다.

0158. bureaucracy
[bjuərákrəsi]

bureaucrat *n.* 관료
bureaucratic *a.* 관료의

n. 관료제, 행정절차

I had to deal with the university's **bureaucracy** before I could change from one course to another.
나는 수강신청 과목을 바꾸기 위해 대학의 관료제와 상대해야 했다.

0159. profound
[prəfáund]

a. 심한, 심오한

The invention of the contraceptive pill brought about **profound** changes in the lives of women.
피임약의 발명은 여자들의 삶에 큰 변화를 일으켰다.

0160. cabinet
[kǽbənit]

n. 내각, 수납장

The Prime Minister has announced a **cabinet** reshuffle. 수상이 개각을 발표했다.

0161. campaign
[kæmpéin]

campaigner *n.* 운동가

n. 운동, 연속 광고, 군사행동

They've been waging a long **campaign** to change the law.
그들은 그 법의 개정 운동을 오래 전부터 벌이고 있다.

☐ autonomy ☐ bureau ☐ bureaucracy ☐ profound ☐ cabinet ☐ campaign

0162. candidate
[kǽndidèit / -dit]

n. 후보자, 신청자 = **applicant**

Inexperience can work against a **candidate** looking for a job.
구직활동을 하고 있는 지원자에게 경력이 없으면 불리할 수 있다.

0163. chamber
[tʃéimbər]

n. 작은 방, 회의실

Under Senate rules, the **chamber** must vote on the bill by this Friday. 상원 규정에 따라, 상원은 이번 주 금요일까지 그 법안을 표결에 부쳐야 한다.

0164. citizen
[sítəzən]

citizenship *n.* 시민권

n. 시민, 국민

She's Italian by birth but is now an Australian **citizen.**
그녀는 이탈리아 태생이지만 지금은 호주 국민이다.

0165. civic
[sívik]

a. 시의, 시민의

The opera house is a great source of **civic** pride.
그 오페라 극장은 시의 자랑거리이다.

0166. civilian
[sivíljən]

civil *a.* 국민의, 민간의

n. 민간인 *a.* 민간의

How many **civilians** died in the Korean War?
한국 전쟁에서 죽은 민간인이 몇 명인가?

0167. civilization
[sìvəlizéiʃən]

civilized *a.* 문명화된

n. 문명

Historians still argue about what causes such a mighty **civilization** to collapse. 역사가들은 그처럼 강대한 문명의 몰락을 초래한 원인에 대해 지금도 논의 중이다.

☐ candidate ☐ chamber ☐ citizen ☐ civic ☐ civilian ☐ civilization

0168. **coalition**

[kòuəlíʃən]

n. 연합, 동맹, 제휴 = **alliance**, **union**

By forming a **coalition,** the rebels and the opposition parties defeated the government.
반란군과 야당은 연합을 결성하여 정부를 타도했다.

0169. **colony**

[káləni]

colonial *a.* 식민지의

n. 식민지, 군락

Many behavioral patterns have been identified in the chimp **colony.**
그 침팬지 무리에서 여러 가지 행동 유형이 관찰되었다.

0170. **bomb**

[bam / bɔm]

bombard *v.* 폭격하다

n. 폭탄

The **bomb** blast killed 12 people.
그 폭탄이 폭발하여 12명이 죽었다.

0171. **coal**

[koul]

n. 석탄

Put more **coal** into the fireplace.
벽난로에 석탄을 더 넣어라.

0172. **pray**

[prei]

prayer *n.* 기도

v. 기도하다, 간청하다 = **plead**, **appeal**

We've been **praying** to God that your son will make a complete recovery. 우리는 당신의 아들이 완전히 회복하게 해 달라고 하느님께 기도하고 있어요.

0173. **reunion**

[riːjúːnjən]

reunite *v.* 재회하다

n. 재회, 재결합

David is hoping for an eventual **reunion** with his wife. 데이빗은 헤어졌던 아내와 나중에 재결합하기를 바라고 있다.

☐ coalition ☐ colony ☐ bomb ☐ coal ☐ pray ☐ reunion

0174.

income

[ínkʌm]

n. 소득, 수입

Her **income** increased when she changed jobs and bought stock.
그녀는 직장을 옮기고 주식을 사들여 소득을 늘렸다.

0175.

circumstantial

[sə̀ːrkəmstǽnʃəl]

circumstance *n.* 상황

a. 상황의, 정황상 추론한

The case against her was **circumstantial.**
그녀에 대한 고발은 정황에 근거한 것이었다.

0176.

emphasis

[émfəsis]

emphasize *v.* 강조하다
emphatic *a.* 강조하는

n. 강조

She put great **emphasis** on beginning work immediately.
그녀는 일을 즉시 시작해야 한다고 힘주어 강조했다.

0177.

employee

[implɔ́ii: / èmplɔii]

employ *v.* 고용하다

n. 직원 ↔ **employer**

The number of **employees** in the company has trebled over the past decade.
그 회사의 직원 수가 지난 10년 동안 세 배로 증가했다.

0178.

enable

[inéibəl]

v. 가능하게 하다, ~할 수 있게 하다 = **allow**

Computerization should **enable** us to cut production costs by half.
전산화가 되면 생산비를 절반으로 줄일 수 있을 것이다.

0179.

encrypt

[inkrípt]

encryption *n.* 암호화

v. 전자정보를 암호화하다 ↔ **decrypt**

Your financial information is fully **encrypted** and cannot be accessed. 여러분의 금융 정보는 완전히 암호화되어 있어 외부에서 접근할 수 없습니다.

☐ income ☐ circumstantial ☐ emphasis ☐ employee ☐ enable ☐ encrypt ☐ endeavor

0180. **endeavor**
[indévər]

n. 노력 = **strife**, 시도 *v.* 노력하다 = **strive**, 시도하다

Engineers are **endeavoring** to locate the source of the problem.
기술자들의 문제가 발생한 지점을 찾기 위해 노력하고 있다.

Day 06 — EXERCISE

A 영어는 우리말로, 우리말은 영어로 쓰시오.

1	endeavor		11	강조
2	employee		12	기도하다
3	circumstantial		13	석탄
4	income		14	폭탄
5	reunion		15	문명
6	colony		16	민간인
7	coalition		17	신청자
8	civic		18	내각
9	citizen		19	관료제
10	chamber		20	자치

B 빈칸에 알맞은 것을 보기에서 고르시오.

보기 ⓐ encrypt ⓑ emit ⓒ enable ⓓ embrace

1 Computerization should __________ us to cut production costs by half.
전산화가 되면 생산비를 절반으로 줄일 수 있을 것이다.

2 Your financial information is fully __________(e)d and cannot be accessed.
여러분의 금융 정보는 완전히 암호화되어 있어 외부에서 접근할 수 없습니다.

3 The alarm __________s infra-red rays which are used to detect any intruder.
그 경보장치는 침입자를 탐지하는 데 사용되는 적외선 광선을 방출한다.

정답 **A** 1. 노력 2. 직원 3. 상황의 4. 소득 5. 재회 6. 식민지 7. 연합 8. 시의 9.시민 10. 회의실 11. emphasis 12. pray 13. coal 14. bomb 15. civilization 16. civilian 17. candidate 18. cabinet 19. bureaucracy 20. autonomy
B 1. ⓒ 2. ⓐ 3. ⓑ

Day07

월　일

0181. endure

[indjúə*r*]

indurable *a.* 견딜 만한
endurance *n.* 인내

v. 참다, 견디다 = **bear**

She's already had to **endure** three painful operations on her leg.
그녀는 고통스러운 다리 수술을 세 번이나 견뎌내야 했다.

0182. engage

[ingéidʒ]

engagement *n.* 고용, 관여, 약혼

v. 고용하다, 종사하다, 관여하다

I have **engaged** a secretary to deal with all my paperwork.
나는 서류업무를 처리해 줄 비서를 고용했다.

0183. room

[ruːm]

roomy *a.* 널찍한

n. 공간, 여지

There is no **room** for doubt.
의심할 여지가 없다.

0184. scenic

[síːnik / sén-]

scenery *n.* 경치

a. 경치 좋은

The country road is very **scenic** in the autumn when the leaves are colorful.
그 시골길은 가을에 단풍이 들었을 때 경치가 정말 아름답다.

0185. serene

[siríːn]

serenity *n.* 평온

a. 조용한, 평온한

She has a lovely **serene** face.
그녀는 사랑스럽고 평온한 표정이다.

☐ endure ☐ engage ☐ room ☐ scenic ☐ serene

0186. **souvenir**

[sùːvəníəːr]

n. 기념품

We brought back a few **souvenirs** from our vacation in Greece.
우리는 그리스에서 휴가를 보내고 기념품 몇 가지를 사 왔다.

0187. **specialize**

[spéʃəlàiz]

specialization *n.* 전문화

v. 전문으로 하다, 전공하다 = **major**

The company **specializes** in customized computer systems.
그 회사는 개인의 필요에 맞춘 컴퓨터 시스템 전문 회사이다.

0188. **species**

[spíːʃi(ː)z]

n. 〈생물〉 종(種)

Over a hundred **species** of insect are found in this area. 이 지역에서는 백여 종의 곤충을 볼 수 있다.

0189. **specifically**

[spisífikəli]

specific *a.* 구체적인

ad. 구체적으로, 특별히

We are aiming our campaign **specifically** at young people.
우리는 특별히 젊은이들을 겨냥한 광고를 계획하고 있다.

0190. **speculate**

[spékjəlèit]

speculation *n.* 추측, 투기

v. 추측하다, 투기하다

He made his money **speculating** on the gold and silver markets.
그는 금과 은 시장에 투기해서 돈을 벌었다.

0191. **spell**

[spel]

v. 철자를 말하다[쓰다]

I think it's important that children should be taught to **spell.**
아이들이 정확한 철자법을 배우는 것이 중요하다고 생각한다.

☐ souvenir ☐ specialize ☐ species ☐ specifically ☐ speculate ☐ spell

0192. **split**
[split]

v. 쪼개다, 나뉘다 = **divide**

The teacher **split** the children up into three groups.
선생이 아이들을 세 모둠으로 나누었다.

0193. **spoil**
[spɔil]

v. 망치다 = **ruin**, 버릇 나쁘게 하다

Spare the rod and **spoil** the child.
매를 아끼면 자식을 버린다.

0194. **spot**
[spat / spɔt]

n. 반점, 지점 *v.* 발견하다

If you **spot** any mistakes in the article just mark them with a pencil.
그 기사에서 잘못된 곳을 발견하면 그냥 연필로 표시만 해 두어라.

0195. **spouse**
[spaus / spauz]

n. 배우자

In 60% of the households surveyed both **spouses** went out to work.
설문조사 결과 60%의 가정에서 맞벌이를 하고 있었다.

0196. **squeeze**
[skwiːz]

v. 쥐어짜다, 구겨 넣다

As she waited to go into the exam, he **squeezed** her hand and wished her good luck.
그녀가 시험이 시작되기를 기다리고 있을 때 그가 그녀의 손을 꼭 쥐며 행운을 빌어주었다.

0197. **stable**
[stéibl]

stability *n.* 안정

a. 안정적인, 균형 잡힌
= **balanced, steady ↔ unstable**

After several part-time jobs, he's now got a **stable** job in a bank.
그는 몇 군데 비정규직을 거친 뒤 지금은 은행에서 안정된 직장을 얻었다.

☐ split ☐ spoil ☐ spot ☐ spouse ☐ squeeze ☐ stable

0198. **standoff**

[stǽndɔ̀(:)f / -àf]

n. 협상의 교착, 협상 불능상황
= **deadlock**, **stalemate**

After a prolonged legal battle, she said she is ready to end her **standoff** with state authorities.
그녀는 장기간의 법정 투쟁을 벌인 뒤 주 당국과 교착상태를 종식시킬 용의가 있다고 말했다.

0199. **starve**

[staːrv]

starvation *n.* 기아

v. 굶기다, 굶주리다

She had to **starve** for 24 hours before the treatment.
그녀는 치료를 받기 전 24시간 동안 굶어야 했다.

0200. **statement**

[stéitmənt]

state *v.* 진술하다

n. 진술(서), 성명 = **declaration**

The government is expected to issue a **statement** about the investigation to the press.
정부는 그 조사에 대한 성명을 언론에 발표할 것으로 예상된다.

0201. **statue**

[stǽtʃuː]

n. 상(像)

A **statue** was erected to glorify the country's national heroes.
국가의 영웅들을 기리기 위해 상이 세워졌다.

0202. **status**

[stéitəs / stǽtəs]

n. 지위, 상태

There has been an increase in applications for refugee **status**.
난민 지위를 얻으려는 신청이 증가했다.

0203. **subsidiary**

[səbsídièri]

a. 보조적인, 자회사의 *n.* 자회사

They plan to establish a **subsidiary** company in Korea with a capital of around $4 million.
그들은 4만 달러가량의 자본을 가지고 한국에 자회사를 설립할 계획이다.

☐ standoff ☐ starve ☐ statement ☐ statue ☐ status ☐ subsidiary

0204. **summit**
[sʌ́mit]

n. 꼭대기, 정상회담

World leaders will meet next week for their annual economic **summit.**
세계의 지도자들이 다음 주에 모여 연례 경제 회담을 벌일 것이다.

0205. **recess**
[risés]

n. (회의, 수업 중) 쉬는 시간 = **break**, 휴정

One of the lawyers asked the judge for a **recess.**
변호사들 중 한 사람이 판사에게 휴정을 요청했다.

0206. **tend**
[tend]

tendency *n.* 경향

v. ~하는 경향이 있다, 대체로 ~하다

We **tend** to get cold winters and warm, dry summers in this part of the country.
이 지방은 대체로 겨울은 춥고 여름은 많이 덥지 않고 비가 적게 온다.

0207. **top-notch**
[tap natʃ]

a. 최고의, 굉장한 = **excellent**

I was lucky and got myself a job with a **top-notch** company.
나는 운 좋게도 아주 좋은 회사에 취직했다.

0208. **tryout**
[tráiàut]

n. 시험, 오디션, 선수 선발전

Tryouts for the musical are scheduled for next week. 뮤지컬의 오디션이 다음 주에 실시될 예정이다.

0209. **clockwise**
[klákwàiz]

a. 시계방향의
ad. 시계방향으로 ↔ **counterclockwise**

Turn the knob **clockwise.**
문고리를 시계방향으로 돌려라.

☐ summit ☐ recess ☐ tend ☐ top-notch ☐ tryout ☐ clockwise ☐ manual

0210. # manual

[mǽnjuəl]

n. 설명서 *a.* 육체의

The computer comes with a 600-page instruction manual.
그 컴퓨터를 사면 600페이지 분량의 사용 설명서를 준다.

Day 07　　EXERCISE

A 영어는 우리말로, 우리말은 영어로 쓰시오.

1 tryout	__________	11 설명서	__________
2 top-notch	__________	12 시계방향으로	__________
3 tend	__________	13 굶주리다	__________
4 recess	__________	14 안정적인	__________
5 summit	__________	15 쥐어짜다	__________
6 subsidiary	__________	16 쪼개다	__________
7 status	__________	17 투기하다	__________
8 endure	__________	18 구체적으로	__________
9 statement	__________	19 전공하다	__________
10 standoff	__________	20 경치 좋은	__________

B 빈칸에 알맞은 것을 보기에서 고르시오.

보기　ⓐ souvenir　ⓑ species　ⓒ spouse　ⓓ statue

1 A __________ was erected to glorify the country's national heroes.
국가의 영웅들을 기리기 위해 상이 세워졌다.

2 In 60% of the households surveyed both __________s went out to work.
설문조사 결과 60%의 가정에서 맞벌이를 하고 있었다.

3 We brought back a few __________s from our vacation in Greece.
우리는 그리스에서 휴가를 보내고 기념품 몇 가지를 사 왔다.

정답　**A** 1. 선발전　2. 최고의　3. ~하는 경향이 있다　4. 쉬는 시간　5. 꼭대기　6. 자회사　7. 지위　8. 견디다　9. 진술　10. 협상의 교착　11. manual　12. clockwise　13. starve　14. stable　15 squeeze　16. split　17. speculate　18. specifically　19. specialize　20. scenic　**B** 1. ⓓ　2. ⓒ　3. ⓐ

Essential Stage

Day 08 ~ Day 33

Day08

월   일

0211. supplement

n. [sʌ́pləmənt] *v.* [sʌ́pləmənt]

n. 보충 *v.* 보충하다

Some vegetarians **supplement** their diets with iron tablets.
어떤 채식주의자는 철분제로 식생활을 보충한다.

0212. forecast

[fɔ́ːrkæst / -kàːst]

n. v. 예측(하다)

They **forecast** a large drop in unemployment over the next two years.
그들은 향후 2년 동안 실업률이 크게 감소할 것이라고 예측했다.

0213. phenomenon

[finámənàn / -nɔ́mənən]

phenomenal *a.* 굉장한

n. 현상 (*pl.* **phenomena**)

This trend is certainly not a new **phenomenon**.
이러한 경향은 물론 새로운 현상은 아니다.

0214. available

[əvéiləbəl]

availability *n.* 가용

a. 이용 가능한, 만날 수 있는

These drugs are only **available** on prescription.
이 약은 처방전이 있어야만 구입할 수 있다.

0215. loaf

[louf]

n. 덩어리

Ask the baker to slice the **loaf** for you.
빵집 주인에게 빵을 잘라 달라고 해.

☐ supplement ☐ forecast ☐ phenomenon ☐ available ☐ loaf

0216.

abnormal

[æbnɔ́ːrməl]

abnormality *n.* 비정상

a. 비정상적인 ↔ **normal**

Abnormal levels of radiation have been recorded in the area. 그 지역에서 비정상적인 방사능 수치가 기록되었다.

0217.

abolish

[əbáliʃ / əbɔ́l-]

abolition *n.* 폐지

v. 폐지하다

The government is planning to **abolish** subsidies to farmers.
정부는 농민 보조금을 폐지할 계획을 세우고 있다.

0218.

abrupt

[əbrʌ́pt]

a. 갑작스러운, 엉뚱한, 무뚝뚝한 = **curt**

Our conversation came to an **abrupt** end when George burst into the room.
조지가 방에 뛰어 들어오자 우리의 대화가 갑자기 중단되었다.

0219.

absent

[ǽbsənt]

a. 없는, 결석한 ↔ **present**

The teacher called the roll to see if any students were **absent.**
선생은 결석한 학생이 있는지 확인하려고 출석을 불렀다.

0220.

abstract

[ǽbstrækt]

n. 요약문 = **summary** *a.* 추상적인

There is a section at the end of the magazine which includes **abstracts** of recent articles.
잡지의 끝부분에는 최근 기사의 요약문이 포함된 부분이 들어 있다.

0221.

abuse

[əbjúːz]

v. 남용하다 = **misuse**, 학대하다, 모욕하다 = **insult** *n.* 남용, 학대, 모욕

If you **abuse** your body now, you'll pay the price when you're older.
지금 몸을 함부로 굴리면 나중에 나이 들어서 대가를 치를 것이다.

☐ abnormal ☐ abolish ☐ abrupt ☐ absent ☐ abstract ☐ abuse

0222.
access
[ǽkses]

accessible *a.* 접근 가능한

n. 접근, 이용권, 진입로 = **approach**, **admittance**

The only **access** to the village is by boat.
그 마을로 들어가는 방법은 배를 타는 것뿐이다.

0223.
accommodate
[əkámədèit / əkɔ́m-]

accommodation *n.* 숙박

v. 인원을 수용하다, 공간을 제공하다

The ballroom can **accommodate** 400 people.
그 무도회장에는 4백 명까지 들어갈 수 있다.

0224.
account
[əkáunt]

n. 계좌, 설명, 묘사

The book is a work of fiction and not intended as a historical **account.**
그 책의 내용은 허구이며 실제 역사적 사실을 설명하기 위한 것이 아니다.

0225.
accountant
[əkáuntənt]

n. 회계사

His **accountant** had aided him in the fraud.
그의 회계사가 그의 사기 행각을 도왔다.

0226.
acknowledge
[æknálidʒ / ik- / -nɔ́l-]

v. 인정하다 = **admit**, 감사하다, 받았다고 알려주다

Please **acknowledge** receipt of this letter.
이 편지를 받으시면 알려 주시기 바랍니다.

0227.
acquire
[əkwáiər]

acquisition *n.* 습득

v. 얻다 = **obtain**, 습득하다

He **acquired** a reputation as an entertaining speaker.
그는 연설을 재미있게 하는 사람이라는 평판을 얻었다.

☐ access ☐ accommodate ☐ account ☐ accountant ☐ acknowledge ☐ acquire

0228. congress
[káŋgris]

congressional *a.* 국회의
congressman *n.* 국회의원

n. 회의, 국회

After a long debate, **Congress** approved the proposal. 국회는 오랜 논의 끝에 그 안을 가결했다.

0229. act
[ækt]

n. 법령, 조례

The state legislature passed an **act** banning the sale of automatic weapons.
주 의회는 자동화 무기의 판매를 금지하는 법령을 통과시켰다.

0230. address
[ədrés]

n. 주소, 연설 = **speech**
v. 연설하다, ~에게 말을 걸다

Please send the articles to the **address** given above. 위에 나와 있는 주소로 기사를 보내 주십시오.

0231. adjust
[ədʒʌ́st]

adjustment *n.* 조정

v. 조정하다, 적응하다 = **adapt**

If the chair is too high you can **adjust** it to suit you. 의자가 너무 높으면 자기 몸에 맞게 조정할 수 있다.

0232. administration
[ædmìnəstréiʃən / əd-]

administer *v.* 관리하다
administrator *n.* 행정관
administrative *a.* 행정의

n. 실시, 관리, 행정

Keeping noise levels low is the bane of airport **administration.**
소음 수준을 낮추는 것이 공항 운영에서 가장 어려운 부분이다.

0233. admire
[ædmáiər / əd-]

admiration *n.* 존경
admirable *a.* 존경할 만한

v. 존경하다, 선망하다 = **respect**

I really **admire** people who can work in such difficult conditions.
나는 그렇게 어려운 환경에서 일할 수 있는 사람들을 정말 존경한다.

☐ congress ☐ act ☐ address ☐ adjust ☐ administration ☐ admire

Essential Stage

0234. admit

[ædmít / əd-]

admittance *n.* 입장권
admission *n.* 인정, 입학, 입장료

v. 인정하다 = **confess**, (입학, 입원을) 허가하다

At first he denied stealing the money but he later **admitted** it.
그는 처음에는 돈을 훔치지 않았다고 했다가 나중에 자백했다.

0235. adolescence

[ædəlésəns]

adolescent *n.* 청소년

n. 청소년기, 사춘기 = **puberty**

During her **adolescence**, she argued a lot with her parents. 그녀는 사춘기 때 부모와 많이 다투었다.

0236. advance

[ædvǽns / -vɑ́:ns / əd-]

n. 전진, 발전 *v.* 전진하다, 발전하다

Our knowledge of the deepest parts of the ocean has **advanced** considerably over the last ten years.
아주 깊은 바다에 대한 우리의 지식은 지난 10년 동안 상당히 발달했다.

0237. advertisement

[ædvərtáizmənt / ædvə́:rtis- / -tiz-]

advertise *v.* 광고하다

n. 광고 = **ad**

Most car **advertisements** are aimed at men.
대부분의 자동차 광고는 남자들을 노린 것이다.

0238. affair

[əféər]

n. 업무, 일, 행사 = **event**

The awards celebration is an annual **affair** in Hollywood.
그 시상식은 할리우드의 연례행사이다.

0239. agenda

[ədʒéndə]

n. 의제, 안건들

The fuel crisis will be at the top of the **agenda** for today's board meeting.
오늘 있을 이사회에서 가장 중요한 안건은 연료의 위기 상황일 것이다.

□ admit □ adolescence □ advance □ advertisement □ affair □ agenda □ agreement

0240. **agreement**
[əgríːmənt]

n. 합의, 동의

Congress could not come up with an **agreement** on a spending plan for next year.
국회는 내년도 지출 계획에 대한 합의안을 도출하지 못했다.

Day 08 — EXERCISE

A 영어는 우리말로, 우리말은 영어로 쓰시오.

1	agenda	11	합의
2	affair	12	사춘기
3	advance	13	행정
4	admit	14	회계사
5	admire	15	남용하다
6	adjust	16	요약문
7	congress	17	결석한
8	acquire	18	폐지하다
9	acknowledge	19	비정상적인
10	accommodate	20	현상

B 빈칸에 알맞은 것을 보기에서 고르시오.

보기 ⓐ address   ⓑ advertisement   ⓒ act   ⓓ action

1 Most car __________s are aimed at men.
대부분의 자동차 광고는 남자들을 노린 것이다.

2 Please send the articles to the __________ given above.
위에 나와 있는 주소로 기사를 보내 주십시오.

3 The state legislature passed an __________ banning the sale of automatic weapons.
주 의회는 자동화 무기의 판매를 금지하는 법령을 통과시켰다.

정답 **A** 1. 의제 2. 업무 3. 앞서다 4. 인정하다 5. 존경하다 6. 조정하다 7. 국회 8. 얻다 9. 감사하다 10. 수용하다
11. agreement 12. adolescence 13. administration 14. accountant 15. abuse 16. abstract 17. absent 18. abolish
19. abnormal 20. phenomenon **B** 1. ⓑ 2. ⓐ 3. ⓒ

Day09

월   일

0241. **airline**
[ɛərlàin]

airliner *n.* 항공기

n. 항공사

The airplane is popular among commuter **airlines**.
그 비행기는 출퇴근 노선을 운영하는 항공사들에게 인기가 있다.

0242. **allergic**
[ələ́:rdʒik]

allergy *n.* 알레르기

a. 알레르기가 있는

There are people who are **allergic** to the sun.
햇빛 알레르기가 있는 사람들이 있다.

0243. **all-time**
[ɔ́:l taim]

a. 사상 최고[최저]

Exports of manufactured goods are now at an **all-time** low.
제조품의 수출액이 현재 사상 최저치를 기록하고 있다.

0244. **alternate**
v. [ɔ́:ltərnèit] *a.* [ɔ́:ltərnit]

alternation *n.* 번갈아 함

v. 번갈아 하다 *a.* 번갈아 하는

He has periods of depression, which **alternate** with frenzied activity.
그는 얼마 동안 우울증에 시달리다 마구 들떠 있는 상태를 오락가락한다.

0245. **altitude**
[æltətjù:d]

n. 높이, 고도 = **height**

It's very difficult to breathe at high **altitudes**.
고도가 높은 곳에서는 숨을 쉬기가 매우 힘들다.

☐ airline ☐ allergic ☐ all-time ☐ alternate ☐ altitude

0246. **altogether**
[ɔ̀ːltəgéðər]

ad. 완전히, 전체적으로 = **all in all**

Eventually they chose an **altogether** different design.
결국 그들은 완전히 다른 디자인을 선택했다.

0247. **amount**
[əmáunt]

n. 분량, 금액 = **sum**

They acquired the ailing food company for an undisclosed **amount.** 그들은 공개되지 않은 금액을 지불하고서
재정난에 시달리던 식품회사를 인수했다.

0248. **amusement**
[əmjúːzmənt]

amuse *v.* 즐겁게 하다

n. 오락, 즐거움

Susan was hardly able to conceal her **amusement.**
수잔은 즐거운 기분을 감추지 못했다.

0249. **ancestor**
[ǽnsestər / -səs-]

n. 조상, 선조 = **forefather** ↔ **descendant**

On the Korean Thanksgiving, Koreans show respect to their dead **ancestors.** 추수감사절에 해당하는
한국의 명절 때 한국인들은 돌아가신 조상님을 받들어 모신다.

0250. **anchorperson**
[ǽŋkərpə̀ːrsən]

n. 뉴스 진행자, 앵커 = **anchor**

He was the **anchorperson** for the KBS's nine o'clock news for over 10 years.
그는 10년 넘게 KBS의 9시 뉴스를 진행했던 앵커였다.

TEPS tips anchorperson = anchorman(남자 앵커) + anchorwoman(여자 앵커)

0251. **apologize**
[əpálədʒàiz / əpɔ́l-]

apology *n.* 사과
apologetic *a.* 사과하는

v. 사과하다

I don't know why I **apologized,** because I didn't do anything wrong.
나는 잘못한 것도 없는데 왜 내가 사과를 했는지 모르겠다.

☐ altogether ☐ amount ☐ amusement ☐ ancestor ☐ anchorperson ☐ apologize

0252. apparent
[əpǽrənt / əpéər-]

a. 분명한 = **obvious**, 겉모습의

She was upset by her mother-in-law's **apparent** dislike of her.
그녀는 시어머니가 자기를 대놓고 싫어하자 기분이 나빴다.

0253. appeal
[əpíːl]

v. 호소하다, 항소하다 *n.* 호소, 항소

The Red Cross is **appealing** for donations of food and clothing following the earthquake.
적십자는 지진이 발생한 뒤 식량과 의복을 기부해 달라고 호소하고 있다.

0254. appendix
[əpéndiks]

n. 책 부록, 맹장

A full list of titles is given in the **appendix.**
전체 저작물의 목록은 부록에 나와 있다.

0255. appetizer
[ǽpitàizər]

appetizing *a.* 식욕을 돋우는
appetite *n.* 식욕

n. 전채 요리, 애피타이저

In general, the **appetizers** are better than the entrees.
전반적으로 전채 요리가 주 요리보다 낫다.

0256. applaud
[əplɔ́ːd]

applause *n.* 박수갈채

v. 박수갈채를 보내다, 박수치며 환호하다

The crowd **applauded** when the candidate promised to cut taxes.
그 후보가 세금을 줄이겠다는 공약을 발표하자 청중은 박수갈채를 보냈다.

0257. appliance
[əpláiəns]

n. 가전제품

People are spending more of their income on goods such as cars and **appliances.**
사람들이 자동차와 가전제품 등의 물건에 점점 더 많은 돈을 쓰고 있다.

□ apparent □ appeal □ appendix □ appetizer □ applaud □ appliance

0258. application

[æ̀plikéiʃən]

apply *v.* 신청하다, 적용하다, 응용하다
applicant *n.* 신청자

n. 신청, 적용, 응용

New students will learn how to use word-processing and spreadsheet **applications.**
새로 온 학생들은 워드 프로세서와 스프레드시트 응용 프로그램 사용법을 배울 것이다.

0259. appointment

[əpɔ́intmənt]

appoint *v.* 임명하다

n. 약속, 임명 = **designation**

His **appointments** were scheduled back to back until midnight. 그의 약속은 자정까지 줄줄이 잡혀 있었다.
TEPS tips promise : '담배를 끊겠다' 는 것처럼 개인들끼리 하는 다짐 / **plan** : 개인끼리 만나서 밥을 먹자는 등의 약속 / **appointment** : 업무상의 약속이나 병원 진료 예약 같은 약속

0260. appreciate

[əprí:ʃièit]

appreciation *n.* 감사, 감상

v. 감사하다, 진가를 알다 = **realize**,
　감상하다, 시세가 오르다 ↔ **depreciate**

This property has **appreciated** rapidly during the last ten years.
이 부동산은 지난 10년 동안 시세가 급격히 상승했다.

0261. arrange

[əréindʒ]

arrangement *n.* 배열, 계획, 편곡

v. 배열하다, 계획하다, 편곡하다

Jongsu is **arranging** a surprise party for Mina's birthday. 종수는 미나의 생일날에 깜짝 이벤트를 계획하고 있다.

0262. article

[á:rtikl]

n. 물건, 매체 기사

Most of our wedding presents were household **articles.**
우리가 결혼선물로 받은 것들 중 대부분이 가정용품이었다.

0263. aspect

[æspekt]

n. 측면, (건물 정면의) 방향

Chris is dealing with the commercial **aspects** of this ambitious project.
크리스는 이 야심찬 프로젝트의 상업적 측면을 담당하고 있다.

☐ application ☐ appointment ☐ appreciate ☐ arrange ☐ article ☐ aspect

0264. asset
[ǽset]

n. 자산, 도움이 되는 것

Currently, they have approximately $6 million in **assets.** 현재 그들이 소유한 자산 규모는 대략 6백만 달러이다.

0265. assistant
[əsístənt]

n. 조수, 보조 *a.* 보조하는

The dentist had her **assistant** sterilize the instruments.
치과의사는 조수에게 도구를 소독하게 했다.

0266. atmosphere
[ǽtməsfiər]

atmospheric *a.* 대기의

n. 대기, 분위기

We're trying to create an **atmosphere** of trust between management and staff.
우리는 노사 간에 신뢰하는 분위기를 형성하기 위해 노력하고 있습니다.

0267. pressure
[préʃər]

n. 압력 *v.* 압력을 가하다

Inflationary **pressures** will lead to higher prices.
인플레이션의 압박이 물가 상승을 유발할 것이다.

0268. attack
[ətǽk]

n. 공격, 습격 *v.* 공격하다 = **assail**

The general consulted with the President before giving the order to **attack.**
장군은 대통령과 상의한 뒤에 공격 명령을 내렸다.

0269. attempt
[ətémpt]

n. 시도, 노력 *v.* 시도하다, 노력하다

No one has **attempted** this experiment before.
아무도 이 실험을 시도해 본 적이 없다.

☐ asset ☐ assistant ☐ atmosphere ☐ pressure ☐ attack ☐ attempt ☐ attendance

0270. **attendance**
[əténdəns]

n. 출석, 참가자 수

The game had an **attendance** of over 50,000 people.
그 경기를 보러 온 관객 수가 5만 명이 넘었다.

Day 09　EXERCISE

A 영어는 우리말로, 우리말은 영어로 쓰시오.

1	attendance	__________	11 공격	__________
2	attempt	__________	12 압력	__________
3	assistant	__________	13 분위기	__________
4	asset	__________	14 배열하다	__________
5	aspect	__________	15 시세가 오르다	__________
6	article	__________	16 가전제품	__________
7	appointment	__________	17 응용	__________
8	ancestor	__________	18 맹장	__________
9	appetizer	__________	19 호소하다	__________
10	apparent	__________	20 뉴스 진행자	__________

B 빈칸에 알맞은 것을 보기에서 고르시오.

보 기　ⓐ alternate　ⓑ applaud　ⓒ apologize　ⓓ appraise

1 I don't know why I __________ (e)d, because I didn't do anything wrong.
　나는 잘못한 것도 없는데 왜 내가 사과를 했는지 모르겠다.

2 He has periods of depression, which __________ with frenzied activity.
　그는 얼마 동안 우울증에 시달리다 마구 들떠 있는 상태를 오락가락한다.

3 The crowd __________ (e)d when the candidate promised to cut taxes.
　그 후보가 세금을 줄이겠다는 공약을 발표하자 청중은 박수갈채를 보냈다.

정답　**A** 1. 출석　2. 시도　3. 조수　4. 자산　5. 측면　6. 기사　7. 약속　8. 조상　9. 전채요리　10. 명백한　11. attack
12. pressure　13. atmosphere　14. arrange　15. appreciate　16. appliance　17. application　18. appendix
19. appeal　20. anchorperson　**B** 1. ⓒ　2. ⓐ　3. ⓑ

Day 10

월   일

0271. attendant
[əténdənt]

n. 고객 도우미, (거물 인사의) 수행원

The **attendant** showd us to our seats.
도우미가 우리를 자리로 안내해 주었다.

0272. attraction
[ətrǽkʃən]

attract *v.* 매료시키다, 끌다

n. 매력, 끄는 힘, 명소

The Galapagos Islands are one of Ecuador's main tourist **attractions.**
갈라파고스 섬은 에콰도르의 주요 관광명소 중 한 곳이다.

0273. author
[ɔ́:θər]

n. 저자, 작가 = **writer**

The **author** has signed the book on the title page.
저자는 제목이 인쇄된 페이지에 사인을 했다.

0274. available
[əvéiləbəl]

availability *n.* 가용

a. 이용 가능한, 만날 수 있는

Grants are **available** to students who have high grades. 성적이 우수한 학생들은 지원금을 받을 수 있다.

0275. avoid
[əvɔ́id]

avoidance *n.* 회피

v. 피하다 = **escape**, **evade**

Civilian casualties must be **avoided** at all costs.
민간인들의 피해는 무슨 일이 있어도 피해야 한다.

☐ attendant ☐ attraction ☐ author ☐ available ☐ avoid

0276. **award**
[əwɔ́:rd]

n. 상 *v.* 주다, 수여하다 = **present**

The management have **awarded** all factory employees a 5% pay raise.
회사에서는 공장 직원 전원의 급여를 5%씩 인상해 주었다.

0277. **axis**
[ǽksis]

n. 회전축

The Earth spins on an **axis**, creating north and south poles.
지구는 축을 중심으로 회전하면서 북극과 남극을 형성한다.

0278. **baggage**
[bǽgidʒ]

n. 짐 = **luggage**

After **baggage** and passport checks, passengers are individually quizzed by interrogators. 승객들은 짐과 여권 검사를 받은 뒤에 조사관들에게 개별적으로 질문을 받는다.

TEPS tips baggage와 **luggage**는 셀 수 없는 명사로서 **a baggage**, **luggages**로 쓸 수 없다.

0279. **balance**
[bǽləns]

n. 균형 ↔ **imbalance**, 잔금, 잔액

My bank **balance** isn't very healthy.
내 은행 잔고가 별로 안 남았다.

0280. **bankrupt**
[bǽŋkrʌpt]

bankruptcy *n.* 파산

a. 파산한

She lent him several thousand dollars to help rescue his **bankrupt** textile business. 그녀는 그의 파산한 직물 업체를 구제하는 데 도움을 주려고 몇 천만 달러를 빌려주었다.

0281. **bargain**
[bá:rgən]

n. 흥정, 싸게 산 물건, 합의

Airlines aren't making money on **bargain** fares.
항공사들이 할인한 항공료로 큰돈을 못 벌고 있다.

☐ award ☐ axis ☐ baggage ☐ balance ☐ bankrupt ☐ bargain

0282. **barrier**
[bǽriər]

n. 장애물, 방해하는 것 = **obstacle**

The automatic **barrier** lifted as we drove up.
우리가 차를 몰고 다가가자 자동 장벽이 올라갔다.

0283. **addicted**
[ədíktid]

addict *n.* 중독자
addiction *n.* 중독

a. 중독된 = **hooked**

I tried to give up smoking several times before I realized I was **addicted.**
나는 담배를 끊으려고 몇 번 시도한 뒤에 담배에 중독되었음을 깨달았다.

0284. **astonished**
[əstániʃt / -tɔ́n-]

astonish *v.* 무척 놀래키다
astonishment *n.* 경악

a. 깜짝 놀란 = **astounded, startled**

The door opened and he staggered, almost fell, into the arms of his **astonished** brother.
문이 열리자 그가 거의 쓰러질 듯 비틀거리며 놀란 형의 품에 안겼다.

0285. **bear**
[bɛər]

v. 참다 = **stand**, 감당하다, 수용하다

The ice wasn't thick enough to **bear** his weight.
얼음이 그의 몸무게를 지탱할 만큼 두껍지 못했다.

0286. **beat**
[biːt]

v. 이기다 = **defeat**, 때리다, ~보다 낫다 *n.* 박자

It's not a particularly good job, but it certainly **beats** being unemployed. 그것은 딱히 좋은 일자리는 아니지만 실업자로 있는 것보다는 확실히 낫다.

0287. **bill**
[bil]

n. 지폐 = **banknote**, 청구서 = **check**

The **bill** for the meal came to $75, including wine.
식사비가 와인 포함해서 총 75달러 나왔다.

□ barrier □ addicted □ astonished □ bear □ beat □ bill

0288.

biography

[baiágrəfi / bi- / -óg-]

biographer *n.* 전기 작가

n. 전기, 일대기

He criticized an unauthorised **biography** which he claims contains 'factual errors'. 그는 공인되지 않은 전기가 '사실 관계의 오류'를 포함하고 있다며 비난했다.

TEPS tips auto(스스로) + biography(전기) ⓔ autobiography : 자서전

0289.

bitter

[bítər]

a. 쓰디쓴, 비통한

She shot a **bitter** glance in his direction and left.
그녀는 그가 있는 쪽을 화난 눈초리로 흘겨보고는 가 버렸다.

0290.

blow

[blou]

v. 불다, 폭로하다 *n.* 타격

Your coming here has **blown** the whole operation.
네가 여기 오는 바람에 작전 전체가 탄로 났다.

0291.

blur

[bləːr]

blurry *a.* 흐릿한

v. 흐려지다, 흐리게 하다

Problems with the mirrors **blurred** the telescope's view.
렌즈에 문제가 있어서 망원경의 시야가 흐려졌다.

0292.

board

[bɔːrd]

aboard *ad.* 탑승하여

v. 탑승하다, 타다 ↔ **deplane** 비행기에서 내리다

Northeast Flight 172 to Istanbul is now **boarding** at Gate No. 37. 이스탄불 행 노스이스트 항공 172 비행기가 현재 37번 게이트에서 탑승 중입니다.

0293.

boast

[boust]

v. 뽐내다, 자랑거리를 갖고 있다

Each luxury home **boasts** an indoor pool and three-car garage. 각각의 호화 주택에는 실내 수영장과 차 세 대가 들어가는 차고가 있다.

☐ biography　☐ bitter　☐ blow　☐ blur　☐ board　☐ boast

0294. **bond**
[band / bɔnd]

n. 채권

Companies sell **bonds** to raise money.
회사는 자금을 모으기 위해 채권을 판매한다.

0295. **book**
[buk]

v. 예약하다 = **reserve**

I **booked** a table for two at 8:00.
나는 8시에 두 명분 자리를 예약했다.

0296. **boom**
[bu:m]

n. 호황 ↔ **slump**

The impact of the property **boom** was first felt in the financial markets.
부동산 호황의 효과는 가장 먼저 금융 시장에서 감지되었다.

0297. **boost**
[bu:st]

v. 증대하다 = **raise**, 후원하다 = **support**

The multi-million dollar ad campaign has failed to **boost** sales.
수백만 달러를 들여 광고를 벌였지만 판매량을 늘리지 못했다.

0298. **bound**
[baund]

a. ~로 가는, ~할 가능성이 높은

When you are dealing with so many patients, mistakes are **bound** to happen.
그렇게 많은 환자를 상대할 때에는 실수가 나오게 마련이다.

0299. **brag**
[bræg]

v. 뻐기다, 자랑하다 = **boast**

I wish she'd stop **bragging** about how rich her parents are.
그녀가 돈 많은 부모님 자랑을 그만 좀 했으면 좋겠다.

☐ bond ☐ book ☐ boom ☐ boost ☐ bound ☐ brag ☐ brand-new

0300. **brand-new**
[brænd nju:]

a. 새 것인, 쓰지 않은 ↔ **secondhand**

When did you buy this couch? It looks completely brand-new.
이 소파 언제 샀니? 완전 새 것 같은데.

Day 10   EXERCISE

A 영어는 우리말로, 우리말은 영어로 쓰시오.

1	brand-new	________	11	호황	________
2	brag	________	12	예약하다	________
3	boost	________	13	채권	________
4	blur	________	14	뽐내다	________
5	biography	________	15	탑승하다	________
6	astonished	________	16	잔금	________
7	barrier	________	17	회전축	________
8	bankrupt	________	18	도우미	________
9	baggage	________	19	매력	________
10	avoid	________	20	흥정	________

B 빈칸에 알맞은 것을 보기에서 고르시오.

보기 ⓐ bitter   ⓑ wound   ⓒ bound   ⓓ addicted

1 She shot a __________ glance in his direction and left.
그녀는 그가 있는 쪽을 화난 눈초리로 흘겨보고는 가 버렸다.

2 I tried to give up smoking several times before I realized I was __________ .
나는 담배를 끊으려고 몇 번 시도한 뒤에 담배에 중독되었음을 깨달았다.

3 When you are dealing with so many patients, mistakes are __________ to happen.
그렇게 많은 환자를 상대할 때에는 실수가 나오게 마련이다.

정답 **A** 1. 새것인 2. 빼기다 3. 증대하다 4. 흐려지다 5. 전기 6. 무척 놀란 7. 장애물 8. 파산한 9. 짐 10. 피하다 11. boom 12. book 13. bond 14. boast 15. board 16. balance 17. axis 18. attendant 19. attraction 20. bargain
B 1. ⓐ 2. ⓓ 3. ⓒ

Day 11

월   일

0301. budget
[bʌ́dʒit]
budgetary *a.* 예산의

n. 예산

Several of our recent projects have been wildly over **budget.**
우리가 벌인 사업 중 몇 개가 예산을 훌쩍 넘어버렸다.

0302. campaigner
[kæmpéinər]

n. 운동가

He is a tireless **campaigner** for human rights.
그는 지칠 줄 모르는 인권 운동가이다.

0303. cancer
[kǽnsər]

n. 암

He died of stomach **cancer** at the age of 63.
그는 63세에 위암으로 사망했다.

0304. care
[kɛər]

n. 돌봄, 주의 *v.* 돌보다, 좋아하다

Would you **care** for another drink?
한 잔 더 드시겠어요?

0305. career
[kəríər]

n. 직업, 경력

Like his father, Tommy chose a **career** in the Army.
토미는 아버지와 마찬가지로 직업 군인을 선택했다.

☐ budget ☐ campaigner ☐ cancer ☐ care ☐ career

0306. **carpenter**
[káːrpəntər]
carpentry *n.* 목공

n. 목수

A **carpenter** must have knowledge of residential construction and remodeling trades.
목수는 주택 건축과 리모델링 관련 지식을 갖추고 있어야 한다.

0307. **carrier**
[kǽriər]

n. 운송 회사

We used a trucking company as the **carrier** to ship our products.
우리는 제품을 수송해 줄 운송 회사로 트럭 회사를 이용했다.

0308. **cartoon**
[kɑːrtúːn]

n. 만화영화, 시사만화

We always watch **cartoons** on Sunday mornings.
우리는 일요일 아침이면 꼭 만화영화를 본다.

0309. **cast**
[kæst / kɑːst]

v. 던지다, 주다

The sun shining through the trees **cast** a pattern of light and shade on the footpath.
나무 틈을 뚫고 들어오는 햇살이 길 위에 빛과 그늘로 이루어진 무늬를 드리웠다.

0310. **casual**
[kǽʒuəl]

a. 태평한, 격의 없는 = **informal** ↔ **formal**

Are shorts appropriate at a **casual** party?
반바지가 캐주얼 파티에 적당할까요?

0311. **smoulder**
[smóuldəːr]

v. (불꽃 없이 천천히) 타다

The fire in the chemical factory was so intense that it was still **smouldering** a week later.
화학 공장에서 발생한 화재는 일주일이 지나도록 꺼지지 않을 정도로 큰불이었다.

☐ carpenter ☐ carrier ☐ cartoon ☐ cast ☐ casual ☐ smoulder

0312. cereal
[síəriəl]

n. 곡물, 시리얼

Rice used to be Korea's primary **cereal** crop.
쌀은 한때 한국의 주요 곡물이었다.

0313. challenging
[tʃǽlindʒiŋ]

a. 꽤 어려운, 도전할 만한

The pianist called the piece, "one of the most **challenging** pieces of music I've ever played."
그 피아니스트는 그 곡이 '내가 연주해본 곡 중 가장 까다로운 곡'이라고 했다.

0314. champion
[tʃǽmpiən]

v. 옹호하다, 지지하다

Martin **championed** social programs for the elderly. 마틴은 노인을 위한 사회 프로그램을 지지했다.

0315. character
[kǽriktər]

n. 등장인물

Ancient literature uses fictional **characters** to illustrate moral dilemmas.
고대 문학에서는 허구의 등장인물을 이용하여 도덕적 난관을 묘사한다.

0316. characteristic
[kæ̀riktərístik]

a. 특징적인, 특유의 *n.* 특징

Naomi is meeting the changes in her life with **characteristic** optimism.
나오미는 특유의 낙관적인 자세로 삶의 변화에 대처하고 있다.

0317. charge
[tʃɑːrdʒ]

v. 청구하다, 고발하다

My piano teacher **charges** $20 for a half hour class.
피아노 선생은 30분 수업료로 20달러를 요구한다.

☐ cereal ☐ challenging ☐ champion ☐ character ☐ characteristic ☐ charge

0318. **charity**

[tʃǽrəti]

charitable *a.* 자선을 베푸는

n. 자선, 자선단체

All profits from the show will go to **charity.**
쇼에서 얻은 수익금 전액은 자선단체에 기부될 것이다.

0319. **cheat**

[tʃiːt]

cheating *n.* 부정행위

v. 부정행위를 하다, 사기 치다

That store **cheated** me out of $10 on that sweater by charging me too much. 그 가게는 나한테 사기를 쳐서 스웨터를 10달러 더 비싼 값에 팔아먹었다.

0320. **check**

[tʃek]

v. 억제하다, 통제하다 = **control**

The police are failing to take adequate measures to **check** the growth in crime.
경찰은 범죄의 증가를 억제하기 위한 적절한 조치를 취하지 못하고 있다.

0321. **chew**

[tʃuː]

v. 씹다

To relieve catarrh, **chew** raw garlic.
심한 콧물을 줄이려면 생마늘을 씹어라.

0322. **chivalry**

[ʃívəlri]

chivalrous
a. 여자를 잘 배려하는

n. 기사도 정신, 여자를 배려하는 남자의 자세

I feel as if she's testing my **chivalry** and honor.
그녀는 마치 내 기사도 정신과 영예를 시험하는 것 같다.

0323. **circumstance**

[sə́ːrkəmstæns / -stəns]

circumstantial *a.* 정황상의

n. 상황, 경우

For the first time in three years, **circumstances** prevented me from attending.
나는 3년 만에 처음으로 사정이 생겨서 참석하지 못했다.

☐ charity ☐ cheat ☐ check ☐ chew ☐ chivalry ☐ circumstance

0324. **cite**
[sait]

citation *n.* 인용

v. (근거를) 들다, 인용하다 = **quote**

The report contained details of the poison gas and **cited** examples of accidents involving it.
그 보고서에는 독가스에 대한 세부 정보가 들어 있었고 그와 관련된 사고 사례를 언급했다.

0325. **claim**
[kleim]

v. 주장하다, 요구하다 = **demand, insist**
n. 주장, 요구

After the fire we made a **claim** to our insurance company.
화재가 발생하고 나서 우리는 보험 회사에 보상금 지불을 요구했다.

0326. **class**
[klæs / klɑːs]

n. 학번

The **class** of '88 spent almost as much time protesting as learning.
88년도에 졸업한 학번은 공부한 시간과 투쟁한 시간이 비슷했다.
TEPS tips 우리나라 대학의 학번은 입학 년도이지만, 미국에서는 졸업 년도이다.

0327. **customs**
[kʌ́stəmz]

n. 세관, 관세

You won't be able to take that through **customs**.
그 물건은 세관을 통과할 수 없을 것이다.
TEPS tips 단수형의 뜻은 전혀 다르다. custom : 습관, 관습

0328. **cloudless**
[kláudlis]

cloud *n.* 구름

a. 구름 한 점 없는, 맑은 ↔ **cloudy, overcast**

The moon in a **cloudless** blue sky is visible directly above the spaceship. 구름 한 점 없는 파란 하늘에 떠 있는 달이 우주선 바로 위쪽에서 보인다.

0329. **clumsy**
[klʌ́mzi]

clumsiness *n.* 서투름

a. 몸놀림이 둔한, 서투른 = **awkward**

Andrew made a **clumsy** attempt to kiss her, but she pushed him away. 앤드류는 그녀에게 키스하려고 서투른 시도를 했지만 그녀는 그를 밀쳐냈다.

☐ cite ☐ claim ☐ class ☐ customs ☐ cloudless ☐ clumsy ☐ code

0330. **code**
[koud]

n. 암호, 규약, 법전

Building **codes** have been strengthened following the earthquake.
지진이 발생한 이후 건축 규정이 강화되었다.

Day 11　EXERCISE

A 영어는 우리말로, 우리말은 영어로 쓰시오.

1	budget	_______	11 암호	_______
2	cancer	_______	12 서투른	_______
3	career	_______	13 인용하다	_______
4	carrier	_______	14 억제하다	_______
5	casual	_______	15 청구하다	_______
6	champion	_______	16 특징적인	_______
7	character	_______	17 꽤 어려운	_______
8	chew	_______	18 곡물	_______
9	class	_______	19 시사만화	_______
10	customs	_______	20 운동가	_______

B 빈칸에 알맞은 것을 보기에서 고르시오.

보 기　ⓐ circumstance　ⓑ clarity　ⓒ chivalry　ⓓ claim

1 I feel as if she's testing my __________ and honor.
그녀는 마치 내 기사도 정신과 영예를 시험하는 것 같다.

2 After the fire we made a __________ to our insurance company.
화재가 발생하고 나서 우리는 보험 회사에 보상금 지불을 요구했다.

3 For the first time in three years, __________s prevented me from attending.
나는 3년 만에 처음으로 사정이 생겨서 참석하지 못했다.

정답 **A** 1. 예산　2. 암　3. 경력　4. 운송 회사　5. 격의 없는　6. 옹호하다　7. 등장인물　8. 씹다　9. 학번　10. 관세
11. code　12. clumsy　13. cite　14. check　15. charge　16. characteristic　17. challenging　18. cereal　19. cartoon
20. campaigner **B** 1. ⓒ　2. ⓓ　3. ⓐ

Day 12

월   일

0331. **coin**

[kɔin]

coinage *n.* 신조어

v. (새로운 말을) 만들어 내다

A Polish refugee **coined** the term "genocide" to describe attempts to kill an entire group of people. 폴란드의 한 난민이 한 집단의 인간 전체를 죽이려는 일을 가리키는 말로 'genocide'라는 용어를 만들어 냈다.

0332. **cold**

[kould]

n. 감기

Having a parched nose and throat may lower resistance to **colds.**
코와 목구멍이 바싹 말라 있으면 감기에 대한 저항력이 떨어질 수 있다.

0333. **collapse**

[kəlǽps]

v. 무너지다, 망하다 *n.* 붕괴

Cohen was hospitalized after he **collapsed** on the floor and briefly lost consciousness.
코헨은 바닥에 쓰러져 잠깐 의식을 잃은 뒤 병원에 입원했다.

0334. **comfortable**

[kʌ́mfərtəbəl]

comfort *n.* 편함 *v.* 위로하다

a. 편안한

Sit down and make yourself **comfortable.**
편히 앉아 있어요.

0335. **commit**

[kəmít]

v. 저지르다, 위임하다

Detectives believe that the crime was **committed** at around 7:30 p.m.
형사들은 그 범죄가 오후 7시 30분경에 벌어졌다고 추정한다.

☐ coin ☐ cold ☐ collapse ☐ comfortable ☐ commit

0336. **committee**
[kəmíti]

n. 위원회

Bill Dean has been elected chairman of the **committee.**
빌 딘은 위원장으로 선출되었다.

0337. **commodity**
[kəmádəti / -mɔ́d-]

n. 상품

A lighter is a rare **commodity** here.
라이터는 여기서 귀한 상품이다.

0338. **commute**
[kəmjúːt]
commuter *n.* 통근자

v. 먼 거리를 출퇴근하다

Kendall **commutes** into the city every day from the suburbs. 켄달은 매일 교외에서 도심으로 출근한다.

0339. **company**
[kʌ́mpəni]

n. 동행, 일행, 벗, 손님

I was grateful for Jean's **company** on the long journey.
나는 먼 여행길에 진이 함께 가주는 것이 고마웠다.

0340. **compartment**
[kəmpáːrtmənt]

n. 구획, 칸막이, 객실

Put the ice cream back in the freezer **compartment** when you are finished.
아이스크림 다 먹었으면 냉동칸에 도로 넣어 두어라.

0341. **compel**
[kəmpél]
compulsion *n.* 강제
compulsory *a.* 강제적인

v. 강요하다, 억지로 ~시키다 = **oblige**

The attorney general has the right to **compel** witnesses to appear in court.
검찰총장은 증인이 법정에 출두하도록 강제할 권한이 있다.

☐ committee ☐ commodity ☐ commute ☐ company ☐ compartment ☐ compel

0342. compensate
[kámpənsèit / kóm-]

compensation *n.* 보상

v. 보상하다, 벌충하다 = **make up**

People are entitled to be **compensated** fully whenever they are injured by others' carelessness. 다른 사람의 부주의로 부상을 입었을 때에는 피해 보상금 전액을 받을 권리가 있다.

0343. competitive
[kəmpétətiv]

compete *v.* 경쟁하다

a. 경쟁심이 강한, 경쟁이 심한, 가격 경쟁력이 있는

The hotel offers a high standard of service at **competitive** rates.
그 호텔은 상대적으로 저렴한 요금에 고품격 서비스를 제공한다.

0344. complaint
[kəmpléint]

complain *v.* 항의하다

n. 불만, 이의 제기

If you have a **complaint**, you should write to the **manager.** 항의할 일이 있으면 점장에게 보내는 글을 써야 한다.

0345. complex
[kámpleks / kómpleks]

a. 복잡한 = **complicated** *n.* 복합시설, 단지

The chemical processes involved in the experiment are extremely **complex.**
그 실험과 연관된 화학적 과정은 대단히 복잡하다.

0346. complicated
[kámplikèitid / kóm-]

a. 복잡한 = **complex**

I didn't realize programming the DVD player would be so **complicated.**
DVD 플레이어를 설정하는 것이 그렇게 복잡할 줄은 미처 몰랐다.

0347. compose
[kəmpóuz]

composition *n.* 작곡, 작문
composer *n.* 작곡가

v. 작곡하다, 작문하다

Mozart **composed** his first symphony when he was still a child.
모차르트는 어린아이였을 때 첫 교향곡을 작곡했다.

☐ compensate ☐ competitive ☐ complaint ☐ complex ☐ complicated ☐ compose

0348. **compromise**

[kámprəmàiz / kɔ́m-]

v. 타협하다 *n.* 타협

The employers will have to be ready to **compromise** if they want to avoid a strike.
직원들은 파업을 피하고 싶다면 협상을 할 자세를 취해야 할 것이다.

0349. **conduct**

v. [kəndʌ́kt] *n.* [kándʌkt]

v. 행동하다, 실행하다 = **carry out** *n.* 행동

A new code of **conduct** for civil servants will be issued next week.
공무원 행동규범이 다음 주에 새로 제정될 것이다.

0350. **conference**

[kánfərəns / kɔ́n-]

n. 회의 = **meeting**

Lewis recently spoke at a **conference** of women business leaders.
루이스는 최근 여성 사업가 회의에서 연설을 했다.

0351. **confidential**

[kànfidénʃəl / kɔ̀n-]

confidentiality *n.* 기밀

a. 비밀의

Always protect **confidential** files by locking them with a password.
기밀문서는 언제나 암호로 잠가 두어 보호하시오.

0352. **confirm**

[kənfə́ːrm]

confirmation *n.* 확인

v. 확인하다

Have you called to **confirm** your flight yet?
전화 걸어서 비행기표 예매한 것 확인했니?

0353. **conflict**

[kánflikt / kɔ́n-]

n. 갈등 *v.* 싸우다, 부딪히다

Researchers tend to offer **conflicting** advice on which vitamin and mineral supplements might keep us healthy. 과학자들은 건강에 좋은 비타민과 미네랄 보충제가 어떤 것인지에 대해 모순되는 조언을 하는 경향이 있다.

☐ compromise ☐ conduct ☐ conference ☐ confidential ☐ confirm ☐ conflict

0354. connection

[kənékʃən]

connect *v.* 연결하다

n. 연결, 연관 = **link**

In a decade, direct satellite **connections** for the Internet may be available. 10년 후에는 위성으로 직접 인터넷에 접속하는 것이 가능해질 수도 있다.

0355. consent

[kənsént]

n. 허락 = **permission**, 동의 = **agreement** ↔ **dissent** *v.* 허락하다

Before a woman can have an abortion, she needs to have written **consent** from two doctors. 낙태 수술을 받으려면 의사 두 명의 동의서를 받아야 한다.

0356. consistent

[kənsístənt]

consistency *n.* 일관성

a. 일관된, 일관성 있는 ↔ **inconsistent**

Judges must be firm, fair and **consistent** in their application of the law. 판사는 법을 적용할 때 엄중하고 공정하며 일관성이 있어야 한다.

0357. constantly

[kánstəntli / kɔ́n-]

constant *a.* 끊임없는

ad. 항상, 끊임없이

I wish you'd clean up your room without having to be **constantly** reminded. 방 좀 치우라는 말을 계속 듣지 않고 알아서 방 청소를 했으면 좋겠다.

0358. constitution

[kànstətjúːʃən / kɔ́n-]

n. 헌법

The Korean **constitution** guarantees that the people have certain rights. 대한민국 헌법은 국민이 특정한 권리를 갖고 있음을 보장한다.

0359. consult

[kənsʌ́lt]

consultant *n.* 자문위원
(⊕ 1290 **counselor**)
consultation *n.* 상의

v. 상의하다, 참고하다 = **refer to**

Before starting any exercise program, you should **consult** your doctor. 운동 프로그램을 시작하기 전에 담당의사와 상의해야 합니다.

☐ connection ☐ consent ☐ consistent ☐ constantly ☐ constitution ☐ consult ☐ consumer

0360. **consumer**

[kənsúːmər]

consume _v._ 소비하다

_n._ 소비자

Any increase in the cost of transporting goods will be passed on to the consumer.
상품 수송비가 조금이라도 증가하면 그 부담이 소비자에게 전가될 것이다.

Day 12   EXERCISE

A 영어는 우리말로, 우리말은 영어로 쓰시오.

1 collapse	_____________	11 소비자	_____________
2 comfortable	_____________	12 일관성 있는	_____________
3 committee	_____________	13 허락	_____________
4 compartment	_____________	14 갈등	_____________
5 compensate	_____________	15 비밀의	_____________
6 complex	_____________	16 실행하다	_____________
7 complicated	_____________	17 타협하다	_____________
8 conference	_____________	18 불만	_____________
9 connection	_____________	19 상품	_____________
10 constitution	_____________	20 저지르다	_____________

B 빈칸에 알맞은 것을 보기에서 고르시오.

보기   ⓐ counsel   ⓑ confirm   ⓒ consult   ⓓ compose

1 Have you called to _________ your flight yet?
전화 걸어서 비행기표 예매한 것 확인했니?

2 Mozart _________(e)d his first symphony when he was still a child.
모차르트는 어린아이였을 때 첫 교향곡을 작곡했다.

3 Before starting any exercise program, you should _________ your doctor.
운동 프로그램을 시작하기 전에 담당의사와 상의해야 합니다.

정답 **A** 1. 무너지다   2. 편안한   3. 위원회   4. 칸막이   5. 보상하다   6. 복잡한   7. 복잡한   8. 회의   9. 연결   10. 헌법   11. consumer 12. consistent   13. consent   14. conflict   15. confidential   16. conduct   17. compromise   18. complaint   19. commodity 20. commit   **B** 1. ⓑ   2. ⓓ   3. ⓒ

Day 13

월   일

0361.
contact
[kántækt / kɔ́n-]

n. 접촉, 연락 *v.* 접촉하다, 연락하다

Pamela **contacted** several companies to ask if they could offer her part-time work. 파멜라는 몇 군데 회사에 연락해서 시간제 일자리를 줄 수 있는지 물어 보았다.

0362.
contain
[kəntéin]

container *n.* 용기, 컨테이너

v. 함유하다, 갖고 있다

Cigarettes **containing** less than 0.8 mg of tar can be classified as "light".
0.8밀리그램 이하의 타르를 함유한 담배는 '라이트'로 분류될 수 있다.

0363.
contemplate
[kántəmplèit / kɔ́ntem-]

contemplation *n.* 심사숙고
contemplative *a.* 신중한

v. 심사숙고하다, 잘 생각하다 = **ponder, consider**

Many years ago he had **contemplated** writing a book about his childhood. 그는 여러 해 전에 자신의 어린 시절에 대한 책을 써 볼까 하고 많이 생각했다.

0364.
contemporary
[kəntémpərèri / -pərəri]

a. 같은 시대의, 현대의 *n.* 동시대인, 같이 있는 사람

Atkins is still working, long after many of his **contemporaries** have retired. 앳킨스는 동기들 중 많은 이들이 퇴직한 지 한참 지났는데도 아직 일하고 있다.

0365.
context
[kántekst / kɔ́n-]

n. 문맥, 맥락

English words can have several meanings depending on **context.**
영어 단어는 문맥에 따라 여러 가지 의미를 나타낼 수 있다.

☐ contact ☐ contain ☐ contemplate ☐ contemporary ☐ context

0366. **contract**

[kəntrékt]

contraction *n.* 수축

v. 병에 걸리다, 수축되다

He **contracted** malaria through an insect bite.
그는 벌레에 물려 말라리아에 걸렸다.

0367. **contributor**

[kəntríbjətər]

contribute *v.* 기고하다, 기여하다

n. 기고가

Thank you to all our **contributors** for being so prompt with all your articles.
신속히 기사를 보내 주신 모든 기고가들에게 감사드립니다.

0368. **controversial**

[kàntrəvə́:rʃəl / kɔ̀n-]

controversy *n.* 논란

a. 논란을 일으키는, 논란의 여지가 있는

A recent government paper on education contains some **controversial** new ideas.
최근에 정부가 교육과 관련하여 제출한 보고서에는 논란의 여지가 있는 새로운 기획이 몇 가지 있다.

0369. **convenient**

[kənví:njənt]

convenience *n.* 편리

a. 편리한, 가까운

Could we postpone the meeting until a more **convenient** time?
좀 더 적당한 시간으로 회의를 연기할 수 있을까요?

0370. **convey**

[kənvéi]

conveyance *n.* 수송, 전달
conveyor *n.* 전달자, 컨베이어 벨트

v. 전달하다, 수송하다

His office **conveyed** an impression of efficiency and seriousness.
그의 사무실에서는 능률과 진지함이 묻어났다.

0371. **conviction**

[kənvíkʃən]

convict *v.* 유죄 판결하다 *n.* 기결수

n. 확신, 유죄 판결

Americans held the **conviction** that anyone could become rich if they worked hard. 미국인들은 일만 열심히 하면 누구나 부자가 될 수 있다는 확신을 갖고 있었다.

☐ contract ☐ contributor ☐ controversial ☐ convenient ☐ convey ☐ conviction

0372. copyright
[kápiràit]

n. 저작권, 판권

Tolkien's family owns the **copyrights** to his books.
톨킨의 가족이 그의 책에 대한 저작권을 갖고 있다.

0373. cornerstone
[kɔ́ːrnərstòun]

n. 토대, 기반, 초석 = **foundation stone**

Increased sales to the under-25s will be the **cornerstone** of our marketing strategy in the coming year. 25세 이하의 연령대에서 판매량이 증가하는 것이 향후 우리의 마케팅 전략의 토대가 될 것이다.

0374. corporation
[kɔ̀ːrpəréiʃən]

corporate *a.* 기업의

n. 대기업, 법인

She's just been appointed chief financial officer of a major **corporation.**
그녀는 얼마 전에 대기업의 자금 담당 이사로 임명되었다.
(➔ 619 **incorporate**)

0375. critical
[krítikəl]

criticize *v.* 비판하다

a. 비판하는, 중대한 = **crucial**

Critical remarks by a teacher can damage the confidence of children.
선생이 아이에게 비판조로 말하면 아이의 자신감을 떨어뜨릴 수 있다.

0376. correspondent
[kɔ̀ːrəspándənt / -pɔ́nd-]

n. 특파원, 통신원

He joined ABC as its chief foreign **correspondent** in 2000. 그는 2000년에 ABC 방송사에 외신 특파원으로 입사했다.

0377. corrupt
[kərʌ́pt]

corruption *n.* 타락

a. 타락한 ↔ **incorruptible** *v.* 타락시키다, 타락하다

The Senate will form a committee to determine if violence on television is **corrupting** young people. 상원은 텔레비전에 방송되는 폭력 장면이 청소년을 타락시키는지 판단할 위원회를 구성할 것이다.

☐ copyright ☐ cornerstone ☐ corporation ☐ critical ☐ correspondent ☐ corrupt

0378. count
[kaunt]

v. 세다, 간주하다 = **consider**

You should **count** yourself lucky that you weren't hurt. 다치지 않은 걸 다행으로 알아야 해.

0379. counterfeit
[káuntərfìt]

a. 위조된 *v.* 위조하다 = **fake**

Fifty-thousand won bills are the most likely to be **counterfeited.**
5만원권 지폐가 위조될 가능성이 가장 높다.

0380. counterpart
[káuntərpà:rt]

n. 상대방, 대응하는 것 = **opposite number**

Korean officials are discussing this with their Chinese **counterparts.**
한국 관리들은 중국 관리들과 이 문제에 대해 논의하고 있다.

0381. courteous
[kə́:rtiəs / kɔ́:r-]

courtesy *n.* 예의

a. 예의 바른 = **polite** ↔ **discourteous**

Airline staff must be **courteous** at all times, even when passengers are not. 항공사 직원들은 언제나, 심지어 승객들이 예의를 지키지 않을 때에도 공손해야 한다.

0382. cover
[kʌ́vər]

coverage *n.* 보험 보장, 주제 범위

v. (보험) 보장하다, 취재하다, 다루다

He was sent to Afghanistan to **cover** the peace talks.
그는 평화 회담을 취재하기 위해 아프가니스탄에 파견되었다.

0383. credit
[krédit]

n. 신용, 공로

Credit for this win goes to everybody in the team.
이 승리의 공로는 팀원 모두에게 있다.

☐ count ☐ counterfeit ☐ counterpart ☐ courteous ☐ cover ☐ credit

0384. **creditor**

[kréditə*r*]

n. 채권자 ↔ **debtor**

He died owing his **creditors** over $20 million.
그는 2천만 달러가 넘는 빚을 남기고 죽었다.

0385. **credulous**

[krédʒələs]

credulity *n.* 순진함

a. 잘 믿는, 순진한 = **gullible** ↔ **incredulous**

Anthony charmed hundreds of **credulous** investors out of millions of dollars.
앤서니는 순진한 투자자들 수백 명을 꼬드겨서 수백만 달러를 가로챘다.

0386. **crew**

[kru:]

n. 승무원 전원

The plane crashed, killing three of the **crew** and five passengers.
비행기가 추락해서 승무원 세 명과 승객 다섯 명이 사망했다.

0387. **criminal**

[krímənl]

crime *n.* 범죄
criminalize *v.* 범죄화하다

a. 범죄의, 형사상의 ↔ **civil** *n.* 범죄자

Sending children to adult prisons just means they learn to be 'better' **criminals** from the adult inmates. 미성년자를 성인 교도소에 보내는 것은 성인 수감자들로부터 '더 나은' 범죄자가 되는 법을 배우는 것일 뿐이다.

0388. **crisp**

[krisp]

a. 바삭바삭한, 빳빳한 = **crispy** ↔ **soggy**

You can serve the chicken with a **crisp** stir fry of mixed vegetables.
닭고기에 살짝 볶은 여러 가지 채소를 곁들여 내면 좋다.

0389. **critic**

[krítik]

critical *a.* 비판하는
criticize *v.* 비판하다
criticism *n.* 비평

n. 평론가

For five years she was theater **critic** for the New Yorker.
그녀는 5년 동안 뉴요커 지의 연극 평론가로 일했다.

☐ creditor ☐ credulous ☐ crew ☐ criminal ☐ crisp ☐ critic ☐ crust

0390. **crust**

[krʌst]

n. 지각(地殼), (빵, 피자의) 겉껍질

The thickness of the **crust** varies widely between continents and oceans.
지각의 두께는 대륙과 해양에 따라 많이 다르다.

Day 13   EXERCISE

A 영어는 우리말로, 우리말은 영어로 쓰시오.

1	contact	__________	11	지각	__________
2	contemplate	__________	12	범죄의	__________
3	contributor	__________	13	신용	__________
4	convey	__________	14	위조된	__________
5	cornerstone	__________	15	특파원	__________
6	critical	__________	16	대기업	__________
7	corrupt	__________	17	저작권	__________
8	courteous	__________	18	편리한	__________
9	creditor	__________	19	병에 걸리다	__________
10	crisp	__________	20	함유하다	__________

B 빈칸에 알맞은 것을 보기에서 고르시오.

보기   ⓐ crew   ⓑ counterpart   ⓒ critic   ⓓ distributor

1 For five years she was theater __________ for the New Yorker.
그녀는 5년 동안 뉴요커 지의 연극 평론가로 일했다.

2 The plane crashed, killing three of the __________ and five passengers.
비행기가 추락해서 승무원 세 명과 승객 다섯 명이 사망했다.

3 Korean officials are discussing this with their Chinese __________(s).
한국 관리들은 중국 관리들과 이 문제에 대해 논의하고 있다.

정답   **A** 1. 접촉   2. 심사숙고하다   3. 기고가   4. 전달하다   5. 토대   6. 비판하는   7. 타락한   8. 예의 바른   9. 채권자   10. 바삭바삭한   11. crust   12. criminal   13. credit   14. counterfeit   15. correspondent   16. corporation   17. copyright   18. convenient   19. contract   20. contain   **B** 1. ⓒ   2. ⓐ   3. ⓑ

Day14

0391. **cuisine**
[kwizíːn]

n. 요리(법)

Venetian **cuisine** is based on seafood and rice.
베네치아 요리의 근간을 이루는 것은 해산물과 쌀이다.

0392. **cultivate**
[kʌ́ltəvèit]

cultivation *n.* 재배, 배양

v. 재배하다 = **grow**, 배양하다

Baseball teams spend a lot on **cultivating** new talent. 야구팀은 재능 있는 신인을 키우는 데 많이 투자한다.

0393. **culture**
[kʌ́ltʃər]

n. 배양, 배양된 미생물[세포]

The laboratories have extensive tissue **culture** facilities. 그 실험실에는 다양한 종류의 조직 배양 시설이 있다.

0394. **curator**
[kjuəréitər]

n. 박물관장, 도서관장, 동물원장

He is the mammal **curator** at the Seoul Zoo.
그는 서울 동물원의 포유류 담당자이다.

0395. **currency**
[kə́ːrənsi / kʌ́r-]

n. 화폐, 통화

Investors continued to swap yen for the **currencies** of nations that offer higher interest rates. 투자자들은 엔화를 더 높은 이자율을 제공하는 국가의 화폐로 바꾸기를 계속했다.

☐ cuisine ☐ cultivate ☐ culture ☐ curator ☐ currency

0396. **curriculum**
[kəríkjələm]
curricular *a.* 교과 과정의

n. 교과 과정

We cover the **curriculum** by choosing things the kids will be interested in. 우리는 아이들이 흥미를 가질 만한 것들을 골라 교과 과정을 진행합니다.

0397. **custody**
[kʌ́stədi]

n. 감금 = **imprisonment**, 자녀 양육권

The father has **custody** in only 10% of cases. 자녀의 아버지가 양육권을 갖는 경우는 10%밖에 안 된다.

0398. **cyberspace**
[sáibərspèis]

n. 사이버스페이스, 가상공간

Exponentially reproducing pornographic images are populating **cyberspace**. 기하급수적으로 복제되는 포르노 이미지가 사이버스페이스를 뒤덮고 있다.

0399. **cyclone**
[sáikloun]

n. 사이클론(인도양 등의 열대성 저기압)

The north and south winds met where the house stood, and made it the exact center of the **cyclone**. 집이 있던 곳에 북풍과 남풍이 만나서 그 지점이 사이클론의 중심이 되었다.

0400. **damage**
[dǽmidʒ]

n. 손해, 피해　*v.* 피해를 입히다

Don't put any hot things on the table—you'll **damage** the surface. 뜨거운 것을 탁자에 올려놓지 마. 표면이 상하니까.

0401. **damp**
[dæmp]
dampness *n.* 습기

a. 축축한, 눅눅한 = **moist**

Clean the counter with a **damp** cloth. 카운터를 축축한 행주로 닦아라.

☐ curriculum　☐ custody　☐ cyberspace　☐ cyclone　☐ damage　☐ damp

0402. dealer
[díːlər]

n. 판매상, 판매업자

According to a senior currency **dealer**, the won is likely to continue to rise against the dollar.
한 선임 외환딜러에 따르면 달러에 대한 원화의 가치가 계속 올라갈 것 같다고 한다.

0403. dearly
[díərli]

dear *a.* 소중한, 비싼

ad. 매우, 값비싸게

He **dearly** wished they would hurry up and tell him what to do.
그는 그들이 하루빨리 그에게 할 일을 일러주었으면 좋겠다고 생각했다.

0404. debate
[dibéit]

n. 논의, 토론 = **discussion** *v.* 토론하다 = **discuss**

The law was passed, after a long and sometimes angry **debate**.
오랫동안 때로는 언성을 높이며 토의를 벌인 끝에 법안이 통과되었다.

0405. debt
[det]

debtor *n.* 채권자

n. 빚

Debt is one of the main social problems of our time. 빚은 요즈음 가장 큰 사회 문제 중 하나이다.

0406. deceive
[disíːv]

deception / deceit *n.* 기만
deceptive *a.* 기만하는

v. 속이다

If you think that everyone is happy with the plan, you're **deceiving** yourself. 모두들 그 계획을 마음에 들어 한다고 생각한다면 네 자신을 속이는 것이다.

0407. decent
[díːsənt]

decency *n.* 점잖은 행동

a. 번듯한, 사회 기준에 맞는

Decent citizens have nothing to fear from the police.
건전한 시민들은 경찰을 무서워할 이유가 전혀 없다.

□ dealer □ dearly □ debate □ debt □ deceive □ decent

0408. **declare**
[diklέ∂r]

declaration *n.* 선언

v. 선언하다, 발표하다

A state of emergency has been **declared** in Bangladesh.
방글라데시에서 비상사태가 선포되었다.

0409. **decline**
[dikláin]

v. 거절하다 = **reject**, 줄어들다 = **decrease**

Ed asked me to run the new division for them, but I **declined.**
에드가 내게 새로 생긴 부서를 운영해 달라고 했지만 나는 거절했다.

0410. **decode**
[di:kóud]

v. (암호, 부호화된 데이터를) 해독하다
= **decipher** ↔ **encode**

Scientists are trying to **decode** the structure of human genes.
과학자들은 인간 유전자의 구조를 밝혀내려고 노력하고 있다.

0411. **defendant**
[difénd∂nt]

n. 피고 = **accused** ↔ **plaintiff**

Each of the three **defendants** was convicted of conspiracy to commit murder.
세 명의 피고는 살인 모의 혐의로 유죄 선고를 받았다.

0412. **crucial**
[krú:ʃəl]

a. 중대한, 결정적인 = **critical**

Crucial decisions had to be made, involving millions of dollars.
수백만 달러가 걸린 중대한 결정을 내려야만 했다.

0413. **defensive**
[difénsiv]

defend *v.* 방어하다
defense *n.* 방어

a. 수비의 ↔ **offensive** , (태도가) 수세인, 방어적인

Police officers claimed that their actions during the riots were purely **defensive.** 경찰관들은 폭동 당시 그들이 했던 조치는 순전히 방어적인 것이었다고 주장했다.

☐ declare ☐ decline ☐ decode ☐ defendant ☐ crucial ☐ defensive

0414. **deficit**
[défəsit]

n. 적자, 부족분 ↔ **surplus**

The Twins overcame a 13-point **deficit** to win 38-30.
트윈스가 13점 차로 뒤쳐 있던 것을 따라잡아 38대 30으로 이겼다.

0415. **define**
[difáin]

definition *n.* 정의

v. 정의하다, 규정짓다

Dietary fiber can be loosely **defined** as the cell-wall material of plants.
식이섬유는 식물 세포벽의 물질이라고 대강 정의내릴 수 있다.

0416. **definitely**
[défənitli]

definite *a.* 확실한

ad. 확실히, 당연히 = **certainly**

According to the data, we can **definitely** say that pollution is increasing.
자료를 보면 오염이 심화되고 있다고 확실히 말할 수 있다.

0417. **degree**
[digrí:]

n. 학위

Her dream is to get a **degree** in computer science and then get a high-paying job.
그녀의 꿈은 컴퓨터 공학 학위를 취득해서 연봉을 많이 주는 직장에 취직하는 것이다.

0418. **delay**
[diléi]

v. 미루다 = **put off**, **postpone** *n.* 연기

He decided to **delay** his departure until after he'd seen the Director.
그는 국장을 만날 때까지 출발을 연기하기로 결정했다.

0419. **delegate**
[déligit / -gèit]

n. 대표, 사절 = **representative**

Delegates from 50 colleges met to discuss the issue of financial aid.
50개 대학의 대표들이 재정 지원 문제를 논의하기 위해 모였다.

☐ deficit ☐ define ☐ definitely ☐ degree ☐ delay ☐ delegate ☐ deliberately

0420. # **deliberately**

[dilíbəritli]

deliberate _a._ 고의적인

_ad._ 일부러, 고의로
= **intentionally** ↔ **accidentally**

Police believe the fire was started deliberately.
경찰은 누군가 불을 일부러 질렀다고 보고 있다.

Day 14   EXERCISE

A 영어는 우리말로, 우리말은 영어로 쓰시오.

1 cultivate	____________	11 일부러	____________
2 currency	____________	12 학위	____________
3 cyberspace	____________	13 적자	____________
4 damage	____________	14 중대한	____________
5 dealer	____________	15 거절하다	____________
6 debt	____________	16 속이다	____________
7 declare	____________	17 논의	____________
8 defendant	____________	18 축축한	____________
9 define	____________	19 감금	____________
10 delegate	____________	20 박물관장	____________

B 빈칸에 알맞은 것을 보기에서 고르시오.

보기 ⓐ define ⓑ delay ⓒ decline ⓓ deceive

1 He decided to __________ his departure until after he'd seen the Director.
그는 국장을 만날 때까지 출발을 연기하기로 결정했다.

2 Dietary fiber can be loosely __________(e)d as the cell-wall material of plants.
식이섬유는 식물 세포벽의 물질이라고 대강 정의내릴 수 있다.

3 Ed asked me to run the new division for them, but I __________(e)d.
에드가 내게 새로 생긴 부서를 운영해 달라고 했지만 나는 거절했다.

정답 **A** 1. 재배하다 2. 화폐 3. 가상공간 4. 손해 5. 판매상 6. 빚 7. 선언하다 8. 피고 9. 정의하다 10. 대표 11. deliberately 12. degree 13. deficit 14. crucial 15. decline 16. deceive 17. debate 18. damp 19. custody 20. curator
B 1. ⓑ 2. ⓐ 3. ⓒ

Day 15

월   일

0421. **delicious**

[dilíʃəs]

a. 맛있는, 맛과 향이 좋은

The apple pie is **delicious** with vanilla ice cream.
사과 파이에 바닐라 아이스크림을 곁들여 먹으면 맛있다.

0422. **delivery**

[dilívəri]

deliver *v.* 배달하다, 분만하다

n. 배달, 분만

Ask your neighbor to take any **deliveries** while you are on vacation. 휴가 가 있는 동안 이웃사람에게 배달 오는 물건을 받아 달라고 부탁해 둬라.

0423. **demanding**

[dimǽndiŋ /-máːnd-]

a. 힘든, 요구를 많이 하는, 까다로운

Being a nurse in a busy hospital is a **demanding** job—you don't get much free time. 분주한 병원에서 간호사로 일하는 것은 힘든 일이다. 짬이 별로 나지 않기 때문이다.

0424. **demonstration**

[dèmənstréiʃən]

demonstrate *v.* 시위하다

n. 시위

Some of the marchers called to us to come and join the **demonstration.**
거리 행진을 하던 몇몇 사람들이 우리에게 시위에 동참하라고 말했다.

TEPS tips 우리는 흔히 폭력시위도 '데모'라고 하는데, 이때는 **riot**이 더 적절하다. **riot**은 소위 '불법 폭력 시위'에 해당한다. '데모'는 콩글리시는 아니다. 영국 영어로는 **demo**로 줄여 쓰기도 한다.

0425. **density**

[dénsəti]

dense *a.* 빽빽한

n. 밀도

To work out the **density** of something, divide mass by volume.
어떤 것의 밀도를 계산하려면 질량을 부피로 나누시오.

☐ delicious ☐ delivery ☐ demanding ☐ demonstration ☐ density

0426. **dentist**
[déntist]

dental *a.* 치아의

n. 치과의사

My **dentist** told me I shouldn't eat too many sweets.
치과의사가 내게 단것을 너무 많이 먹지 말라고 했다.

0427. **deny**
[dinái]

denial *n.* 부정

v. 부정하다, 부인하다

Did he actually **deny** meeting Jenny that night?
그가 그날 밤 제니를 만난 것을 정말 부인했니?

0428. **departure**
[dipá:rtʃər]

depart *v.* 출발하다

n. 출발, 출발하는 차[비행기] ↔ **arrival**

There are several **departures** for Minneapolis every day.
미네아폴리스로 가는 차가 매일 예닐곱 대씩 있다.

0429. **depression**
[dipréʃən]

depress *v.* 우울하게 하다

n. 불황, 우울

Miller blamed his financial difficulties on the worldwide **depression.** 밀러는 자신이 재정적으로 곤란한 것이 전 세계의 경제 불황 탓이라고 했다.

0430. **deputy**
[dépjəti]

n. 대리인, 부(副)

He became the **deputy** head of the FBI at the age of only 36.
그는 겨우 36세 때 FBI 부국장이 되었다.

0431. **derive**
[diráiv]

v. 얻다 = **obtain**, 생겨나다 = **originate**

She **derives** her income from freelance work.
그녀는 프리랜스 일을 해서 수입을 얻는다.

☐ dentist ☐ deny ☐ departure ☐ depression ☐ deputy ☐ derive

0432. **descent**

[disént]

descend *v.* 하강하다
descendant *n.* 후손

n. 하강 ↔ **ascent**, 혈통

Passengers said the cabin shook violently during the plane's **descent**.
승객들은 비행기가 하강할 때 객실이 심하게 흔들렸다고 말했다.

0433. **description**

[diskrípʃən]

describe *v.* 묘사하다

n. 묘사, 설명 = **account**

Tom gave the police a **description** of his car.
톰은 경찰에게 자기 차가 어떻게 생겼는지 설명했다.

0434. **deserve**

[dizə́:rv]

v. ~할 만하다, ~할 자격이 있다

Anyone who drives like that **deserves** to lose their license.
운전을 그렇게 하는 사람은 면허 취소를 당해도 할 말이 없다.

0435. **desirable**

[dizáiərəbəl]

desire *v.* 열망하다

a. 바람직한, 가치 있는 = **worthwhile**, **valuable**

Oak Hills is one of the area's most **desirable** neighborhoods.
오크 힐스는 그 지역에서 가장 살기 좋은 동네이다.

0436. **despise**

[dispáiz]

v. 깔보다, 경멸하다 = **look down on**

Otis **despised** inherited wealth and social class.
오티스는 물려받은 재산과 사회 계급을 경멸했다.

0437. **destination**

[dèstənéiʃən]

n. 목적지, 가는 곳

At the border you will be asked your **destination** and how long you plan to stay.
국경에 가면 그곳 사람들이 당신의 목적지와 체류 기간을 물어볼 것이다.

☐ descent ☐ description ☐ deserve ☐ desirable ☐ despise ☐ destination

0438. detail

[díːteil / ditéil]

n. 세부사항, 자세함

Baker advises the President on the **details** of foreign policy.
베이커는 대통령에게 세세한 외교 정책에 대해 조언한다.

0439. detect

[ditékt]

detection n. 탐지
detector n. 탐지기

v. 탐지하다, 알아내다

Molly **detected** a faint smell of perfume as he entered the room.
몰리는 방에 들어설 때 옅은 향수 냄새를 맡았다.

0440. detour

[díːtuər / ditúər]

v. 돌아서 가다 n. 우회

Later in the morning James **detoured** over back roads to his house.
제임스는 그날 오전에 좀 있다가 뒤편 도로로 우회해서 집에 갔다.

0441. devoted

[divóutid]

devote v. 바치다
devotion n. 헌신

a. 헌신하는, ~에만 집중하는 = **dedicated**

Thousands of **devoted** fans waited in the rain for the group to arrive.
헌신적인 팬들 수천 명이 비를 맞으며 그룹이 오기를 기다렸다.

0442. diabetes

[dàiəbíːtis / -tiːz]

diabetic a. 당뇨의

n. 당뇨병

Conditions such as **diabetes**, heart complaints and alcoholism should be declared.
당뇨병, 심장 질환, 알코올 중독 같은 병은 남들에게 알려야 한다.

0443. diagnosis

[dàiəgnóusis]

diagnose v. 진단하다
diagnostic a. 진단하는

n. 진단

An exact **diagnosis** can only be made by obtaining a blood sample.
혈액 시료를 입수해야만 정확한 진단을 내릴 수 있다.

☐ detail　☐ detect　☐ detour　☐ devoted　☐ diabetes　☐ diagnosis

0444. **diplomat**

[dípləmæt]

diplomatic *a.* 외교의
diplomacy *n.* 외교

n. 외교관

Ambassador Thompson is an experienced **diplomat** who has served in France, South America, and the Middle East.
톰슨 대사는 프랑스, 남미, 중동에서 근무했던 경력이 풍부한 외교관이다.

0445. **direction**

[dirékʃən / dai-]

direct *v.* 지시하다

n. 지시, 방향, 길 안내

Bill marched off angrily in the opposite **direction.**
빌은 화가 나서 반대 방향으로 씩씩거리며 가 버렸다.

0446. **disabled**

[diséibəld]

disability *n.* 장애

a. 장애가 있는

David goes to a special school for **disabled** children.
데이비드는 장애 아동 특수학교에 다닌다.

0447. **disaster**

[dizǽstər / -záːs]

disastrous *a.* 끔찍한

n. 재난, 재앙 = **calamity**

Natural **disasters** such as floods and earthquakes are common occurrences in New Orleans.
홍수나 지진 같은 자연 재해는 뉴올리언스에서 일상다반사이다.

0448. **discharge**

[distʃáːrdʒ]

v. 내보내다, 해고하다 = **dismiss**

When Danny was **discharged** in 1961, he went to Los Angeles, looking for work.
대니는 1961년에 해고를 당하자 일자리를 찾아 로스앤젤레스에 왔다.

0449. **discipline**

[dísəplin]

disciplinary *a.* 규율의

n. 규율, 기강, 훈육

His new book gives parents advice on **discipline.**
그의 새 책은 부모들에게 훈육에 대한 조언을 준다.

☐ diplomat ☐ direction ☐ disabled ☐ disaster ☐ discharge ☐ discipline ☐ discourage

0450. # discourage
[diskə́ːridʒ / -kʌ́r-]

v. 의기소침하게 하다, ~하지 않도록 설득하다
= **dissuade** ↔ **encourage**

Girls are sometimes **discouraged** from studying subjects like engineering and physics. 여학생들은 때때로 남들이 말려서 공학이나 물리학 같은 과목을 공부하지 않는다.

Day 15 — EXERCISE

A 영어는 우리말로, 우리말은 영어로 쓰시오.

1	delicious	11	규율
2	density	12	지시
3	dentist	13	진단
4	depression	14	탐지하다
5	description	15	목적지
6	despise	16	바람직한
7	detail	17	얻다
8	devoted	18	출발하는 차
9	diplomat	19	부정하다
10	disabled	20	배달

B 빈칸에 알맞은 것을 보기에서 고르시오.

보기 ⓐ detour ⓑ discourage ⓒ determine ⓓ discharge

1 Later in the morning James __________(e)d over back roads to his house.
제임스는 그날 오전에 좀 있다가 뒤편 도로로 우회해서 집에 갔다.

2 When Danny was __________(e)d in 1961, he went to Los Angeles, looking for work.
대니는 1961년에 해고를 당하자 일자리를 찾아 로스앤젤레스에 왔다.

3 Girls are sometimes __________(e)d from studying subjects like engineering and physics.
여학생들은 때때로 남들이 말려서 공학이나 물리학 같은 과목을 공부하지 않는다.

정답 **A** 1. 맛있는 2. 밀도 3. 치과의사 4. 불황 5. 묘사 6. 깔보다 7. 세부사항 8. 헌신하는 9. 외교관 10. 장애가 있는
11. discipline 12. direction 13. diagnosis 14. detect 15. destination 16. desirable 17. derive 18. departure
19. deny 20. delivery **B** 1. ⓐ 2. ⓓ 3. ⓑ

Day16

월   일

0451. discretion
[diskréʃən]
discreet *a.* 배려하는

n. 자유재량, 배려

Can junior managers be trusted to exercise **discretion** when making decisions? 어떤 결정을 내릴 때 부팀장들이 재량권을 발휘하게 맡겨 두어도 되는가?

0452. disease
[dizíːz]

n. 질병

Anyone can catch the **disease**—not just homosexual men or drug addicts. 누구나 그 병에 걸릴 수 있다. 동성애자나 마약 중독자만 걸리는 것은 아니다.

0453. disguise
[disgáiz]

n. 변장 *v.* 변장하다, 숨기다

Larry couldn't **disguise** his satisfaction at seeing his competitor go out of business.
래리는 경쟁자가 파산하는 것을 보자 뿌듯한 마음을 감출 수 없었다.

0454. disgust
[disgʌ́st]

n. 혐오 *v.* 역겨움을 주다

His habit of sniffing loudly really **disgusted** her.
그가 시끄럽게 코를 훌쩍이는 습관은 그녀가 보기에 정말 역겨웠다.

0455. dismiss
[dismís]
dismissal *n.* 해고, 해산

v. 해고하다, 해산시키다, 무시하다

He **dismissed** the institution's findings on the environment as unproven. 그는 환경과 관련하여 그 연구소가 발표한 내용이 증명되지 않은 것이라고 무시했다.

☐ discretion ☐ disease ☐ disguise ☐ disgust ☐ dismiss

0456. disorganized

[disɔ́ːrgənàizd]

a. 정돈되지 않은, 두서없는 ↔ **well-organized**

Graham's far too **disorganized** to be a good teacher.

그레이엄은 훌륭한 선생이 되기에는 너무 산만하다.

0457. disposal

[dispóuzəl]

dispose of ~을 처분하다

n. 폐기, 처분

I was at her **disposal** whenever she needed my advice. 나는 그녀가 내 조언이 필요할 때마다 조언을 해 주었다.

0458. dissuade

[diswéid]

dissuasion *n.* 뜯어말림

v. 설득하여 ~하지 않게 하다, 말리다 ↔ **persuade**

He wanted to come with me, and nothing I said could **dissuade** him.

그는 나와 함께 오고 싶어 했고, 내가 무슨 말을 해도 말릴 수가 없었다.

TEPS tips persuade : 설득하여 ~하게 하다 (⊛ 761 **persuade**)

0459. distribution

[dìstrəbjúːʃən]

n. 분배, 배포

This map shows the population **distribution** of Canada. 이 지도는 캐나다의 인구 분포 상황을 보여 준다.

0460. diverse

[divə́ːrs / dai-]

diversity *n.* 다양함
diversify *v.* 다양화하다

a. 다양한 = **various**

It is difficult to design a program that will meet the **diverse** needs of all our users. 모든 사용자들의 다양한 요구를 만족시킬 프로그램을 설계하는 것은 어렵다.

0461. divorce

[divɔ́ːrs]

n. 이혼 *v.* 이혼하다

About a half of all marriages in Korea end in **divorce.**

한국의 이혼율은 약 50%에 이른다.

☐ disorganized ☐ disposal ☐ dissuade ☐ distribution ☐ diverse ☐ divorce

0462. **domestic**
[douméstik]

a. 가정의, 국내의 = **internal** ↔ **external**

Domestic problems are affecting his work.
가정 문제가 그의 일에 영향을 미치고 있다.

0463. **dominant**
[dámənənt / dɔ́m-]

dominate *v.* 주도하다
domination *n.* 주도

a. 지배하는, 주도하는, 독선적인 = **domineering**

The Internet is the **dominant** source of information in our society.
현재 사회에서는 인터넷이 주도적인 정보의 원천이다.

0464. **donation**
[dounéiʃən]

donate *v.* 기증하다
donor *n.* 기증자

n. 기증, 기부 = **contribution**

Any **donation**, however small, will be gratefully received.
아무리 적은 금액이라도 기부해 주시면 감사히 받겠습니다.

0465. **draft**
[dræft / drɑːft]

n. 외풍, 찬 바깥바람

This room has a cold **draft** in it.
이 방에는 외풍이 들어온다.

0466. **drag**
[dræg]

v. 질질 끌다, 끌리다

As time **dragged** on, I gradually got worse.
시간이 지체되면서 나는 점점 더 나빠졌다.

0467. **drastic**
[drǽstik]

drastically *ad.* 급격히

a. 급격한, 급진적인

Other less **drastic** methods of resolving disagreements are available as well.
불화를 해결하는 덜 급격한 조치도 가능하다.

☐ domestic ☐ dominant ☐ donation ☐ draft ☐ drag ☐ drastic

0468. **attention**
[əténʃən]

n. 관심, 주의

Jerry loves the **attention** he gets when he's performing.
제리는 그가 공연할 때 받은 관심을 좋아한다.

0469. **drawback**
[drɔ́:bæk]

n. 단점, 흠 = **disadvantage**, **snag**

High house prices are one **drawback** to economic growth.
비싼 집값은 경제 성장의 단점 중 하나이다.

0470. **driveway**
[dráivwèi]

n. (도로에서 집 차고까지) 진입로 = **drive**

You can't park here, you're obstructing my **driveway.**
여기에 주차하시면 안 돼요. 진입로를 가로막잖아요.

0471. **due**
[djuː]

a. 기일이 된, ~할 예정인

I was assured that any money **due** me would be sent immediately. 나는 내게 지불되어야 하는 돈이 모두 즉시 송금될 거라는 확답을 받았다.

0472. **dull**
[dʌl]

a. 지루한 = **tedious**, 뭉툭한 = **blunt**, 우둔한

Here, use this knife - that one's **dull.**
자, 이 칼을 써. 그건 무디니까.

0473. **durable**
[djúərəbəl]

durability n. 내구력

a. 오래 지속되는, 내구력 있는

Plastic window frames are more **durable** than wood. 플라스틱 창틀이 나무보다 더 오래 간다.

☐ attention ☐ drawback ☐ driveway ☐ due ☐ dull ☐ durable

0474. earth
[əːrθ]

n. 지구, 땅

The temperature of the **Earth**'s core may be as high as 9,000 degrees Fahrenheit.
지구 중심부의 온도는 무려 화씨 9천도에 이를 수도 있다.

0475. earthquake
[ə́ːrθkwèik]

n. 지진 = **quake**

Kobe was devastated by the 1995 **earthquake**.
고베는 1995년에 발생한 지진으로 엄청난 피해를 입었다.

0476. easygoing
[íːzigouiŋ]

a. 너그러운, 마음 넓은

Our parents are pretty **easygoing**, and they don't mind if we stay out late. 우리 부모님은 무척 너그러워서 우리가 집에 늦게 들어가도 별 말씀 안 하신다.

0477. edge
[edʒ]

n. 가장자리, 유리함 = **advantage**

Don't put your glass so close to the **edge** of the table.
유리잔을 탁자 가장자리에 너무 가까이 두지 마라.

0478. edition
[idíʃən]

edit *v.* 편집하다
editor *n.* 편집자

n. 편집, 편집본

The next **edition** of the book is projected for publication in March.
그 책의 다음 판은 3월에 출판하기로 계획되어 있다.

0479. effect
[ifékt]

n. 효과, 결과

All my efforts to persuade them were beginning to have an **effect.**
그들을 설득하려는 내 노력이 효과를 보기 시작했다.

☐ earth ☐ earthquake ☐ easygoing ☐ edge ☐ edition ☐ effect ☐ election

0480. # election

[ilékʃən]

elect v. 선출하다

n. 선거, 선출

America is preparing for the presidential **elections**, which will take place in two weeks time.
미국은 대통령 선거를 준비하고 있으며, 선거는 2주일 후에 실시될 예정이다.

Day 16 · EXERCISE

A 영어는 우리말로, 우리말은 영어로 쓰시오.

1	disguise	_______	11 선거	_______
2	disposal	_______	12 효과	_______
3	distribution	_______	13 지진	_______
4	divorce	_______	14 관심	_______
5	dominant	_______	15 급격한	_______
6	drag	_______	16 국내의	_______
7	drawback	_______	17 다양한	_______
8	dull	_______	18 정돈되지 않은	_______
9	earth	_______	19 해고하다	_______
10	edge	_______	20 자유재량	_______

B 빈칸에 알맞은 것을 보기에서 고르시오.

보기 ⓐ donation   ⓑ edge   ⓒ destination   ⓓ disease

1 Don't put your glass so close to the __________ of the table.
유리잔을 탁자 가장자리에 너무 가까이 두지 마라.

2 Any __________ , however small, will be gratefully received.
아무리 적은 금액이라도 기부해 주시면 감사히 받겠습니다.

3 Anyone can catch the __________ , not just homosexual men or drug addicts.
누구나 그 병에 걸릴 수 있다. 동성애자나 마약 중독자만 걸리는 것은 아니다.

정답 **A** 1. 변장하다 2. 폐기 3. 분배 4. 이혼 5. 지배하는 6. 질질 끌다 7. 단점 8. 지루한 9. 지구 10. 가장자리 11. election 12. effect 13. earthquake 14. attention 15. drastic 16. domestic 17. diverse 18. disorganized 19. dismiss 20. discretion **B** 1. ⓑ 2. ⓐ 3. ⓓ

Day 17

월   일

0481. **enroll**
[inróul]

enrollment *n.* 등록

v. 등록하다 = **register**

Anybody who has not yet been **enrolled** on the English course should contact the tutor.
아직 영어 강좌에 등록하지 않은 사람은 강사에게 연락해야 합니다.

0482. **ensure**
[inʃúər]

v. 확실히 하다, 보장하다 = **make sure**

All the necessary steps had been taken to **ensure** their safety.
그들의 안전을 보장하기 위해 필요한 모든 조치가 이루어졌다.

0483. **enter**
[éntər]

entrance *n.* 입구, 입학

v. 들어가다, 입학하다, 입력하다

Enter the amount of money you wish to take out of your account.
계좌에서 인출하고자 하는 돈의 금액을 입력하시오.

0484. **enterprise**
[éntərpràiz]

n. 기업, 큰 사업 = **initiative**

He is the CEO of a multimillion-dollar **enterprise.**
그는 수백만 달러 규모의 기업을 운영하는 최고경영자이다.

0485. **entire**
[intáiər]

entirety *n.* 전체
entirely *ad.* 완전히

a. 전체의, 완전한 = **whole, gross**

Gary was so hungry that he ate an **entire** chicken for dinner.
게리는 배가 너무 고파서 저녁으로 닭 한 마리를 다 먹었다.

☐ enroll ☐ ensure ☐ enter ☐ enterprise ☐ entire

0486. entry
[éntri]

n. 입장, 입국, 응모작

All **entries** for the contest must be received by September 11.
대회 응모작은 9월 11일까지 접수해야 합니다.

0487. environmental
[invàiərənméntl]

environment *n.* 환경

a. 환경의

An oil spill of that size will cause a lot of **environmental** damage.
그 정도 규모의 기름 유출 사고는 환경에 큰 피해를 입힐 것이다.

0488. epidemic
[èpədémik]

n. 질병의 유행, 급증, 창궐

The recent **epidemic** of car thefts has been blamed on bored teenagers. 최근에 급증한 자동차 절도는 청소년들이 심심풀이로 저지른 짓으로 여겨졌다.

0489. equipment
[ikwípmənt]

equip *v.* 장비를 갖추다

n. 장비, 장치

You should check all your electrical **equipment** regularly. 전자 장비는 정기적으로 점검해야 한다.

0490. equivalent
[ikwívələnt]

a. 동등한 *n.* 동등한 것, 상응하는 것

He was fined $50 but given the choice of doing the **equivalent** amount of community work. 그는 벌금 50 달러를 선고받았으나 그에 상응하는 지역 봉사활동을 선택할 수도 있었다.

0491. era
[íərə / érə]

n. 시대 = **epoch**

The archaeological remains date from the late Roman **era**. 그 고고학 유물은 로마 후기 시대의 것이다.

☐ entry ☐ environmental ☐ epidemic ☐ equipment ☐ equivalent ☐ era

0492. **erupt**

[irʌ́pt]

eruption *n.* 분출, 터져 나옴

v. 분출하다, 갑자기 발생하다 = **break out**

Massive and often violent protests **erupted** across the country.
그 나라 전역에 대규모 시위가 발생했으며 때로는 폭력사태로 번졌다.

0493. **essential**

[isénʃəl]

essence *n.* 핵심

a. 필수적인, 핵심적인 = **necessary**

Calcium is **essential** for the development of healthy teeth and bones.
칼슘은 건강한 치아와 뼈가 발달하는데 꼭 필요한 것이다.

0494. **establish**

[istǽbliʃ]

establishment *n.* 설립

v. 설립하다 = **found**, 규명하다 = **determine**

Investigators have not **established** a reason for the attack.
수사관들은 그 공격의 이유를 아직 규명하지 못했다.

0495. **estate**

[istéit]

n. 재산, 넓은 땅

Jane has her own house on a neat housing **estate** in the south-east.
제인은 남동부에 자리한 깨끗한 주택 지구에 자기 집을 갖고 있다.

0496. **esteem**

[istíːm]

n. 존경 *v.* 존경하다 = **respect**

In order to be elected, you've got to attract the support and **esteem** of the population.
당선되기 위해서는 국민들의 지지와 존경을 얻어야만 한다.

0497. **estimate**

n. [estimət] *v.* [éstəmèit]

n. 견적, 추정치 *v.* 값을 추정하다

Analysts **estimate** the business earned about $135 million last year. 분석가들은 그 기업이 작년에 약 1억 3천5백만 달러를 벌었다고 추정한다.

☐ erupt ☐ essential ☐ establish ☐ estate ☐ esteem ☐ estimate

0498. **exceed**

[iksíːd]

excess *n.* 초과
excessive *a.* 지나친

v. 뛰어넘다, 초과하다

Births **exceeded** deaths by a ratio of 3 to 1.
출생률이 사망률을 3대 1로 넘어섰다.

0499. **excel**

[iksél]

v. 뛰어나다, ~보다 훨씬 낫다

Al Pacino has **excelled** himself in this movie
–definitely his best performance yet. 알 파치노는 이 영
화에서 전보다 뛰어난, 확실히 최고의 연기를 보여주었다.

0500. **exchange**

[ikstʃéindʒ]

n. 교환 *v.* 교환하다

Foreign currency can be **exchanged** for dollars
at any bank.
외화는 어느 은행에서나 달러화로 환전할 수 있다.

0501. **exclusive**

[iksklúːsiv / -ziv]

exclude *v.* 제외하다

a. 배타적인, 독점하는

Stay tuned for our **exclusive** interview with Paris
Hilton.
채널 돌리지 마시고 패리스 힐튼과의 독점 인터뷰를 시청해 주세요.

0502. **exempt**

[igzémpt]

exemption *n.* 면제

a. 면제된 *v.* 면제하다

The new law **exempts** people who earn less
than $8,000 a year from paying any taxes. 새로 제
정된 법은 1년 소득이 8천 달러 미만인 사람들의 세금을 모두 면제해 준다.

0503. **caution**

[kɔ́ːʃən]

cautious *a.* 조심하는

n. 조심, 주의 *v.* 주의를 주다 = **warn**

The police officer **cautioned** the children against
talking to strangers.
경찰관은 아이들에게 낯선 사람과 이야기하지 말라고 주의를 주었다.

☐ exceed ☐ excel ☐ exchange ☐ exclusive ☐ exempt ☐ caution

0504.

exhibit
[igzíbit]

exhibition *n.* 전시(회)

v. 전시하다, 보이다 = **show** *n.* 전시물, 법정 증거물

The gallery **exhibits** mainly contemporary sculpture and photography.
그 미술관은 주로 현대 조각품과 사진을 전시한다.

0505.

existing
[igzístiŋ]

a. 기존의, 이미 있는

The **existing** building is too small, and there are plans to replace it within the next five years.
기존의 건물은 너무 작아서 5년 내로 새 건물을 지을 계획을 세우고 있다.

0506.

expert
[ékspəːrt]

n. 전문가

Legal **experts** are saying that the man's conviction was unlawful.
법률 전문가들은 그 남자의 유죄 판결이 불법이었다고 말한다.

0507.

expose
[ikspóuz]

exposure *n.* 노출

v. 노출하다, 폭로하다 = **reveal**

I'm afraid to **expose** my innermost thoughts and emotions to anyone.
나는 마음 속 깊은 곳에 있는 생각과 감정을 남에게 보여주기가 두렵다.

0508.

extend
[iksténd]

extension *n.* 연장

v. 늘이다, 뻗다

I'll have to ask the bank to **extend** the repayment time on my loan.
은행에 가서 대출 상환 시한을 연장해 달라고 부탁해야겠다.

0509.

extensive
[iksténsiv]

a. 폭넓은, 대규모의

Damage to the forests from the wildfires was **extensive.** 삽시간에 번진 불로 숲이 입은 피해가 무척 컸다.

□ exhibit □ existing □ expert □ expose □ extend □ extensive □ extinction

0510. **extinction**

[ikstíŋkʃən]

extinct *a.* 멸종한

n. 멸종

Greenpeace believes that whales are in danger of **extinction.**

그린피스는 고래가 멸종 위기에 처해 있다고 본다.

Day 17 EXERCISE

A 영어는 우리말로, 우리말은 영어로 쓰시오.

1 enroll ___________

2 enterprise ___________

3 entry ___________

4 equipment ___________

5 essential ___________

6 esteem ___________

7 exceed ___________

8 exclusive ___________

9 exhibit ___________

10 expose ___________

11 멸종 ___________

12 뻗다 ___________

13 전문가 ___________

14 면제하다 ___________

15 교환하다 ___________

16 견적 ___________

17 설립하다 ___________

18 분출하다 ___________

19 동등한 ___________

20 보장하다 ___________

B 빈칸에 알맞은 것을 보기에서 고르시오.

보 기   ⓐ existing   ⓑ exclusive   ⓒ excessive   ⓓ extensive

1 Damage to the forests from the wildfires was __________ .

삽시간에 번진 불로 숲이 입은 피해가 무척 컸다.

2 Stay tuned for our __________ interview with Paris Hilton.

채널 돌리지 마시고 패리스 힐튼과의 독점 인터뷰를 시청해 주세요.

3 The __________ building is too small, and there are plans to replace it within the next five years.

기존의 건물은 너무 작아서 5년 내로 새 건물을 지을 계획을 세우고 있다.

정답 **A** 1. 등록하다 2. 기업 3. 입장 4. 장비 5. 필수적인 6. 존경하다 7. 뛰어넘다 8. 배타적인 9. 전시하다 10. 노출하다 11. extinction 12. extend 13. expert 14. exempt 15. exchange 16. estimate 17. establish 18. erupt 19. equivalent 20. ensure **B** 1. ⓓ 2. ⓑ 3. ⓐ

Day18

월   일

0511. extraordinary

[ikstrɔ́ːrdənèri / èkstrɔ́ːrdənəri]

a. 특이한 = **unusual**, 굉장한 = **incredible**

The man's story was so **extraordinary** that I didn't know whether to believe him or not. 그 남자의 이야기는 너무 특이해서 믿어야 할지 말아야 할지 종잡을 수 없었다.

0512. extravagant

[ikstrǽvəgənt]

extravagance *n.* 사치

a. 사치스러운, 호화로운 = **luxurious**

Rich and **extravagant** parents are spending more and more money on their children's parties. 돈 많고 사치스러운 부모들이 자녀에게 파티를 열어 주는 데 점점 더 많은 돈을 쓰고 있다.

0513. fabric

[fǽbrik]

n. 직물, 천 = **cloth**

Man-made **fabrics** such as polyester are easy to wash and iron. 폴리에스테르 같은 인조 직물은 세탁하고 다림질하기 쉽다.

0514. fatigued

[fətíːgd]

fatigue *n.* 피로

a. 무척 지친 = **exhausted**

He came in the afternoon and he looked white, **fatigued** and many years older. 그는 오후에 왔는데 창백하고 무척 피곤해 보였으며 확 늙은 것 같았다.

0515. excessive

[iksésiv]

exceed *v.* 초과하다

a. 지나친, 과도한

The campaign is trying to stop the **excessive** use of chemicals in farming. 그 운동의 목표는 농업에 과다한 화학물질을 사용하는 것을 막는 것이다.

☐ extraordinary ☐ extravagant ☐ fabric ☐ fatigued ☐ excessive

0516. **failure**

[féiljər]

fail *v.* 실패하다

n. 실패, 실패자 ↔ **success**

His ability has been called into question after a number of recent **failures.**
최근 몇 차례 실패하고 나서 그의 능력에 의문이 제기되었다.

0517. **fairly**

[féərli]

fair *a.* 상당한, 공정한

ad. 다소, 꽤 = **moderately**, 공정하게

The disease is still **fairly** common in many countries.
그 질병은 여러 나라에서 아직도 꽤 흔하다.

0518. **fake**

[feik]

n. 가짜
v. 위조하다 = **counterfeit**, 속이는 동작을 하다

He **faked** his grandfather's signature on the check. 그는 할아버지의 서명을 위조해서 수표에 썼다.

0519. **fallout**

[fɔ́:làut]

n. 낙진, 뜻밖의 결과

The **fallout** from the scandal cost him his job.
그는 스캔들로 생각지도 못한 타격을 입어 해고당했다.

0520. **falter**

[fɔ́:ltər]

v. 비틀거리다, 말을 더듬다

Larry **faltered** as he made his way up the steps.
래리는 계단을 오르면서 비틀거렸다.

0521. **fare**

[fɛər]

n. (차, 비행기) 요금

How much is the train **fare** from Toronto to Montreal?
토론토에서 몬트리올까지 가는 기차 요금이 얼마입니까?

☐ failure ☐ fairly ☐ fake ☐ fallout ☐ falter ☐ fare

0522. fatal
[féitl]

a. 치명적인, 죽음을 부르는 = **deadly**

The gas can be **fatal** if inhaled in large amounts.
그 기체는 대량으로 흡입하면 치명적일 수 있다.

0523. fatigue
[fətíːg]

n. (극심한) 피로 = **exhaustion**

Driving in stressful conditions can lead to muscle **fatigue**.
스트레스를 받은 상태에서 운전을 하면 근육이 무척 피곤해질 수 있다.

0524. faucet
[fɔ́ːsit]

n. 수도꼭지 = **tap, spigot**

The plumber said that I needed to buy a new **faucet**.
배관공은 수도꼭지를 새로 사야 한다고 내게 말했다.

0525. favorable
[féivərəbəl]

a. 호의적인, 유리한

I don't want to hear your opinion – unless it's **favorable** of course.
네 의견은 듣고 싶지 않아. 물론 호의적인 의견이라면 괜찮지만.

0526. feature
[fíːtʃər]

n. 특징 = **characteristic**
v. 특별히 포함하다, 출연시키다

I visited some of the websites **featured** in the article.
나는 그 기사에 소개된 웹사이트 몇 군데를 가 보았다.

0527. face
[feis]

v. 맞서다, 직면하다

The new administration **faces** the difficult task of rebuilding the country's economy.
새로 들어선 정부는 국가의 경제를 다시 일으켜야 하는 어려운 일을 해내야 한다.

□ fatal □ fatigue □ faucet □ favorable □ feature □ face

0528. factor
[fǽktər]

n. 요소, 요인

His formal education was a less significant **factor** in his upbringing than practical experience.
그가 받은 공교육은 그의 성장과정에서 실제 경험보다 중요성이 떨어지는 요소였다.

0529. fever
[fíːvər]

n. 열기, 높은 체온

Soccer **fever** has been sweeping Korea as they prepare for the World Cup.
한국은 월드컵을 준비하면서 축구 열기에 휩싸였다.

0530. figure
[fígjər / -gər]

n. 숫자, 인물

Ali was one of the greatest sports **figures** of the 20th century.
알리는 20세기에 훌륭한 스포츠 인물 중 한 사람이었다.

0531. finance
[finǽns / fáinæns]

n. 금융 *v.* 자금을 대다 = **fund**

We **financed** the new house through the credit union.
우리는 신용 협동조합을 통해 새 주택에 필요한 자금을 조달했다.

0532. fine
[fain]

n. 벌금 *v.* 벌금을 물리다

I got **fined** for speeding.
나는 속도위반으로 벌금을 물었다.

0533. fire
[faiər]

v. 해고하다 = **dismiss** ↔ **hire**

He was just impossible to work with, and in the end they **fired** him.
그와 함께 일하기가 도저히 불가능해서 결국 그는 해고되었다.

☐ factor ☐ fever ☐ figure ☐ finance ☐ fine ☐ fire

Essential Stage

0534. **fitness**

[fítnis]

fit *a.* 건강한, 맞는

a. 건강, 적절함

Join a health club to improve your **fitness.**
건강을 향상시키려면 헬스클럽에 등록해라.

0535. **flood**

[flʌd]

n. 홍수, 쇄도
v. 홍수가 닥치다, 쇄도하다 = **pour, flow**

Donations **flooded** the newspaper and the school.
신문사와 학교에 기부금이 쇄도했다.

0536. **flavor**

[fléivər]

n. 맛, 풍미

The wine wasn't bad, but it didn't have much **flavor.**
그 와인은 나쁘지는 않았는데 별로 맛은 없었다.

0537. **flexibility**

[flèksəbíləti]

flexible *a.* 유연한

n. 유연성, 융통성

Stretching exercises will help your **flexibility.**
스트레칭 운동을 하면 유연성이 좋아질 것이다.

0538. **flight**

[flait]

n. 비행, 항공편

All **flights** to Tokyo were delayed because of bad weather. 도쿄행 항공편이 기상 악화로 모두 연기되었다.

0539. **flourish**

[flə́:riʃi / flʌ́r-]

v. 번영하다, 번창하다 = **thrive**, 뽐내듯 흔들다

She came in excitedly, **flourishing** a letter with her exam results.
그녀는 들뜬 모습으로 시험 결과가 들어 있는 편지를 흔들며 들어왔다.

☐ fitness ☐ flood ☐ flavor ☐ flexibility ☐ flight ☐ flourish ☐ fluctuate

0540. **fluctuate**

[flʌ́ktʃuèit]

fluctuation *n.* 오르내림

v. (수량이) 오르내리다, 계속 바뀌다 = **vary**

Cholesterol levels in the blood **fluctuate** in the course of a day.
혈액의 콜레스테롤 수치는 하루 동안에도 오르락내리락한다.

Day 18   EXERCISE

A 영어는 우리말로, 우리말은 영어로 쓰시오.

1 extravagant	__________	11 직물	__________
2 excessive	__________	12 무척 지친	__________
3 falter	__________	13 실패	__________
4 fatal	__________	14 가짜	__________
5 favorable	__________	15 맞서다	__________
6 figure	__________	16 금융	__________
7 fitness	__________	17 벌금	__________
8 flood	__________	18 맛	__________
9 flexibility	__________	19 항공편	__________
10 flourish	__________	20 오르내리다	__________

B 빈칸에 알맞은 것을 보기에서 고르시오.

보 기 ⓐ fire ⓑ fluctuate ⓒ flutter ⓓ falter

1 Larry __________ e(d) as he made his way up the steps.
래리는 계단을 오르면서 비틀거렸다.

2 He was just impossible to work with, and in the end they __________ e(d) him.
그와 함께 일하기가 도저히 불가능해서 결국 그는 해고되었다.

3 Cholesterol levels in the blood __________ in the course of a day.
혈액의 콜레스테롤 수치는 하루 동안에도 오르락내리락한다.

정답 **A** 1. 사치스러운 2. 지나친 3. 비틀거리다 4. 치명적인 5. 호의적인 6. 숫자 7. 건강 8. 홍수 9. 유연성 10. 번영하다
11. fabric 12. fatigued 13. failure 14. fake 15. face 16. finance 17. fine 18. flavor 19. flight 20. fluctuate
B 1. ⓓ 2. ⓐ 3. ⓑ

Day 19

월   일

0541. force
[fɔ:rs]

v. 강요하다, 어쩔 수 없이 ~하게 하다
= **compel**, **oblige**

Her parents are trying to **force** her into marrying a man she hardly knows.
그녀의 부모는 그녀가 알지도 못하는 남자와 억지로 결혼시키려 하고 있다.

0542. foreign
[fɔ́(:)rin / fár-]

foreigner *n.* 외국인

a. 외국의, 이질적인 = **alien**

Some of the hotels accept **foreign** currency.
몇몇 호텔은 외국 화폐를 받는다.

0543. foremost
[fɔ́:rmòust]

a. 최고의, 가장 중요한 = **leading**, **top**

Economic concerns are **foremost** on many voters' minds.   많은 유권자들의 최대 관심사는 경제 문제이다.

0544. fossil
[fásl / fɔ́sl]

n. 화석

Several dinosaur **fossils** were found in Montana.
몬태나에서 공룡 화석이 몇 개 발견되었다.

0545. foster
[fɔ́(:)stər / fás-]

v. 촉진하다 = **encourage**, **promote**, 맡아 기르다

Recent studies show that advertising usually **fosters** competition and therefore lower prices.
최근의 연구 결과 광고가 대부분 경쟁을 촉진하여 가격을 낮추는 것으로 나타났다.

TEPS tips **foster** : 남의 아이를 잠시 맡아 기르다. **adopt** : 남의 아이를 정식으로 입양하다 (➔ 1384 **adopt**)

☐ force ☐ foreign ☐ foremost ☐ fossil ☐ foster

0546. found
[faund]

founder *n.* 설립자

v. 설립하다, 세우다 = **establish**, **set up**

The bank was **founded** 60 years ago in Zurich.
그 은행은 60년 전에 취리히에서 설립되었다.

0547. frightened
[fráitnd]

frighten *v.* 겁주다
fright *n.* 공포

a. 무서워하는 = **scared**

A lot of people are **frightened** of dentists.
많은 사람들이 치과의사를 무서워한다.

0548. fulfill
[fulfíl]

fulfillment *n.* 완수

v. 완수하다, 달성하다,
충족시키다 = **meet**, **satisfy**, **gratify**

Schools should **fulfill** the needs of poorer children, giving them a chance in society.
학교는 빈곤층 아이들의 요구를 만족시켜 그들에게 사회에서 제 역할을 할 기회를 주어야 한다.

0549. function
[fʌ́ŋkʃən]

n. 기능 *v.* 제 기능을 하다 = **work**

Ancient Egyptians used herbs to help the stomach **function** naturally.   고대 이집트인은 약초를 이용하여 위장이 자연스럽게 제 기능을 하도록 했다.

0550. fund
[fʌnd]

n. 자금 *v.* 자금을 대다 = **finance**

Both schools and industry will be involved in **funding** the new training projects.   산학 협동으로 새로 마련된 교육 프로젝트에 필요한 자금을 조달할 것이다.

0551. fundamental
[fʌndəméntl]

fundamentals *n.* 기초

a. 기본적인, 근본적인 = **elementary**, **basic**

Raising your child to tell the difference between right and wrong is one of the **fundamental** tasks of parenthood. 자녀가 옳고 그름을 구별할 수 있도록 기르는 것은 부모가 해야 할 기본적인 일 중 하나이다.

☐ found ☐ frightened ☐ fulfill ☐ function ☐ fund ☐ fundamental

0552. **funeral**
[fjúːnərəl]

n. 장례

Don went to Boston to attend a friend's **funeral.**
돈은 친구의 장례식에 참석하려고 보스턴에 갔다.

0553. **further**
[fɔ́ːrðəːr]

a. 심화된, 추가적인 = **additional** *ad.* 더 멀리, 더욱

The cheese's flavor and texture may be **further** improved during the aging period.
치즈의 맛과 질감은 숙성 시간 동안 더욱 향상될 수 있다.

0554. **fuss**
[fʌs]

n. 호들갑, 법석

I don't understand why you're making such a **fuss.** It's not that important.
네가 왜 그렇게 법석을 떠는지 모르겠구나. 그렇게 중요한 것이 아닌데.

0555. **gear**
[giər]

v. 조정하다 *n.* 전동장치

Clothes, music, and movies, are all **geared** for their specific market and enjoyment.
옷, 음악, 영화는 모두 각각의 시장과 향유되는 양상에 맞추어 만들어진다.

0556. **generous**
[ʤénərəs]

generosity *n.* 넉넉함

a. 인심 좋은, 잘 베푸는 = **liberal**, 푸짐한

My dad offered to pay my plane fare, which was very **generous** of him.
아빠는 내 비행기 요금을 내 주시겠다고 선심을 크게 쓰셨다.

0557. **genre**
[ʒáːnrə]

n. 장르

Italian filmmakers made their own versions of the classic Hollywood **genres** – the western, the gangster film, the musical. 이탈리아의 영화제작자들은 서부극, 갱스터 영화, 뮤지컬 등 할리우드의 고전적인 장르를 자기들 식으로 해석해서 만들었다.

☐ funeral　☐ further　☐ fuss　☐ gear　☐ generous　☐ genre

0558.
genuine
[ʤénjuin]

a. 진짜인, 진품인 = **real**, **authentic**,
진실한 = **sincere**

For the first time on the trip, I saw **genuine** fear in his eyes.
나는 여행을 다니면서 처음으로 그의 눈에서 진짜 공포를 보았다.

0559.
gift
[gift]

n. 선물, 재능 = **talent**

In the hall was a magnificent vase, which was a **gift** from a Japanese businessman. 홀에는 크고 멋진 꽃병이 있었는데, 그것은 일본의 사업가가 준 선물이었다.

0560.
glance
[glæns / glɑːns]

v. 얼핏 보다, 흘겨보다

Glancing into Neil's room, she noticed that his suitcase was packed.
닐의 방을 훑어보던 그녀는 그가 여행가방을 꾸려 놓은 것을 보았다.

0561.
gossip
[gásip / gɔ́s-]

n. 남에 대한 소문, 뒷담화

Mrs. Wells was always ready to exchange local **gossip** with the customers who came into her shop. 웰스 여사는 틈만 나면 가게에 온 손님들과 동네에 떠도는 소문 이야기를 나누었다.

0562.
grab
[græb]

v. 쥐다, 잡다 = **snatch**, **grip**, **grasp**

Brown **grabbed** the phone and started shouting.
브라운은 전화기를 쥐고는 소리를 지르기 시작했다.

0563.
grade
[greid]

n. 등급, 학년, 성적 *v.* 성적을 매기다 = **mark**

Class participation is a quarter of your final **grade.**
수업 참여도가 기말고사 성적의 4분의 1을 차지한다.

☐ genuine ☐ gift ☐ glance ☐ gossip ☐ grab ☐ grade

0564. grasp
[græsp / grɑːsp]

v. 쥐다 = **grip**, **grab**, 이해하다 = **comprehend**

Obviously, she had barely **grasped** the subject.
분명 그녀는 그 주제를 거의 이해하지 못했다.

0565. grateful
[gréitfəl]

gratitude *n.* 감사

a. 고마워하는 = **thankful** ↔ **ungrateful**

My daughter was rescued safely, and I am very **grateful** to the firefighters.
내 딸이 무사히 구조되어 소방관들에게 정말 고마운 마음이다.

0566. graveyard
[gréivjɑːrd]

n. 묘지, 하치장

We visited the **graveyard** where my grandmother was buried.
우리는 할머니가 묻혀 있는 묘지에 갔다.

TEPS tips grave : 무덤

0567. gravity
[grǽvəti]

grave *a.* 심각한

n. 중력, 심각성 = **seriousness**

I don't think you quite understand the **gravity** of the situation.
너는 상황의 심각성을 전혀 이해하지 못하는 것 같다.

0568. greet
[griːt]

v. 인사하다, 맞이하다

As we entered, complete chaos **greeted** us.
우리가 들어가자 엄청난 혼란이 기다리고 있었다.

0569. grocery
[gróusəri]

n. 식료품, 식료품점

The local **grocery** is open seven days a week.
그 동네의 식료품점은 1주일 내내 영업한다.

☐ grasp ☐ grateful ☐ graveyard ☐ gravity ☐ greet ☐ grocery ☐ groundless

0570. **groundless**

[gráundlis]

ground *n.* 근거

a. 근거 없는 ↔ **well-founded**

Sean dismissed our fears as groundless, though he was secretly alarmed. 션은 우리의 우려가 근거 없는 것이라고 일축했지만, 그도 속으로는 걱정했다.

Day 19 — EXERCISE

A 영어는 우리말로, 우리말은 영어로 쓰시오.

1	force	__________	11	외국의	__________
2	foster	__________	12	설립하다	__________
3	frightened	__________	13	기능	__________
4	fundamental	__________	14	장례	__________
5	gear	__________	15	진짜인	__________
6	glance	__________	16	잡다	__________
7	grateful	__________	17	묘지	__________
8	greet	__________	18	식료품	__________
9	groundless	__________	19	선물	__________
10	grasp	__________	20	인심 좋은	__________

B 빈칸에 알맞은 것을 보기에서 고르시오.

보기　ⓐ fossil　ⓑ gossip　ⓒ fiber　ⓓ gravity

1 Several dinosaur __________s were found in Montana.
몬태나에서 공룡 화석이 몇 개 발견되었다.

2 I don't think you quite understand the __________ of the situation.
너는 상황의 심각성을 전혀 이해하지 못하는 것 같다.

3 Mrs. Wells was always ready to exchange local __________ with the customers who came into her shop.
웰스 여사는 틈만 나면 가게에 온 손님들과 동네에 떠도는 소문 이야기를 나누었다.

정답　**A** 1. 강요하다　2. 촉진하다　3. 무서워하는　4. 기본적인　5. 조정하다　6. 얼핏 보다　7. 고마워하는　8. 인사하다　9. 근거 없는　10. 쥐다　11. foreign　12. found　13. function　14. funeral　15. genuine　16. grab　17. graveyard　18. grocery　19. gift　20. generous　**B** 1. ⓐ　2. ⓓ　3. ⓑ

Day20

월   일

0571. growth
[grouθ]

n. 성장, 증가 = **increase** ↔ **decline, decrease**

Eating nutritious food is important for healthy **growth** in children.
영양가 많은 음식을 먹는 것은 아이들의 건강한 성장에 중요하다.

0572. guidance
[gáidns]

n. 안내, 유도

Your teacher can give you **guidance** on choosing a career and writing a job application.
교사는 직업을 선택하고 입사 지원서를 작성하는 것에 대해 안내해 줄 수 있다.

0573. guilty
[gílti]

guilt *n.* 죄

a. 죄가 있는 ↔ **innocent**, 죄책감을 느끼는

The jury found Boswell **guilty** and he was sent to prison.
배심원이 보스웰에게 유죄 판결을 내려 그는 징역을 살게 되었다.

0574. habitat
[hǽbətæt]

n. 서식지

Ancient **habitats** such as grasslands, bogs, and wetlands are rapidly disappearing.
초원, 습지, 갯벌 같은 옛날부터 있었던 서식지가 급격히 사라지고 있다.

0575. hail
[heil]

n. 우박

Hail the size of golf balls fell in Andrews, Texas.
텍사스 주의 앤드류스에 골프공만한 우박이 내렸다.

☐ growth ☐ guidance ☐ guilty ☐ habitat ☐ hail

0576. # halt
[hɔːlt]

n. 정지 *v.* 멈추다

Heavy rain **halted** five railroad lines in the Tokyo area.
비가 많이 와서 도쿄 인근의 철도 다섯 곳의 운행이 중단되었다.

0577. # handle
[hǽndl]

v. 처리하다, 대처하다 = **deal with** *n.* 손잡이

A lot of people find it difficult to **handle** criticism.
많은 사람들이 비난에 대처하는 것을 힘들어한다.
TEPS tips 자동차 '핸들'은 **handle**이 아니라 **steering wheel**

0578. # handy
[hǽndi]

a. 쓸모 있는 = **useful**, 가까이 둔, 잘 다루는

A lot of people in the States have a gun **handy** at night and when they travel. 많은 미국 사람들이 밤에, 그리고 여행을 할 때 총을 가까운 곳에 놓아둔다.

0579. # harmful
[háːrmfəl]

harm *n.* 해로움 *v.* 해를 끼치다

a. 해로운 ↔ **harmless**

As yet there is no proof that genetically modified foods are **harmful** to humans.
아직까지는 유전자 변형 식품이 인간에게 해롭다는 증거는 없다.

0580. # harsh
[haːrʃ]

harshness *n.* 가혹함

a. 가혹한, 잔혹한 = **severe**

Her reaction to the child's bad behavior was unnecessarily **harsh.**
아이가 말썽을 피우자 그녀가 보인 반응은 지나치게 가혹했다.

0581. # headline
[hédlàin]

n. 기사 제목, 헤드라인

I just saw the **headline.** I didn't have time to read the article.
나는 헤드라인만 봤어. 기사는 읽을 시간이 없었거든.

□ halt　□ handle　□ handy　□ harmful　□ harsh　□ headline

0582.

heavily
[hévili]

heavy *a.* 격렬한, 무거운

ad. 몹시, 무겁게

Fifty houses were **heavily** damaged in the hurricane.
주택 50채가 허리케인에 큰 피해를 입었다.

0583.

height
[hait]

n. 높이 = **altitude**, 키

One of the climbers fell from a **height** of 25 meters.
등반하던 사람이 25미터 높이에서 떨어졌다.

0584.

hieroglyph
[háiərəglìf]

n. 상형문자 = **hieroglyphics**

First, as with many civilizations, came **hieroglyph.**
여러 문명에서 그랬던 것처럼 맨 처음에 상형문자가 생겨났다.

0585.

high-tech
[hai tek]

a. 첨단 기술의

Advances in computer technology need **high-tech** solutions.
컴퓨터 기술이 발달하려면 첨단 기술의 해결책이 필요하다.

0586.

hinder
[híndər]

hindrance *n.* 방해

v. 방해하다, 지장을 주다 = **hamper**

Higher interest rates could **hinder** economic growth.
이자율이 높아지면 경제 성장을 저해할 수도 있다.

0587.

hire
[haiər]

v. 고용하다 = **employ** ↔ **fire**

Businesses may only **hire** foreign workers where a Korean cannot be found.
기업은 한국인을 구할 수 없을 때에만 외국인 노동자를 고용할 수 있다.

□ heavily □ height □ hieroglyph □ high-tech □ hinder □ hire

0588. hoist
[hɔist]

v. 들어 올리다. 게양하다

Fathers **hoisted** children on their shoulders to see the President.
아버지들은 아이들이 대통령을 볼 수 있도록 어깨에 무등을 태워주었다.

0589. holding
[hóuldiŋ]

n. (회사) 소유 재산, 지분

The government has decided to sell its 18% **holding** in the firm.
정부는 그 회사의 지분 18%를 매각하기로 결정했다.

0590. holy
[hóuli]

a. 종교의, 신성한 = **sacred**,
신심이 깊은 = **religious**

The Koran is the Islamic **holy** book.
코란은 이슬람교의 성경이다.

0591. homesick
[hóuɕsìk]

homesickness *n.* 향수병

a. 고향을 그리워하는, 향수병에 걸린

Most people get **homesick** the first time they leave home.
대부분의 사람들은 처음에 집을 떠나면 향수병에 걸린다.

TEPS tips **nostalgia** : 옛날에 대한 그리움

0592. homicide
[hámɕsàid / hóm-]

n. 살인, 타살 = **murder**

70 per cent of **homicides** take place within the family. 살인의 70%가 가족 내에서 발생하는 것이다.

0593. hood
[hud]

n. 차 엔진덮개, 후드

Charlie opened up the **hood** to check the oil.
찰리는 후드를 열고 엔진오일을 확인했다.

TEPS tips 흔히 '본네트'라고 하는 **bonnet**은 **hood**의 영국식 표현

☐ hoist ☐ holding ☐ holy ☐ homesick ☐ homicide ☐ hood

0594. **horn**
[hɔːrn]

n. 경적

The driver leaned out of the window and shouted at the girl, sounded his **horn** twice, then drove on.
운전자는 창밖으로 몸을 내밀어 여자에게 소리를 지르고 경적을 두 번 울리고는 차를 몰고 갔다.

0595. **host**
[houst]

n. 진행자

Jay Leno replaced Johnny Carson as **host** of "The Tonight Show."
제이 레노는 자니 카슨의 뒤를 이어 '투나잇 쇼'의 진행자가 되었다.

TEPS tips 우리나라에서는 **TV** 쇼 진행자를 흔히 **MC**라 하는데, 영어권의 **MC**는 보통 결혼식, 시상식 등의 '사회자'이다.

0596. **housekeeper**
[háuskìːpər]

housekeeping *n.* 가정부 일

n. 가정부, 파출부

I did not worry too much about domestic duties, because we had a **housekeeper.** 우리는 파출부를 두고 있었기 때문에 집안일에 대해서는 별로 걱정하지 않았다.

TEPS tips **housewife** : 가정주부

0597. **huge**
[hjuːʤ / juːʤ]

a. 거대한, 엄청난 = **enormous**, **vast**

The new system for targeting fraudulent websites has made a **huge** difference.
사기성 웹사이트를 가려내는 새로운 시스템이 아주 큰 성과를 거두었다.

0598. **humanitarian**
[hjuːmænətéəriən]

humanitarianism *n.* 인도주의

a. 인간을 사랑하는, 인도주의의 *n.* 인본주의자

Humanitarian aid is being sent to the refugees.
난민들에게 인도적 지원이 이루어지고 있다.

0599. **humble**
[hʌ́mbəl]

humility *n.* 겸손

a. 겸손한 = **modest** ↔ **proud**, 비천한

Tiffany was **humble** enough to admit that others could probably do the job better than she could.
티파니는 남들이 아마 자기보다 그 일을 더 잘 할 거라고 인정할 만큼 겸손했다.

☐ horn ☐ host ☐ housekeeper ☐ huge ☐ humanitarian ☐ humble ☐ humiliate

0600. # humiliate

[hjuːmílièit]

humiliation *n.* 굴욕

v. 굴욕, 창피를 주다 = **embarrass**

Lewis says her son was **humiliated** by his teacher in front of his fifth-grade class. 루이스는 그녀의 아들이 5학년 반 아이들이 보는 데서 선생에게 굴욕을 당했다고 한다.

Day 20 　　　EXERCISE

A 영어는 우리말로, 우리말은 영어로 쓰시오.

1 guidance	__________	11 성장	__________
2 guilty	__________	12 서식지	__________
3 hail	__________	13 처리하다	__________
4 handy	__________	14 가혹한	__________
5 height	__________	15 상형문자	__________
6 hoist	__________	16 종교의	__________
7 homesick	__________	17 살인	__________
8 horn	__________	18 진행자	__________
9 housekeeper	__________	19 거대한	__________
10 humanitarian	__________	20 겸손한	__________

B 빈칸에 알맞은 것을 보기에서 고르시오.

보 기　ⓐ hustle　ⓑ humiliate　ⓒ hire　ⓓ hinder

1. Higher interest rates could __________ economic growth.
   이자율이 높아지면 경제 성장을 저해할 수도 있다.

2. Businesses may only __________ foreign workers where a Korean cannot be found.
   기업은 한국인을 구할 수 없을 때에만 외국인 노동자를 고용할 수 있다.

3. Lewis says her son was __________ e(d) by his teacher in front of his fifth-grade class.
   루이스는 그녀의 아들이 5학년 반 아이들이 보는 데서 선생에게 굴욕을 당했다고 한다.

정답　**A** 1. 안내　2. 죄가 있는　3. 우박　4. 쓸모 있는　5. 높이　6. 게양하다　7. 고향을 그리워하는　8. 경적　9. 가정부　10. 인도주의의　11. growth　12. habitat　13. handle　14. harsh　15. hieroglyph　16. holy　17. homicide　18. host　19. huge　20. humble
　　B 1. ⓓ　2. ⓒ　3. ⓑ

Day21

월   일

0601. hurricane
[hə́:rəkèin / hʌ́ri- / hʌ́rikən]

n. 허리케인

As if enraged at its defeat by the mountains, the **hurricane** once more turned inland. 허리케인은 마치 산에 막혀 패배한 것이 화가 난 것처럼 다시 한 번 내륙으로 들어왔다.

0602. identify
[aidéntəfài]

identification *n.* 신분

v. 식별하다, 신원을 밝히다

After years of research, scientists have **identified** the virus that is responsible for the disease. 과학자들은 몇 년 동안 연구한 끝에 그 병을 일으키는 바이러스를 밝혀냈다.

0603. ignorant
[íɡnərənt]

ignore *v.* 무시하다
ignorance *n.* 무식

a. 무식한

I didn't like to ask him to explain more clearly because I didn't want to appear **ignorant.** 나는 무식해 보이기 싫어서 그에게 좀 더 명확히 설명해 달라고 부탁하고 싶지 않았다.

0604. illegal
[illí:ɡəl]

a. 불법인 = **unlawful** ↔ **legal**

In those days, abortion was **illegal.**
그 당시에는 낙태가 불법이었다.

0605. illness
[ílnis]

ill *a.* 아픈

n. 질병 = **disease**

Doctors believe he may have contracted the **illness** while he was in Africa. 의사들은 그가 아프리카에 있을 때 그 병에 걸렸을 가능성이 있다고 보고 있다.

☐ hurricane ☐ identify ☐ ignorant ☐ illegal ☐ illness

0606. **illuminate**
[ilú:mənèit]
illumination *n.* 조명

v. 빛을 비추다, 명확히 하다 = **clarify**

Newly discovered artifacts may help **illuminate** the culture of the Aztecs. 최근에 발견된 유물이 아즈텍의 문화를 규명하는 데 도움이 될지도 모른다.

0607. **immigration**
[ìməgréiʃən]
immigrate *v.* 이민 오다
immigrant *n.* 이민자

n. (입국) 이민 ↔ **emigration**

Immigration reached its peak in the 1950s.
이민은 1950년대에 절정에 이르렀다.

0608. **impact**
[ímpækt]

n. 영향, 효과 = **effect**, **influence**

Logging companies must prepare an environmental **impact** report.
벌목 회사는 환경 영향 보고서를 제출해야 한다.

0609. **impair**
[impéər]

v. 손상시키다

Alcohol significantly **impairs** your ability to drive a car or operate machinery.
알코올은 운전을 하거나 기계를 조작하는 능력에 심각한 손상을 준다.

0610. **impartial**
[impá:rʃəl]

a. 공평한, 공정한 = **fair** ↔ **partial**, **biased**

Historians try to be **impartial,** but they cannot free themselves entirely from their own opinions.
역사가는 공정하려고 노력하지만 자신의 개인적인 의견에서 완전히 벗어날 수는 없다.

0611. **implement**
[ímpləmənt]
implementation *n.* 실시

v. 실시하다 *n.* 도구

Some children find it difficult to hold their writing **implements.**
어떤 아이들은 필기구를 손에 쥐는 것을 힘들어한다.

☐ illuminate ☐ immigration ☐ impact ☐ impair ☐ impartial ☐ implement

0612. **impose**
[impóuz]

v. 부과하다, 강요하다

Teachers should try to avoid **imposing** their own beliefs on their students.
교사는 자신의 신념을 학생들에게 강요하는 일을 피하려고 노력해야 한다.

0613. **imprisonment**
[imprízənmənt]

imprison *v.* 감금하다

n. 감금, 징역

The offense is punishable by either a fine or **imprisonment.** 그 범죄는 벌금 또는 징역 처벌을 받을 수 있다.

0614. **improve**
[imprú:v]

improvement *n.* 향상

v. 향상시키다 = **enhance**, 나아지다

Conditions in prisons have **improved** dramatically in the last 20 years.
교도소의 환경이 지난 20년 동안 아주 많이 개선되었다.

0615. **inauguration**
[inɔ̀:gjəréiʃən]

inaugurate *v.* 취임시키다
inaugural *a.* 취임의

n. 취임(식)

The **inauguration** brings spectators from all over.
취임식은 사방에서 관중을 불러 모은다.

0616. **incident**
[ínsədənt]

n. 사건, 일화

The fans were well behaved, and the game was played without **incident.**
팬들은 점잖게 행동했고 경기는 무사히 치러졌다.

0617. **inclination**
[ìnklənéiʃən]

inclined *a.* ~하고 싶은

n. 하고픈 마음, 경향, 성향 = **tendency**

I have an **inclination** to see a movie tonight, but my wife doesn't want to.
나는 오늘밤 영화 보러 가고 싶은데 아내는 그러기 싫다고 한다.

□ impose □ imprisonment □ improve □ inauguration □ incident □ inclination

0618. include

[inklúːd]

inclusion *n.* 포함

v. 포함하다, 영입하다

Even if you **include** the cost of food, it's still a cheap vacation. 음식값을 포함한다 해도 저렴한 휴가이다.

0619. incorporate

[inkɔ́ːrpərèit]

incorporation *n.* 통합, 법인 설립

v. 통합하다, 법인으로 만들다

Many people **incorporate** their businesses to avoid certain taxes.
많은 사람들이 특정 세금을 내지 않으려고 기업을 법인화한다.
TEPS tips corporation(법인)은 **incorporate**된 회사이다.

0620. indeed

[indíd]

ad. 정말로, 사실

Minorities are not well represented. **Indeed,** the city has only one black city council member.
소수 계층은 잘 대변되지 못하고 있다. 사실 그 도시의 시 의회에는 흑인 의원이 한 명밖에 없다.

0621. independent

[ìndipéndənt]

independence *n.* 독립

a. 자립한, 독립심이 강한 ↔ **dependent**

Changes in the rural economy turned many **independent** farmers to hired laborers.
시골 지역의 경제 변화 때문에 여러 자영농이 피고용 인부로 전락했다.

0622. in-depth

[in depθ]

a. 심화된, 심층적인

See chapter 6 for an **in-depth** discussion of this topic. 이 주제에 대한 심층적인 논의는 6장을 참조하시오.

0623. inevitable

[inévitəbəl]

inevitability *n.* 불가피함

a. 어쩔 수 없는, 불가피한 = **unavoidable**

It was **inevitable** that he'd find out her secret sooner or later.
그가 그녀의 비밀을 조만간 알게 될 것은 어쩔 수 없는 일이었다.

☐ include ☐ incorporate ☐ indeed ☐ independent ☐ in-depth ☐ inevitable

0624. **infant**

[ínfənt]

infancy *n.* 유아기

n. 아기, 어린아이

The couple have a three-year-old son and an **infant** daughter.
그 부부는 세 살 난 아들과 갓난아기 딸이 하나 있다.

0625. **inflict**

[inflíkt]

infliction *n.* 위해

v. 피해를 입히다, 해를 가하다

My father **inflicts** his boring war stories on the whole family.
아버지는 지루한 전쟁 이야기를 하시며 온 가족을 괴롭게 만드신다.

0626. **influence**

[ínflu:əns]

influential *a.* 영향을 주는

n. 영향 = **effect** *v.* 영향을 주다 = **affect**

Do computer games **influence** children's behavior?
컴퓨터 게임은 아이의 행동에 영향을 미치는가?

0627. **inform**

[infɔ́:rm]

informative *a.* 정보를 주는

v. 알려주다, 통보하다 = **notify**

Doctors should **inform** patients about the possible side effects of any drugs they prescribe.
의사는 환자에게 처방해 주는 모든 약이 일으킬 수 있는 부작용을 알려 주어야 한다.

0628. **ingredient**

[ingrí:diənt]

n. 요리 재료, 자질 = **quality**

Coconut is a basic **ingredient** for many curries and other Asian dishes. 코코넛은 여러 가지 카레를 비롯한 아시아의 음식에 기본적으로 들어가는 재료이다.

0629. **innocent**

[ínəsnt]

innocence *n.* 결백, 순진함

a. 죄 없는 ↔ **guilty**, 순진한 = **naive**

He's so **innocent** that anyone can take advantage of him.
그는 너무 순진해서 누구한테나 이용당할 수 있다.

☐ infant ☐ inflict ☐ influence ☐ inform ☐ ingredient ☐ innocent ☐ inquiry

0630. **inquiry**

[inkwáiəri / ínkwəri]

inquire v. 문의하다

n. 질문, 조사

On further **inquiry**, it became clear that Walters had not been involved.

더 조사해 보니 월터스는 연루되지 않았다는 것이 분명히 드러났다.

Day 21 — EXERCISE

A 영어는 우리말로, 우리말은 영어로 쓰시오.

1 identify	____________	11 무식한	____________
2 illegal	____________	12 질병	____________
3 illuminate	____________	13 (입국) 이민	____________
4 impair	____________	14 효과	____________
5 impartial	____________	15 실시하다	____________
6 impose	____________	16 향상시키다	____________
7 inauguration	____________	17 사건	____________
8 include	____________	18 통합하다	____________
9 independent	____________	19 피해를 입히다	____________
10 innocent	____________	20 영향	____________

B 빈칸에 알맞은 것을 보기에서 고르시오.

보 기   ⓐ ingredient   ⓑ inquiry   ⓒ inclination   ⓓ intermission

1 Coconut is a basic __________ for many curries and other Asian dishes.

코코넛은 여러 가지 카레를 비롯한 아시아의 음식에 기본적으로 들어가는 재료이다.

2 On further __________ , it became clear that Walters had not been involved.

더 조사해 보니 월터스는 연루되지 않았다는 것이 분명히 드러났다.

3 I have an __________ to see a movie tonight, but my wife doesn't want to.

나는 오늘밤 영화 보러 가고 싶은데 아내는 그러기 싫다고 한다.

정답 **A** 1. 식별하다 2. 불법인 3. 빛을 비추다 4. 손상시키다 5. 공평한 6. 부과하다 7. 취임(식) 8. 포함하다 9. 자립한 10. 죄 없는 11. ignorant 12. illness 13. immigration 14. impact 15. implement 16. improve 17. incident 18. incorporate 19. inflict 20. influence **B** 1. ⓐ 2. ⓑ 3. ⓒ

Day 22

월   일

0631. insist
[insíst]
insistent *a.* 주장하는

v. 주장하다, 강하게 요구하다

I didn't want to tell dad about the fight, but he **insisted**.
나는 아빠에게 싸운 이야기를 하기 싫었지만 아빠는 빨리 하라고 하셨다.

0632. inspiration
[ìnspəréiʃən]
inspire *v.* 영감을 주다
inspirational *a.* 영감의

n. 영감, 새로운 착상

Inspiration came to him as he started to write for the second time.
그가 두 번째로 글을 쓰기 시작할 때 영감이 떠올랐다.

0633. install
[instɔ́:l]

v. 설치하다 ↔ **uninstall**

Crime has dropped since the video cameras were **installed** in the town center.
도시 중심가에 카메라가 설치된 뒤부터 범죄가 줄어들었다.

0634. instrument
[ínstrəmənt]
instrumental *a.* 연주의 *n.* 연주곡

n. 도구, 악기

The **instrument** measures breathing and blood pressure. 그 기구는 호흡과 혈압을 측정한다.

0635. intense
[inténs]
intensity *n.* 심함

a. 심한, 고도의

As we waited for the winner to be announced, the excitement was **intense**.
우리가 승자 발표를 기다리는 동안 엄청 흥분이 되었다.

☐ insist ☐ inspiration ☐ install ☐ instrument ☐ intense

0636. **intention**
[inténʃən]

intend *v.* 의도하다
intentional *a.* 의도적인
intentionally *ad.* 일부러

a. 의도, 마음먹음, 계획

The government announced its **intention** to create 50,000 jobs by the end of the year.
정부는 연말까지 일자리 5만 개를 만들겠다는 계획을 발표했다.

0637. **interest**
[íntərist]

n. 이자

Can you recommend a high **interest** savings account? 이자가 높은 저축 계좌를 추천해 주시겠어요?

0638. **interfere**
[ìntərfíər]

interference *n.* 간섭

v. 간섭하다, 방해하다 = **meddle**

Schools should be managed by teachers, not **interfering** bureaucrats. 학교는 교사들이 운영해야지, 간섭하는 행정관료들이 운영해서는 안 된다.

0639. **interrupt**
[ìntərʌ́pt]

interruption *n.* 중단

v. 말을 자르다 = **cut in**, 중단시키다

He apologized for **interrupting** her speech.
그는 그녀의 말을 잘라서 미안하다고 했다.

0640. **intervene**
[ìntərvíːn]

intervention *n.* 개입

v. 개입하다, 말을 자르다 = **interrupt**

The UN has not yet decided whether to **intervene** militarily.
유엔은 군사적 개입을 할 것인지 아직 결정하지 않았다.

0641. **intrigue**
[intríːg]

v. 흥미를 일으키다, 호기심을 끌다
= **interest**, **pique**

One question has particularly **intrigued** those working on this study. 이 연구를 진행하고 있는 이들에게 특히 흥미를 끌었던 문제가 하나 있다.

□ intention □ interest □ interfere □ interrupt □ intervene □ intrigue

0642. invaluable
[invǽljuəbəl]

a. 아주 귀중한, 무척 유용한 = **priceless**

Improved sewage and water services were **invaluable** in preventing disease.
하수도와 수도 설비가 개선된 것은 질병을 예방하는 데 무척 유용했다.

TEPS tips invaluable은 valuable(귀중한)의 반대말이 아니다. valuable의 반대말은 valueless. (➔ 1142 valuable)

0643. irony
[áirəni]

ironic *a.* 역설적인

n. 역설

Life is full of **ironies,** some hilarious, some tragic.
인생은 역설로 가득하다. 어떤 것은 웃기고, 어떤 것은 슬프다.

0644. issue
[íʃuː / ísjuː]

v. 발행하다, 발급하다 *n.* 발행(호), 문제

Visitors are **issued** with identity cards to wear inside the factory.
방문객은 신분증을 발급받아 공장 안에서 착용해야 한다.

0645. journey
[dʒə́ːrni]

n. 여행, 여정, 과정

These birds make an incredible 10,000-kilometer **journey** to Africa every winter. 이 새들은 겨울마다 아프리카까지 1만 킬로미터라는 어마어마한 거리를 이동한다.

0646. judicial
[dʒuːdíʃəl]

judiciary *n.* 사법부

a. 사법의, 사법부의

The **judicial** system settles arguments over how laws are interpreted.
사법 체계는 법의 해석을 둘러싼 논쟁을 해결한다.

0647. jury
[dʒúəri]

n. 배심원 (전체)

Has the **jury** reached a verdict?
배심원은 판결을 내렸습니까?

TEPS tips juror : 배심원 한 명

□ invaluable □ irony □ issue □ journey □ judicial □ jury

0648. # justice
[dʒʌstis]

n. 사법, 재판

Many people no longer have confidence in the criminal **justice** system.
많은 사람들이 더 이상 형사법 체계에 대한 신뢰를 갖고 있지 않다.

0649. # keen
[ki:n]

a. 열성적인 = **eager**, 예민한 = **acute**

My parents have always been **keen** on traveling, whenever they get the chance.
부모님은 예전부터 기회가 생길 때마다 열심히 여행을 다니신다.

0650. # kidney
[kídni]

n. 콩팥, 신장

The patient needs a **kidney** transplant, and the search has begun for a suitable donor.
그 환자가 신장 이식을 받아야 해서 적당한 신장 기증자를 물색하기 시작했다.

0651. # kneel
[ni:l]

knee *n.* 무릎

v. 무릎 꿇다

An old woman was **kneeling** at the altar, her hands clasping a rosary.
나이 든 여인이 손에 묵주를 쥔 채 제단에 무릎을 꿇고 앉았다.

0652. # knowledge
[nálidʒ / nɔ́l-]

knowledgeable *a.* 유식한

n. 지식

He doesn't have the skills or **knowledge** needed to do the job.
그는 그 일을 하는 데 필요한 기술도 없고 지식도 없다.

0653. # lack
[læk]

n. 부족, 없음 v. 부족하다, 없다

He **lacked** the energy to argue with him.
그는 그와 논쟁을 벌일 힘이 없었다.

□ justice □ keen □ kidney □ kneel □ knowledge □ lack

0654. land
[lænd]

v. 착륙하다 ↔ **take off**, 수송하다

Before **landing** in JFK airport, we circled the airport several times. 우리가 탄 비행기는 JFK 공항에 착륙하기 전에 공항 주변을 몇 바퀴 돌았다.

0655. landscape
[lǽndskèip]

n. 풍경, 풍경화, 풍경 사진

The construction of dams has changed the character of the **landscape.**
댐의 건설로 그 지역의 풍경이 많이 바뀌었다.

0656. landslide
[lǽndslàid]

n. 산사태, 압승

Flooding caused **landslides** and serious property damage.
홍수가 나서 산사태와 심각한 재산 피해가 발생했다.

0657. lane
[lein]

n. 차선, 도로

We rode our bicycles along pretty country **lanes.**
우리는 자전거를 타고 예쁜 시골길을 달렸다.

0658. lapse
[læps]

n. 실수, 경과

It was a **lapse** on his part when he forgot to pay the rent. 그가 임대료 납부를 잊은 것은 그의 실수였다.

0659. laptop
[lǽptàp / -tɔp]

n. 노트북 컴퓨터 = **notebook**

Her boss's **laptop** got stolen from her car.
그녀의 상사가 차에 두었던 노트북 컴퓨터를 도난당했다.

☐ land ☐ landscape ☐ landslide ☐ lane ☐ lapse ☐ laptop ☐ last

0660. **last**

[læst / lɑːst]

lasting *a.* 지속되는

v. 지속되다 *a.* 마지막의

A can of baby formula costing $6.00 will last you three to four days. 깡통에 들어 있는 6달러짜리 아기 유동식 하나면 사흘에서 나흘 정도 갈 것이다.

Day 22 — EXERCISE

A 영어는 우리말로, 우리말은 영어로 쓰시오.

1	insist	_________	11 설치하다	_________
2	instrument	_________	12 의도	_________
3	intense	_________	13 이자	_________
4	interrupt	_________	14 간섭하다	_________
5	intrigue	_________	15 개입하다	_________
6	judicial	_________	16 역설	_________
7	justice	_________	17 배심원	_________
8	keen	_________	18 콩팥	_________
9	knowledge	_________	19 풍경	_________
10	landslide	_________	20 노트북 컴퓨터	_________

B 빈칸에 알맞은 것을 보기에서 고르시오.

보기   ⓐ disrupt   ⓑ interrupt   ⓒ last   ⓓ kneel

1 He apologized for ___________ing her speech.
그는 그녀의 말을 잘라서 미안하다고 했다.

2 A can of baby formula costing $6.00 will ___________ you three to four days.
깡통에 들어 있는 6달러짜리 아기 유동식 하나면 사흘에서 나흘 정도 갈 것이다.

3 An old woman was ___________ing at the altar, her hands clasping a rosary.
나이 든 여인이 손에 묵주를 쥔 채 제단에 무릎을 꿇고 앉았다.

정답 **A** 1. 주장하다 2. 도구 3. 고도의 4. 말을 자르다 5. 흥미를 일으키다 6. 사법부의 7. 재판 8. 열성적인 9. 지식 10. 산사태 11. install 12. intention 13. interest 14. interfere 15. intervene 16. irony 17. jury 18. kidney 19. landscape 20. laptop **B** 1. ⓑ 2. ⓒ 3. ⓓ

Day 23

월   일

0661. **launch**
[lɔ:ntʃ / lɑ:ntʃ]

v. 발사하다, 출시하다

China is planning to **launch** a space rocket later this month.
중국은 이달에 우주 로켓을 발사할 계획을 갖고 있다.

0662. **lawsuit**
[lɔ́:sùːt]

n. 소송 = **suit**

John's lawyer filed a **lawsuit** against the company where he had an accident. 존은 변호사를 선임하여 자신이 사고를 당했던 회사를 상대로 소송을 걸었다.

0663. **lawyer**
[lɔ́:jəːr]

n. 법률가, 변호사 = **attorney**

He refused to answer any questions until his **lawyer** came.
그는 변호사가 올 때까지 모든 질문에 대답을 거부했다.

0664. **leak**
[liːk]

n. 샘, 누출 *v.* 새다

The water pressure's right down – there must be a **leak** in the pipe.
수압이 갑자기 떨어졌다. 수도관에서 물이 새는 게 틀림없다.

0665. **lean**
[liːn]

v. 기대다, 휘다 = **bend** *a.* 날씬한 = **slender**, **slim**

They **lean** on each other for support.
그들은 서로 의지하며 도움을 주고받는다.

☐ launch ☐ lawsuit ☐ lawyer ☐ leak ☐ lean

0666. **lecture**
[léktʃəːr]

lecturer *n.* 강사

n. 강의 *v.* 강의하다

Professor Blair is giving a series of **lectures** on Einstein's theories.
블레어 교수는 아인슈타인의 이론에 대한 연속 강의를 하고 있다.

0667. **legacy**
[légəsi]

n. 유물, 유산 = **inheritance**

The house was a **legacy** from her aunt.
그 집은 그녀의 이모가 물려준 유산이었다.

0668. **likewise**
[láikwàiz]

ad. 마찬가지로, 나 역시

My friend ordered a lemonade, and I did **likewise.**
내 친구는 레모네이드를 주문했고, 나도 같은 것을 주문했다.

0669. **literary**
[lítərèri / lítərəri]

literature *n.* 문학

a. 문학의

Literary magazines have few readers compared to news magazines.
문학지는 뉴스 잡지에 비하면 독자들이 거의 없다.

0670. **loan**
[loun]

n. 대출 *v.* 빌려주다

The family **loaned** their collection of paintings for the exhibition.
그 가문은 전시회를 위해 소장하고 있던 그림들을 빌려 주었다.

0671. **locate**
[lóukeit]

v. 위치를 찾다, 위치시키다 = **situate**

If you have difficulty **locating** a particular book, please ask one of the librarians for assistance.
원하시는 책이 있는 곳을 찾기가 힘드시면 도서관 사서에게 도움을 요청하십시오.

☐ lecture ☐ legacy ☐ likewise ☐ literary ☐ loan ☐ locate

0672. **logical**
[ládʒikəl / lɔ́dʒ-]

logic *n.* 논리

a. 논리적인, 합당한
= **reasonable, rational** ↔ **illogical**

As I wanted to travel to other countries, studying languages was the **logical** choice. 나는 외국에 여행을 가고 싶었기 때문에 어학을 공부하는 것이 합당한 선택이었다.

0673. **lottery**
[látəri / lɔ́t-]

n. 복권

Do you really think winning the **lottery** would make you happy?
복권에 당첨되면 네가 정말로 행복해 질거라 생각하니?

0674. **luxury**
[lʌ́kʃəri]

luxurious *a.* 사치스러운

n. 사치, 호화 = **extravagance**, 사치품 ↔ **necessity**

In this society, a few enjoy **luxury** while others endure grinding poverty.
이 사회에서는 소수만이 사치를 누리고 나머지는 극심한 가난에 시달린다.

0675. **lyric**
[lírik]

a. 서정적인, 서정시의 *n.* ⟨s⟩ 가사 = **words**

The **lyrics** to that song are clever.
그 노래의 가사는 재치 있다.

0676. **maintain**
[meintéin / mən-]

maintenance *n.* 유지보수

v. 유지하다, 보수하다

An attempt was being made to **maintain** the grounds, but weeds were starting to grow in the driveway. 그 땅을 보존하려는 노력이 이루어지고 있기는 했으나 진입로에 잡초가 자라나기 시작했다.

0677. **majority**
[mədʒɔ́(:)rəti / -dʒɑ́r-]

major *a.* 주요한

n. 다수 ↔ **minority**

A two-thirds **majority** is needed to override a veto.
거부권 행사를 기각하기 위해서는 3분의 2 이상의 다수가 필요하다.

☐ logical ☐ lottery ☐ luxury ☐ lyric ☐ maintain ☐ majority

0678.
manuscript
[mǽnjəskrìpt]

n. 원고, 손으로 쓴 글

The finished **manuscript** was sent to the publisher on 3 January.
탈고된 원고는 1월 3일 출판사에 보냈다.

TEPS tips manu(손) + script(글) ➜ 손으로 쓴 글 (출판되기 전 타이핑한 원고도 포함), manual : 손의, 육체의, script : 대본, 손글씨

0679.
margin
[máːrdʒin]

n. 이문, 여백

She widened the **margins** so her essay would look longer. 그녀는 자기가 쓴 글이 길어 보이도록 여백을 넓혔다.

0680.
masterpiece
[mǽstəːrpìːs / máːs-]

n. 걸작 = **masterwork**

Adam Smith's **masterpiece** 'The Wealth of Nations' was written in the 18th century.
아담 스미스의 역작 '국부론'은 18세기에 집필되었다.

0681.
mature
[mətjúəːr / -tʃúəːr]

maturity *n.* 성숙

a. 성숙한, 다 자란 ↔ **immature**

A hen is a **mature** female chicken, more than ten months old.
'hen'은 10개월 이상 된 다 자란 암탉을 가리킨다.

0682.
means
[miːnz]

n. 수단, 방법

The end does not justify the **means.**
목적이 수단을 정당화하지는 않는다.

0683.
meantime
[míːntàim]

n. 막간, 그동안 = **meanwhile**

We'll meet again on April 21st, and in the **meantime** I'll collect some more information for you. 4월 21일에 다시 만나기로 하고, 그 동안에 정보를 좀 수집해서 보내 드리겠습니다.

☐ manuscript ☐ margin ☐ masterpiece ☐ mature ☐ means ☐ meantime

0684. measure
[méʒəːr]
measurement *n.* 측정

v. 측정하다 *n.* 조치, 대책, 측정수단

Drastic situations require drastic measures.
급박한 상황에는 급박한 대책이 필요하다.

0685. mechanic
[məkǽnik]

n. 정비공

Do you know a good car mechanic?
솜씨 좋은 차 정비공 알아?

0686. medium
[míːdiəm]

a. 중간의 *n.* 매개체, 매체

DVDs have quickly become an extremely popular medium for film viewing.
DVD는 영화를 감상하는 인기 높은 매체로 금방 자리 잡았다.

0687. merchandise
[méːrtʃəndàiz]
merchant *n.* 상인

n. 상품, 제품

The fire at the warehouse destroyed merchandise valued at over $2 million.
창고에서 불이 나서 2백만 달러가 넘는 금액의 제품이 파괴되었다.

0688. mere
[miər]
merely *ad.* 그저

a. 단순한, 겨우 ~뿐인

Admission costs a mere $5 for adults, and only $1 for children.
어른의 입장료가 겨우 5달러이고, 어린이는 1달러밖에 안 된다.

0689. merge
[məːrdʒ]
merger *n.* 합병

v. 합치다, 합병하다

He wanted to merge his company with a South African mining firm.
그는 자신의 회사를 남아프리카의 광산 회사와 합병하기를 원했다.

□ measure □ mechanic □ medium □ merchandise □ mere □ merge □ metaphor

0690. **metaphor**

[métəfɔ̀ːr]

metaphorical *a.* 은유의

n. 은유, 비유

She was a caged bird, to use her own **metaphor, that had to break free.** 그녀 자신이 들었던 은유를 말하자면, 그녀는 새장을 탈출해야 하는 한 마리 새였다.

Day 23   EXERCISE

A 영어는 우리말로, 우리말은 영어로 쓰시오.

1	launch	_______	11 소송	_______
2	lawyer	_______	12 기대다	_______
3	lecture	_______	13 유물	_______
4	literary	_______	14 대출	_______
5	locate	_______	15 논리적인	_______
6	lottery	_______	16 사치	_______
7	maintain	_______	17 다수	_______
8	mature	_______	18 수단	_______
9	merchandise	_______	19 정비공	_______
10	mere	_______	20 합치다	_______

B 빈칸에 알맞은 것을 보기에서 고르시오.

보기   ⓐ measure   ⓑ medium   ⓒ margin   ⓓ merit

1 Drastic situations require drastic _______ s.
급박한 상황에는 급박한 대책이 필요하다.

2 She widened the _______ s so her essay would look longer.
그녀는 자기가 쓴 글이 길어 보이도록 여백을 넓혔다.

3 DVDs have quickly become an extremely popular _______ for film viewing.
DVD는 영화를 감상하는 인기 높은 매체로 금방 자리 잡았다.

정답 **A** 1. 출시하다 2. 법률가 3. 강의 4. 문학의 5. 위치를 찾다 6. 복권 7. 유지하다 8. 성숙한 9. 상품 10. 단순한 11. lawsuit 12. lean 13. legacy 14. loan 15. logical 16. luxury 17. majority 18. means 19. mechanic 20. merge
B 1. ⓐ 2. ⓒ 3. ⓑ

Essential Stage

월 일

0691. **migrate**
[máigreit]

migration *n.* 이주
migrant *n.* 철새, 이주노동자

v. 철 따라 이동하다, 이주하다

How do birds know when to **migrate**, and how do they find their way back home? 새들은 이주해야 할 때를 어떻게 알고, 고향에 돌아가는 길을 어떻게 찾는가?

0692. **mileage**
[máilidʒ]

n. 주행거리, 연비

Always check the **mileage** before you buy a secondhand car.
중고차를 사기 전에 반드시 총 주행거리를 확인하세요.

0693. **milestone**
[máilstòun]

n. 이정표, 획기적인 일 = **milepost**

For most people, the birth of their first child is a **milestone** in their lives. 대부분의 사람들에게 첫 아이가 태어나는 것은 인생에서 획기적인 일이다.

0694. **mind**
[maind]

v. 신경 쓰다, 못마땅해 하다, 돌보다 = **tend**

Of course I don't **mind** if you bring a few friends over. 네가 친구 몇 명 데려와도 난 아무 상관없어.

0695. **minister**
[mínistər]

n. 성직자, 목사, 장관

The Russian foreign **minister** was also present at the meeting. 러시아 외무부 장관 역시 회의에 참석했다.

☐ migrate ☐ mileage ☐ milestone ☐ mind ☐ minister

0696. **mist**

[mist]

misty *a.* 안개 낀

n. 안개

A murky **mist** of smog obscured the view of the city. 뿌연 스모그 때문에 도시의 경관이 잘 보이지 않았다.
TEPS tips fog는 mist보다 짙은 안개

0697. **mixture**

[míkstʃəːr]

mix *v.* 섞다

n. 혼합, 섞임

He looked at her with a **mixture** of admiration and curiosity.
그는 존경심과 호기심이 뒤섞인 마음으로 그녀를 보았다.

0698. **model**

[mádl / mɔ́dl]

v. ~을 모델로 삼다

She **modeled** herself after her successful mother.
그녀는 성공한 어머니를 닮으려고 노력했다.

0699. **moderate**

[mádərit / mɔ́d-]

a. 중간 정도의, 중도의 ↔ **extreme**, **radical**

Moderate exercise, such as walking and swimming, can help to prevent heart disease.
걷기나 수영 같은 적당한 운동은 심장병을 예방하는 데 도움이 될 수 있다.

0700. **modest**

[mádist / mɔ́d-]

modesty *n.* 겸손

a. 겸손한 = **humble** ↔ **immodest**, **boastful**
많지 않은, 아담한

Some new brands from South America are making terrific wines for **modest** prices. 남미의 몇몇 신생 브랜드가 저렴한 가격에 품질 좋은 와인을 생산하고 있다.

0701. **monotonous**

[mənátənəs / -nɔ́t-]

monotony *n.* 단조로움

a. 단조로운, 지루한 = **boring**, **tedious**

My job is **monotonous,** but at least I'm working.
내 일은 단조롭지만 어쨌거나 일을 하고 있다는 게 중요하다.

☐ mist ☐ mixture ☐ model ☐ moderate ☐ modest ☐ monotonous

0702. mostly
[móustli]

ad. 대개는, 대부분 = **mainly**

He **mostly** writes novels, but he's published a book of poetry too.
그는 대개 소설을 쓰지만 시집도 한 권 출간했다.

0703. motion
[móuʃən]

n. 발의, 제안

The moderator at the town meeting made a **motion** to vote on new taxes. 의장은 읍 민회에서 새로운 세금의 통과 여부를 투표에 부치자고 발의했다.

0704. mount
[maunt]

v. 기획하다, 증가하다, 올라타다 ↔ **dismount**

Anxiety about job security **mounted** at the plant after profits fell by 68%.
수익이 68% 감소한 뒤로 그 공장에서 실직에 대한 우려가 고조되었다.

0705. move
[múːv]

v. 제의하다, (동의를) 제출하다

The chairman **moves** that the meeting be adjourned.
의장은 회의를 휴정할 것을 제의합니다.

0706. mug
[mʌg]

mugger *n.* 노상강도

v. (공공장소에서) 강도질을 하다

If anyone ever tried to **mug** me, I would throw my bag and run.
나는 만약 노상강도를 만나면 가방을 던지고 도망갈 거야.

0707. murder
[mə́ːrdəːr]

murderer *n.* 살인자

n. 살인 = **homicide** *v.* 살인하다

Wilson is accused of **murdering** his daughter and her boyfriend.
윌슨은 자기 딸과 그녀의 남자친구를 살해한 혐의를 받고 있다.

☐ mostly ☐ motion ☐ mount ☐ move ☐ mug ☐ murder

0708. **mutual**
[mjú:tʃuəl]

mutuality *n.* 상호성

a. 상호적인, 양쪽의 = **bilateral**, **reciprocal**

An investment in my company would be to our **mutual** benefit.
저희 회사에 투자하시면 서로에게 이익이 될 것입니다.

0709. **myth**
[miθ]

mythology *n.* 신화들

n. 신화, (틀린) 통념 = **fallacy**

The **myth** tells of how the gods sent fire to the earth in flashes of lightning.
그 신화는 신들이 번갯불로 세상에 불을 질렀다는 이야기이다.

0710. **nature**
[néitʃər]

n. 성질, 특징, 본성

I am not by **nature** a violent man, but these insults were more than I could bear.
나는 원래 폭력적인 사람은 아닌데, 이런 모욕은 내가 참을 수 있는 도를 넘어선 것이었다.

0711. **nausea**
[nɔ́:ziə / -ʒə / -siə / -ʃə]

nauseous *a.* 역겨운
nauseate *v.* 메스껍게 하다

n. 메스꺼움, 역함

Cancer drugs often have unpleasant side effects, such as **nausea** and loss of hair. 암 치료약은 메스꺼움이나 탈모 같은 불쾌한 부작용을 보이는 경우가 많다.

0712. **necessity**
[nisésəti]

necessary *a.* 필요한

n. 필요, 필수품 ↔ **luxury**

Even basic **necessities** such as pencils and paper were lacking in the school.
연필이나 종이처럼 기본적으로 필요한 것들도 그 학교에는 부족했다.

0713. **neglect**
[niglékt]

negligence *n.* 태만
negligent *a.* 태만한

v. 방치하다, (의무를) 게을리 하다

Four security guards were accused of **neglecting** their duties.
경비원 네 명이 직무 태만 혐의를 받았다.

□ mutual □ myth □ nature □ nausea □ necessity □ neglect

0714. **nevertheless**

[nèvə:rðəlés]

ad. 그럼에도 불구하고 = **nonetheless**

Wagner was a Nazi supporter. **Nevertheless,** he is an important part of musical history.

바그너는 나치를 지지했다. 그럼에도 불구하고 그는 음악사에 중요한 인물이다.

0715. **nominate**

[námənèit / nɔm-]

nomination *n.* 지명
nominee *n.* 피지명자

v. 지명하다 = **appoint**, 후보로 추천하다

It was expected that he would **nominate** Maxwell as his successor.

그가 맥스웰을 후임으로 지명할 것으로 예상되었다.

0716. **non-fiction**

[nɔn fíkʃən]

n. 실화 ↔ **fiction**

The books in the library are divided into fiction and **non-fiction.**

그 도서관의 장서들은 픽션과 논픽션으로 나뉘어 있다.

0717. **notify**

[nóutəfài]

notification *n.* 통보

v. 알리다, 통보하다 = **inform**

Passengers are requested to **notify** a member of staff if they see suspicious packages.

승객 여러분은 수상한 짐꾸러미를 보시면 직원에게 알려 주어야 합니다.

0718. **notorious**

[noutɔ́:riəs]

notoriety *n.* 악명

a. 악명 높은 = **infamous**

English soccer fans are **notorious** for their drunkenness.

영국의 축구 팬들은 술에 취해 경기를 보는 것으로 악명 높다.

0719. **novel**

[návəl / nɔ́v-]

novelty *n.* 새로움
novelist *n.* 소설가

n. 소설 *a.* 새로운

Tonight's TV news will be presented in a **novel** format.

오늘 밤 방송되는 TV 뉴스는 새로운 형식으로 꾸며질 것이다.

☐ **nevertheless** ☐ **nominate** ☐ **non-fiction** ☐ **notify** ☐ **notorious** ☐ **novel** ☐ **obey**

0720. **obey**
[oubéi]

obedient *a.* 순종하는
obedience *n.* 복종

v. 복종하다, 준수하다 = **observe** ↔ **disobey**

All citizens must **obey** the law and be loyal to the Constitution.
모든 시민은 법을 준수하고 헌법을 충실히 따라야 한다.

Day 24　EXERCISE

A 영어는 우리말로, 우리말은 영어로 쓰시오.

1	mileage		11	이정표
2	minister		12	안개
3	mixture		13	중간 정도의
4	modest		14	단조로운
5	mostly		15	발의
6	mount		16	살인
7	mutual		17	신화
8	nausea		18	필수품
9	neglect		19	지명하다
10	notorious		20	알리다

B 빈칸에 알맞은 것을 보기에서 고르시오.

보기　ⓐ transfer　ⓑ migrate　ⓒ obey　ⓓ mount

1 All citizens must ___________ the law and be loyal to the Constitution.
모든 시민은 법을 준수하고 헌법을 충실히 따라야 한다.

2 Anxiety about job security ___________(e)d at the plant after profits fell by 68%.
수익이 68% 감소한 뒤로 그 공장에서 실직에 대한 우려가 고조되었다.

3 How do birds know when to ___________ , and how do they find their way back home?
새들은 이주해야 할 때를 어떻게 알고, 고향에 돌아가는 길을 어떻게 찾는가?

정답 **A** 1. 주행거리　2. 성직자　3. 혼합　4. 겸손한　5. 대부분　6. 기획하다　7. 상호적인　8. 메스꺼움　9. 방치하다　10. 악명 높은　11. milestone　12. mist　13. moderate　14. monotonous　15. motion　16. murder　17. myth　18. necessity　19. nominate　20. notify　**B** 1. ⓒ　2. ⓓ　3. ⓑ

Day25

월   일

0721. obscure
[əbskjúər]

a. 잘 안 알려진, 난해한 *v.* 잘 안 보이게 하다

Parts of the coast were **obscured** by fog.
해안의 일부가 안개에 싸여 잘 안 보였다.

0722. obsession
[əbséʃən]

obsess *v.* 집착하다
obsessive *a.* 집착하는

n. 집착, 심한 몰두

Brian has a dangerous **obsession** with speed.
브라이언은 스피드에 위험한 집착을 갖고 있다.

0723. obstacle
[ábstəkəl / ɔ́b-]

n. 장애물, 방해하는 것

She had to overcome a lot of **obstacles** to finally make it to drama college.
그녀는 드라마 학교에 입학하기 전까지 수많은 장애를 극복해야만 했다.

0724. obtain
[əbtéin]

v. 획득하다, 따내다

Maps and guides can be **obtained** at the tourist office. 지도와 안내서는 관광 안내소에서 얻을 수 있다.

0725. obvious
[ábviəs / ɔ́b-]

a. 분명한, 뻔한

For **obvious** reasons, we've had to cancel tonight's performance. 우리는 분명한 이유가 있어서 오늘밤 예정되어 있던 공연을 취소해야만 했다.

☐ obscure ☐ obsession ☐ obstacle ☐ obtain ☐ obvious

0726.
occasion
[əkéiʒən]

n. 경우, 행사, 기회

I went out and bought a new dress just for the **occasion.**
나는 오로지 그 행사에 입으려고 밖에 나가서 새 드레스를 샀다.

0727.
occupation
[àkjəpéiʃən / ɔ̀k-]

occupy v. 점유하다

n. 직업, 점유

Please write your name, address, and **occupation** in the spaces below.
아래 빈 곳에 이름, 주소, 직업을 써 주십시오.

0728.
occupy
[ákjəpài / ɔ́k-]

v. 점유하다, 차지하다 = **take up**

Movie stars **occupy** the large suites on the third floor.
유명 영화배우들이 3층에 있는 대형 특별실에 투숙하고 있다.

0729.
occur
[əkə́:r]

occurrence n. 발생

v. 발생하다, (생각이) 떠오르다

Major earthquakes like this **occur** very rarely.
이와 같은 대규모 지진이 발생하는 경우는 아주 드물다.

0730.
odor
[óudər]

odorous a. 냄새가 나는

n. 악취, 냄새

Obnoxious **odors** from factories filled the air.
공장에서 나는 고약한 냄새가 사방에 진동했다.

0731.
offense
[əféns]

offend v. 불쾌하게 하다
offensive a. 불쾌한

n. 범죄 = **crime**, 불쾌한 행위

Bates is being tried for **offenses** committed in the early 1990s.
베이츠는 1990년대 초에 저질렀던 범죄 때문에 재판을 받고 있다.

☐ occasion ☐ occupation ☐ occupy ☐ occur ☐ odor ☐ offense

0732. **opening**

[óupəniŋ]

n. 개통, 개막, 공석 일자리

I was wondering if there were any job **openings** at your company.
귀하의 회사에 비어 있는 일자리가 있는지 알고 싶어서 연락드립니다.

0733. **opponent**

[əpóunənt]

n. 상대방, 경쟁자 = **competitor**,
반대하는 자 ↔ **proponent**

In some countries, any **opponent** of the government is likely to lose their job.
어떤 나라에서는 정부에 반기를 드는 사람은 직장을 잃기 십상이다.

0734. **orbit**

[ɔ́:rbit]

n. 궤도 v. 궤도를 따라 돌다

The telecommunications satellite went into **orbit** at the end of last year.
그 통신 위성은 작년 말에 궤도에 진입했다.

0735. **organization**

[ɔ̀:rgənizéiʃən / -naiz-]

organize v. 조직하다

n. 단체, 조직

Greenpeace is an international **organization** that works to protect the environment.
그린피스는 환경을 보호하기 위해 일하는 국제단체이다.

0736. **origin**

[ɔ́:rədʒin / óri-]

originate v. 유래하다
original a. 본래의 n. 원본

n. 기원, 근원

He's writing a dictionary that explains the **origin** of words. 그는 단어의 어원을 설명하는 사전을 집필하고 있다.

0737. **otherwise**

[ʌ́ðərwàiz]

ad. 그렇지 않다면, 달리

An inspection of the building revealed faults that might **otherwise** have been overlooked.
못 보고 지나칠 뻔했던 건물의 결함이 검사를 해 보니 발견되었다.

☐ opening ☐ opponent ☐ orbit ☐ organization ☐ origin ☐ otherwise

0738. outcome
[áutkʌ̀m]

n. 결과

At this point, I wouldn't even try to predict the **outcome,** but we're hoping for the best.
이 시점에서는 감히 결과를 예측하기도 힘들겠지만 최선의 결과가 나오기를 기대한다.

0739. outline
[áutlài̇n]

n. 개요, 윤곽

A chalk **outline** of the victim's body was still visible on the sidewalk. 희생자의 시신이 있던 곳에 분필로 그린 윤곽선이 아직도 보도 위에 보였다.

0740. outrageous
[autréidʒəs]

outrage *n.* 충격

a. 충격적인, 황당한

She accused Simon of telling **outrageous** lies.
그녀는 사이먼이 말도 안 되는 거짓말을 했다고 비난했다.

0741. overdue
[òuvərdjú:]

a. 기한이 지난, 연체된

Carol's baby is already two weeks **overdue.**
캐롤의 출산 예정일이 2주일이나 지났는데 아기가 안 나왔다.

0742. overlook
[òuvərlúk]

v. 눈감아 주다, 못 보고 지나치다 = **miss**

I'll **overlook** your mistake this time.
이번에 네 실수는 눈 감아 주겠어.

0743. overnight
[óuvərnài̇t]

ad. 밤사이에 *a.* 밤 동안의

After an **overnight** rain, the sky appeared clear and blue.
밤사이 비가 내리고 나서 하늘이 맑고 파랬다.

☐ outcome ☐ outline ☐ outrageous ☐ overdue ☐ overlook ☐ overnight

0744. overwork
[òuvərwə́:rk]

v. 과로하다, 혹사시키다 *n.* 과로

The company has been **overworking** its employees to try to keep up with demand.
그 회사는 주문량이 밀리지 않도록 하기 위해 직원들을 혹사시키고 있다.

0745. owe
[ou]

v. 빚을 지다, 신세 지다

His job was to phone people who **owed** money and demand immediate payment.
그의 업무는 빚을 진 사람들에게 전화를 걸어 즉시 빚을 갚으라고 요구하는 것이었다.

0746. pale
[peil]

a. 창백한, 옅은 = **light**

Her dress is **pale** pink, with a small flowery pattern.
그녀의 드레스는 연한 분홍색이며 조그만 꽃무늬가 있다.

0747. panic
[pǽnik]

n. (갑작스런) 공포, 공황 *v.* 겁에 질리다, 허둥지둥하다

When a plane gets into difficulty it is essential that the pilot does not **panic.** 비행기가 곤란한 상황에 처하면 조종사가 당황하지 않는 것이 정말 중요하다.

0748. paperback
[péipərbæk]

n. (보급판) 종이 표지책

The two books you need for the regular assignment are both inexpensive and in **paperback.**
네가 정기적으로 해야 하는 숙제에 필요한 책 두 권은 저렴한 종이 표지책이다.

0749. parliamentary
[pà:rləméntəri]

parliament *n.* 국회

a. 국회의, 의회의

Both parties wanted the government to hold **parliamentary** elections first.
양당 모두 정부가 국회의원 선거부터 치르기를 원했다.

□ overwork □ owe □ pale □ panic □ paperback □ parliamentary □ partial

0750. **partial**

[páːrʃəl]

a. 부분적인, 편파적인 = **biased** ↔ **impartial**

At best, the mission was a **partial** success.
그 임무는 기껏해야 부분적인 성공만 거두었다.

Day 25   EXERCISE

A   영어는 우리말로, 우리말은 영어로 쓰시오.

1	obscure	11	집착
2	obstacle	12	획득하다
3	obvious	13	직업
4	occupy	14	발생하다
5	odor	15	범죄
6	opponent	16	개막
7	orbit	17	단체
8	outcome	18	기원
9	outrageous	19	눈감아 주다
10	overwork	20	빚을 지다

B   빈칸에 알맞은 것을 보기에서 고르시오.

보 기   ⓐ partial   ⓑ overdue   ⓒ parliamentary   ⓓ delicate

1 Carol's baby is already two weeks __________ .
캐롤의 출산 예정일이 2주일이나 지났는데 아기가 안 나왔다.

2 At best, the mission was a(n) __________ success.
그 임무는 기껏해야 부분적인 성공만 거두었다.

3 Both parties wanted the government to hold __________ elections first.
양당 모두 정부가 국회의원 선거부터 치르기를 원했다.

정답 **A** 1. 잘 안 알려진 2. 장애물 3. 분명한 4. 점유하다 5. 악취 6. 상대방 7. 궤도 8. 결과 9. 충격적인 10. 과로하다
11. obsession 12. obtain 13. occupation 14. occur 15. offense 16. opening 17. organization 18. origin
19. overlook 20. owe **B** 1. ⓑ 2. ⓐ 3. ⓒ

Day26

월   일

0751. **passport**
[pǽspɔ̀ːrt / pάːs-]

n. 여권

All people entering the country will need a valid **passport**.
그 나라에 입국하려는 사람은 유효한 여권이 있어야 한다.

0752. **pastime**
[pǽstàim / pάːs-]

n. 소일거리, 취미 = **hobby**, **occupation**

Our cat's favourite **pastime** is sitting at the window and watching the people walk by.
우리 고양이가 가장 좋아하는 취미는 창가에 앉아 사람들이 지나가는 것을 보는 것이다.

0753. **patron**
[péitrən]

patronize *v.* 후원하다
patronage *n.* 후원

n. 후원자

Many artists were dependent on wealthy **patrons**.
많은 예술가들이 돈 많은 후원자에게 의존했다.

0754. **paycheck**
[péitʃèk]

n. 급여 수표, 소득, 수입원

I don't want to risk my **paycheck** by being late or doing bad work.
나는 지각하거나 일을 잘못해서 내 수입원을 날려버리고 싶지 않다.

0755. **payroll**
[peiròul]

n. 급여 지급 명부, (한 회사의) 총임금

The corporation is cutting another 700 jobs to take its **payroll** to 5,000. 그 기업은 직원 700명을 추가로 해고하여 총 직원 수를 5천 명으로 줄일 계획이다.

□ passport   □ pastime   □ patron   □ paycheck   □ payroll

0756.
pension
[pénʃən]

n. 연금, (소형)호텔

He retired from the force with a disability **pension.**
그는 군에서 제대하여 장애인 연금을 받았다.

0757.
perceive
[pərsíːv]

v. 인식하다, 알아차리다 = **notice**

Emma had **perceived** a certain bitterness in his tone.
엠마는 그의 목소리에서 비통한 느낌을 받았다.

0758.
periodical
[pìəriádikəl / -ɔ́d-]

n. 정기 간행물, 정기 학술지

She subscribes to several **periodicals.**
그녀는 정기 간행물 몇 권을 정기구독한다.

0759.
permanent
[pə́ːrmənənt]

a. 지속적인, 늘 있는, 확정된 ↔ **temporary**

Mr. Yang has applied for **permanent** residence in the U.S.
양 씨는 미국 영주권을 신청했다.

0760.
personnel
[pə̀ːrsənel]

n. 직원들, 총 인원, 인사과 = **human resources**

In the event of a fire, all **personnel** must report to the reception area.
화재가 발생했을 때 모든 직원들은 접수계에 보고해야 한다.

0761.
persuade
[pərswéid]

v. 설득하다 = **induce** ↔ **dissuade**

I eventually managed to **persuade** him that the documents were genuine.
나는 그 서류가 원본이라는 것을 결국 그에게 힘들게 납득시켰다.

☐ pension ☐ perceive ☐ periodical ☐ permanent ☐ personnel ☐ persuade

---

0762. phase
[feiz]

n. 국면, 단계 = **stage**, 시기

The first **phase** of renovations should be finished by next January.
보수 공사의 첫 번째 단계가 내년 1월에 완료될 것이다.

0763. phrase
[freiz]

n. 어구

Darwin gave the world the **phrase,** "survival of the fittest."
다윈은 '적자생존'이라는 말을 세상에 남겼다.

0764. physician
[fizíʃən]

n. (외과 이외의) 의사, 일반의

Ask the pharmacist or your **physician** if any of the ingredients are known to affect sleep. 약 성분 중 수면에 영향을 주는 것으로 알려진 것이 있는지 약사나 의사에게 물어보시오.
TEPS tips surgeon : 외과 의사

0765. pile
[pail]

n. 더미, 무더기 = **heap** *v.* 쌓다

Dirty dishes were left **piled** in the sink.
더러운 그릇들이 싱크대에 쌓여 있었다.

0766. pilgrim
[pílgrim]

pilgrimage *n.* 성지 순례

n. 성지 순례자

Thousands of Christian **pilgrims** converged on Bethlehem to celebrate Christmas Eve. 수천 명의 기독교인들이 크리스마스 이브를 보내기 위해 베들레헴에 모였다.

0767. plaintiff
[pléintif]

n. 원고, 고소인 측 ↔ **defendant**

Ten **plaintiffs** are suing the companies for damages from the blast. 열 명의 원고측이 회사를 상대로 폭발 사고로 인한 피해 보상 소송을 제기했다.

☐ phase ☐ phrase ☐ physician ☐ pile ☐ pilgrim ☐ plaintiff

0768. # planet
[plǽnət]

n. 행성, 지구 = **earth**

Saturn is the **planet** with rings around it.
토성은 고리로 둘러쳐진 행성이다.

0769. # plausible
[plɔ́:zəbəl]

plausibility *n.* 합당함

a. 합당한, 그럴싸한

I need to think of a **plausible** excuse for not going to the meeting.
나는 회의에 참석하지 않아도 되는 그럴싸한 핑계를 지어내야 한다.

0770. # pledge
[pledʒ]

n. 약속, 맹세 = **commitment**
v. (공식적으로) 약속하다, 맹세하다 = **swear**

Britain has **pledged** £1.3 million to the UN for refugee work.
영국은 난민 구호 활동에 1백 30만 파운드를 내겠다고 유엔에게 약속했다.

0771. # plenty
[plénti]

n. 다수, 다량

There's **plenty** to do and see in this beautiful vacation area. 이 아름다운 휴양지에는 할 것도 많고 볼 것도 많다.

0772. # plunge
[plʌndʒ]

v. 추락하다, 폭락하다 = **plummet, nosedive**

The President's popularity has **plunged** dramatically in recent weeks.
최근 몇 주 사이에 대통령의 지지도가 급격히 떨어졌다.

0773. # poisonous
[pɔ́izənəs]

poison *n.* 독

a. 독한, 독성이 있는 = **toxic**

Carbon monoxide is a highly **poisonous** gas, mostly produced by cars.
일산화탄소는 독성이 매우 강한 기체로서, 주로 자동차에서 나온다.

☐ planet ☐ plausible ☐ pledge ☐ plenty ☐ plunge ☐ poisonous

0774. politician
[pàlətíʃən / pɔ̀l-]

n. 정치인

Many right-wing **politicians** opposed the treaty.
많은 우익 정치인들이 그 조약에 반대했다.

TEPS tips **statesman** : 존경받는 거물급 정치인

0775. poll
[poul]

n. 설문조사 = **survey**, 투표(수) = **ballot**

A **poll** of 700 female registered voters found that 56% favor full abortion rights. 유권자로 등록된 여성 7백 명을 대상으로 설문조사를 한 결과 56%가 전면적인 낙태 권리에 찬성했다.

0776. pollution
[pəlú:ʃən]

pollute *v.* 오염시키다
pollutant *n.* 오염물질

n. 오염 = **contamination**

Pollution and overfishing have reduced the population of coastal fish.
오염과 어류 남획 때문에 해안의 어류 개체수가 감소했다.

0777. population
[pàpjəléiʃən / pɔ̀p-]

n. 인구, 주민들, 개체수

Most of the **population** of Canada lives relatively near the U.S. border.
캐나다 국민 대부분이 미국 국경과 비교적 가까운 지역에 거주한다.

0778. potential
[pəténʃəl]

n. 잠재력 = **promise** *a.* 잠재력 있는 = **possible**

For the first time she realized the **potential** danger of her situation. 그녀는 자신이 처한 상황에서 있을 수 있는 위험성을 처음으로 깨달았다.

0779. pregnant
[prégnənt]

pregnancy *n.* 임신
impregnate *v.* 임신시키다

a. 임신한

We can't stop teens from having sex, but we can help them to avoid getting **pregnant.**
청소년들이 성관계를 갖는 것을 완전히 막을 수는 없지만 그들의 피임을 도와줄 수는 있다.

☐ politician ☐ poll ☐ pollution ☐ population ☐ potential ☐ pregnant ☐ preliminary

0780. **preliminary**

[prilímənèri / -nəri]

n. 예행연습, 예선 *a.* 예비의, 서두의 = **initial**

Preliminary market research has shown that most Americans prefer environmentally-friendly products. 예비 시장 조사 결과 대부분의 미국인은 친환경적인 제품을 선호하는 것으로 나타났다.

Day 26   EXERCISE

A 영어는 우리말로, 우리말은 영어로 쓰시오.

1 passport	__________	11 소일거리	__________
2 patron	__________	12 급여 수표	__________
3 pension	__________	13 인식하다	__________
4 permanent	__________	14 직원들	__________
5 persuade	__________	15 어구	__________
6 physician	__________	16 더미	__________
7 plaintiff	__________	17 성지 순례자	__________
8 pledge	__________	18 행성	__________
9 poll	__________	19 추락하다	__________
10 pollution	__________	20 정치인	__________

B 빈칸에 알맞은 것을 보기에서 고르시오.

보 기   ⓐ plausible   ⓑ poisonous   ⓒ preliminary   ⓓ perspective

1 Carbon monoxide is a highly __________ gas, mostly produced by cars.
일산화탄소는 독성이 매우 강한 기체로서, 주로 자동차에서 나온다.

2 I need to think of a __________ excuse for not going to the meeting.
나는 회의에 참석하지 않아도 되는 그럴싸한 핑계를 지어내야 한다.

3 __________ market research has shown that most Americans prefer environmentally-friendly products.
예비 시장 조사 결과 대부분의 미국인은 친환경적인 제품을 선호하는 것으로 나타났다.

정답 **A** 1. 여권 2. 후원자 3. 연금 4. 지속적인 5. 설득하다 6. 일반의 7. 원고 8. 약속 9. 설문조사 10. 오염 11. pastime 12. paycheck 13. perceive 14. personnel 15. phrase 16. pile 17. pilgrim 18. planet 19. plunge 20. politician
B 1. ⓑ 2. ⓐ 3. ⓒ

Day27

월   일

0781. premiere
[primíər / -mjéər]

n. 시사회, 첫 상연

"Singing in the Rain" begins with its stars attending a movie **premiere.** 영화 '사랑은 비를 타고' 는 주연배우들이 영화 시사회에 참석하는 장면으로 시작된다.

0782. premium
[prí:miəm]

n. 보험료, 할증금 *a.* 최고급의, 일반보다 비싼

The cable company offers both standard and **premium** services.
그 케이블 회사는 표준 서비스와 고급 서비스 모두 제공한다.

0783. preoccupied
[pri:ákjəpàid / -ɔ́k-]

preoccupy *v.* 몰입시키다
preoccupation *n.* 몰입

a. 몰두한, 몰입한

He was far too **preoccupied** with his own marital difficulties to give any thought to his friend's problems. 그는 자기 결혼생활의 어려움에 너무 치인 나머지 친구들의 문제는 전혀 신경 쓰지도 못했다.

0784. prescription
[priskrípʃən]

prescribe *v.* 처방하다

n. 처방전, 처방약

With my insurance, **prescriptions** cost a maximum of $5.
내가 가입한 보험을 적용하면 처방약 값이 최대 5달러 나온다.

0785. presentation
[prèzəntéiʃən]

present *v.* 제시하다

n. 발표, 제시

I was supposed to be giving a **presentation** that morning to some colleagues from the Chinese division.
나는 그날 오전 중국 지사의 직원들에게 발표를 하기로 되어 있었다.

☐ premiere ☐ premium ☐ preoccupied ☐ prescription ☐ presentation

0786. **preserve**
[prizə́:rv]

preservation *n.* 보호

v. 보호하다, 보존하다 = **keep, conserve**

All the names in the book have been changed to **preserve** the victims' anonymity.
피해자의 익명성을 보호하기 위해 책에 등장하는 모든 이름을 바꾸었다.

0787. **pretty**
[príti]

ad. 꽤, 매우 = **rather, fairly**

I felt **pretty** nervous going into the exam, but after I got started I loosened up some. 나는 시험 보러 들어갈 때는 꽤 긴장됐지만 시험이 시작되자 조금 긴장이 풀렸다.

0788. **prevent**
[privént]

prevention *n.* 예방

v. 못 하게 하다, 예방하다

There were reports that some people had been **prevented** from voting in the election.
몇몇 사람들이 선거에서 투표를 저지당했다는 보도가 있었다.

0789. **prey**
[prei]

n. 먹잇감, 희생자 = **victim**

Snakes track their **prey** by its scent.
뱀은 먹잇감의 냄새를 맡아서 뒤쫓는다.

0790. **primate**
[práimit / -meit]

n. 영장류

With the exception of humans, most **primates** live in tropical regions.
인간을 제외한 대부분의 영장류는 열대 지방에 산다.

0791. **privilege**
[prívəlidʒ]

n. v. 특권(을 주다) = **honor, favor**

A good education should not just be a **privilege** of the rich.
질 좋은 교육은 부유층만 누리는 특권이어서는 안 된다.

☐ preserve ☐ pretty ☐ prevent ☐ prey ☐ primate ☐ privilege

0792. **proclaim**
[proukléim / prə-]

proclamation *n.* 선언

v. 선언하다 = **declare**, 선포하다

Phillips has repeatedly **proclaimed** his innocence.
필립스는 몇 번이고 자기는 죄가 없다고 말했다.

0793. **profession**
[prəféʃən]

professional *a.* 전문직의 *n.* 프로

n. 전문직, 직업

Many teachers are thinking about leaving the **profession** for more highly paid careers.
많은 교사들이 교사직을 그만두고 급여를 더 많이 주는 직업으로
바꿀 생각을 하고 있다.

0794. **proficient**
[prəfíʃənt]

proficiency *n.* 유창성

a. 능숙한, 유창한 = **fluent**

Before you can study at a British university, you have to be **proficient** in English.
영국의 대학에서 공부할 수 있으려면 먼저 유창한 영어실력을 갖추어야 한다.

0795. **prohibit**
[prouhíbit]

prohibition *n.* 금지

v. 금지하다 = **ban**, **forbid**,
불가능하게 하다 = **prevent**

International Law **prohibits** the use of chemical weapons. 국제법에서는 화학 무기의 사용을 금지하고 있다.

0796. **prolong**
[proulɔ́:ŋ / -láŋ]

v. 늘이다, 연장하다 = **elongate**, **extend**,
연기하다 = **delay**

A heart transplant might **prolong** his life for a few years. 심장 이식수술을 하면 그의 수명이 몇 년 연장될지도
모른다.

0797. **prominent**
[prámənənt]

prominence *n.* 두각

a. 눈에 띄는 = **noticeable**,
유명한 = **well-known**, 튀어나온

Her nose was quite **prominent**, and she had small, even teeth.
그녀는 코가 커다랗고 툭 튀어나왔으며, 작고 고른 치아를 갖고 있었다.

☐ proclaim ☐ profession ☐ proficient ☐ prohibit ☐ prolong ☐ prominent

0798. **prompt**
[prɑmpt / prɔmpt]

a. 즉시 하는 = **immediate**, 시간을 엄수하는 = **punctual** *v.* 유발하다 = **provoke**

News of the scandal **prompted** a Senate investigation.
그 스캔들이 알려지자 상원이 조사에 착수했다.

0799. **proponent**
[prəpóunənt]

a. 지지자, 지원자
= **advocate, supporter** ↔ **opponent**

Eugene has been a leading **proponent** of this view.
유진은 전부터 이러한 견해를 지지한 대표적인 인물이다.

0800. **proposal**
[prəpóuzəl]

propose *v.* 제안하다

n. 제안, 청혼

Their **proposal** to build a new airport has finally been rejected.
새로 공항을 건설하자는 그들의 제안은 마침내 거부되었다.

0801. **prose**
[prouz]

n. 산문 ↔ **verse**(운문)

Brown's **prose** is simple and direct.
브라운의 산문은 단순하고 직설적이다.

0802. **prosecutor**
[prásəkjùːtər / pró-]

prosecution *n.* 검찰, 기소
prosecute *v.* 기소하다

n. 검사

The chief **prosecutor** told the court that Johnson was guilty of a horrible crime and asked for the maximum sentence. 수석 검사는 법정에서 존슨이 흉악 범죄를 저지른 죄가 있다고 진술하며 최고형을 선고할 것을 요청했다.

0803. **prospect**
[práspekt / prós-]

prospective *a.* 가능성 있는

n. 가능성 = **possibility**, 앞으로 있을 일

Prospects for a peace settlement in the region are not very hopeful at the moment.
그 지역에 평화가 정착될 가능성이 현재로서는 별로 많지 않다.

☐ prompt ☐ proponent ☐ proposal ☐ prose ☐ prosecutor ☐ prospect

Essential Stage

0804. protest

v. [prətést] n. [próutest]

v. 저항하다, 항의하다 n. 저항

A huge crowd of students are **protesting** the globalization of trade.
수많은 학생들이 모여 무역의 세계화에 반대하는 시위를 벌이고 있다.

0805. provision

[prəvíʒən]

n. 법 조항, 공급, 식량

In countries without adequate welfare **provisions** for the poor, unemployment may be very much more severe in its effects. 빈곤층에 대한 복지가 불충분한 국가에서는 실업이 훨씬 더 큰 악영향을 줄 수도 있다.

0806. provocative

[prəvákətiv / -vɔ́k-]

provoke v. 도발하다
provocation n. 도발

a. 도발하는, 논쟁을 유발하는

The book's **provocative** statements have led to it being banned in some schools.
그 책에 담긴 도발적인 내용 때문에 몇몇 학교에서 금서가 되었다.

0807. pseudonym

[súːdənim]

pseudonymous a. 가명의

n. 가명 = **false name**

The author whose real name was Samuel Clemens wrote novels under the **pseudonym** of Mark Twain. 실명이 사무엘 클레멘스였던 작가는 마크 트웨인이라는 가명으로 소설을 썼다.

0808. psychiatrist

[sikáiətrist / sai-]

psychiatry n. 정신과
psychiatric a. 정신과의

n. 정신과 의사

Child **psychiatrist** Dr. Goldman has written a book on anorexia in young girls. 아동 정신과 의사인 골드만 박사는 어린 소녀들의 거식증에 관한 책을 썼다.

0809. punctual

[páŋktʃuəl]

punctuality n. 시간 엄수

a. 시간을 정확히 지키는

Dinner is served at seven; please try to be **punctual.**
저녁식사는 7시에 시작됩니다. 시간을 지켜 주세요.

☐ protest ☐ provision ☐ provocative ☐ pseudonym ☐ psychiatrist ☐ punctual ☐ queer

0810 **queer**

[kwiə*r*]

a. 이상한, 괴상망측한 = **odd**

He has been feeling **queer** lately; maybe he's sick.

그는 최근 몸이 이상한 것을 느꼈다. 어디가 아픈 것 같다.

Day 27　　EXERCISE

A 영어는 우리말로, 우리말은 영어로 쓰시오.

1	premiere		11	최고급의
2	preoccupied		12	처방전
3	preserve		13	예방하다
4	prey		14	영장류
5	proclaim		15	전문직
6	proficient		16	공급
7	prose		17	지지자
8	proposal		18	검사
9	provocative		19	가명
10	psychiatrist		20	괴상망측한

B 빈칸에 알맞은 것을 보기에서 고르시오.

보기　ⓐ protest　ⓑ prolong　ⓒ prohibit　ⓓ prevail

1 International Law __________s the use of chemical weapons.

국제법에서는 화학 무기의 사용을 금지하고 있다.

2 A huge crowd of students are ________ing the globalization of trade.

수많은 학생들이 모여 무역의 세계화에 반대하는 시위를 벌이고 있다.

3 A heart transplant might __________ his life for a few years.

심장 이식수술을 하면 그의 수명이 몇 년 연장될지도 모른다.

정답　**A** 1. 시사회　2. 몰두한　3. 보호하다　4. 먹잇감　5. 선언하다　6. 유창한　7. 산문　8. 제안　9. 도발하는　10. 정신과 의사
11. premium　12. prescription　13. prevent　14. primate　15. profession　16. provision　17. proponent　18. prosecutor
19. pseudonym　20. queer　**B** 1. ⓒ　2. ⓐ　3. ⓑ

Day28

월   일

0811. **quench**
[kwentʃ]

v. (갈증을) 해소하다, 끄다 = **extinguish**

He **quenched** his thirst by gulping down a glass of cold water.
그는 찬물 한 잔을 쭉 들이켜서 갈증을 해결했다.

0812. **quote**
[kwout]

quotation *n.* 인용

v. 인용하다 = **cite**

Dr. Morse **quoted** three successful cases in which the drug was used. 모스 박사는 그 약이 사용되어 성공적인 결과를 거둔 세 가지 사례를 인용했다.

0813. **solemn**
[sáləm / sɔ́l-]

solemnity *n.* 엄숙함

a. 엄숙한, 근엄한

Everyone stood respectfully, and looked **solemn** throughout the funeral service. 장례식이 거행되는 동안 모든 이들이 경건한 자세로 서 있었고 근엄한 표정을 지었다.

0814. **racial**
[réiʃəl]

race *n.* 인종

a. 인종의

Racial violence used to be commonplace on the streets of the city.
인종 갈등으로 인한 폭력사태가 그 도시의 거리에 흔히 벌어졌다.

0815. **rack**
[ræk]

n. (막대들로 짜인) 선반, 걸이

Let the cake cool on a **rack** for ten minutes.
케이크를 선반에 올려놓고 10분 동안 식히시오.

☐ quench ☐ quote ☐ solemn ☐ racial ☐ rack

0816. radiate
[réidièit]

radiation *n.* 방사

v. (빛, 열을) 내뿜다, 방사하다 = **give off**

The old and faded lights **radiated** a feeble glow upon the walls.
오래 되어 희미한 전등이 벽 위에 흐릿한 빛을 비추었다.

0817. radical
[rǽdikəl]

radicalize *v.* 과격하게 만들다

a. 급진적인, 과격한 = **far-reaching**

He recommended a **radical** change in her diet.
그는 그녀의 식단에 큰 변화를 줄 것을 권했다.

0818. rail
[reil]

n. 철도, 난간

Hold on to the **rail** as you walk up the stairs.
계단을 올라갈 때는 난간을 꼭 잡아라.

0819. rainfall
[réinfɔ̀:l]

n. 강우량

Below-normal **rainfall** has led to a major water shortage. 강우량이 평균에 못 미치자 물 부족이 심화되었다.
TEPS tips **precipitation** : 강수량(눈, 비의 양을 모두 합한 것)

0820. rally
[rǽli]

n. 집회, 시위 = **demonstration**

About 5,000 people attended the **rally** in City Hall Square.
약 5천 명이 시청 앞 광장에서 열린 집회에 참가했다.

0821. range
[reindʒ]

n. 범위 = **variety**

The company planned to broaden its product **range** to include portable equipment. 그 회사는 자사 제품의 범위를 이동 장비까지 포함하겠다는 계획을 세웠다.

☐ radiate ☐ radical ☐ rail ☐ rainfall ☐ rally ☐ range

0822. **rare**
[rɛəːr]
rarely *ad.* 거의 ~않다

a. 드문 = **scarce**, 고기를 거의 안 익힌

He had that **rare** gift of being able to impart enthusiasm to others. 그는 열정을 다른 사람한테까지 전파시키는 희귀한 재능을 갖고 있었다.

0823. **rate**
[reit]

n. 비율 = **ratio**, 요금, 등급 = **grade**
v. 등급을 매기다 = **rank**

Hotel **rates** advertised are per person, not per room.
광고에 나오는 호텔 숙박비는 방 하나씩이 아니라 투숙객 한 명씩이다.

0824. **ratify**
[rǽtəfài]
ratification *n.* 비준

v. 비준하다, (서명하여) 공식화하다

The U.S. Senate refused to **ratify** the agreement on weapons reduction.
미 의회는 무기 감축에 관한 협정을 비준하는 데 실패했다.

0825. **reach**
[riːtʃ]

v. 연락하다 = **contact**

I can probably **reach** him on his cell phone.
아마 그 사람은 휴대전화로 연락할 수 있을 것이다.

0826. **rear**
[riəːr]

v. 양육하다, 키우다 = **raise**, **nurture**

Dana **reared** her children to adulthood by herself.
다나는 혼자서 자식들을 어른이 될 때까지 키웠다.

0827. **reasonable**
[ríːzənəbəl]
reasonably *ad.* 적절히

a. 합리적인, 적절한
= **rational**, **fair** ↔ **unreasonable**, **irrational**

Cole accepted that Rick's views were **reasonable** and valid.
콜은 릭의 의견이 합리적이고 적절하다고 인정했다.

☐ rare ☐ rate ☐ ratify ☐ reach ☐ rear ☐ reasonable

0828. rebel

[rébəl]

rebellion *n.* 반란

v. 반란을 일으키다 = **revolt**, 거역하다 *n.* 반역자

Her parents wanted her to go to university, but she **rebelled** and got a job. 그녀의 부모는 그녀가 대학에 진학하기를 원했으나 그녀는 거역하고 취직을 했다.

0829. recall

[rikɔ́:l]

v. 회수하다, 회상하다 = **recollect**, 상기하다 = **evoke**, **remind**

As a child, she **recalled,** her parents had seemed very happy together. 그녀가 기억하기로는 어렸을 때 그녀의 부모는 매우 행복한 부부생활을 하셨다.

0830. receipt

[risí:t]

n. 영수증, 수신

Keep your credit card **receipts** until your statement arrives. 명세서를 받을 때까지 신용카드 영수증을 보관해 두시오.

0831. recession

[riséʃən]

n. 침체, 불황

In times of severe **recession** companies are often forced to make massive job cuts in order to survive. 극심한 불황기에 기업들은 살아남기 위해 어쩔 수 없이 대규모의 감원을 단행하는 경우가 많다.

0832. recipe

[résəpì:]

n. 조리법, 방법, 비법 = **formula**

I'm not a great cook, but I can follow a **recipe** pretty well. 나는 요리를 아주 잘 하지는 못하지만 조리법대로 따라하는 건 잘 한다.

0833. recipient

[risípiənt]

n. 받는 사람, 수취인

Education works only if the **recipients** really want it.
교육은 교육을 받는 사람들이 정말로 받고 싶어 해야만 효과가 있다.

☐ rebel ☐ recall ☐ receipt ☐ recession ☐ recipe ☐ recipient

0834. recovery
[rikʌ́vəri]
recover *v.* 회복하다

n. 회복 = **restoration**

Thomas is making a good **recovery**, although he is still quite weak. 토마스는 아직도 많이 쇠약한 상태이기는 하지만 순조롭게 회복되고 있다.

0835. recruit
[rikrúːt]
recruitment *n.* 모집

n. 신병, 신입사원 = **newcomer** *v.* 모집하다

At many banks, young **recruits** first work as tellers.
많은 은행에서 젊은 신입사원들은 처음에 창구직원으로 근무한다.

0836. recycle
[riːsáikl]
recyclable *a.* 재활용할 수 있는

v. 재활용하다

New techniques for **recycling** plastics are being introduced.
플라스틱을 재활용하는 새로운 기술이 도입되고 있다.

0837. redeem
[ridíːm]
redemption *n.* (주식의) 현금화

n. (쿠폰, 상품권을) 상품으로 바꾸다, (주식 등을) 현금화하다, 갚다

Travelers can **redeem** the coupons for one-way flights. 여행객은 그 쿠폰을 편도 항공권으로 교환할 수 있다.

0838. reduce
[ridjúːs]
reduction *n.* 감소

v. 줄이다 = **decrease**

Doctors are urging people to **reduce** the amount of salt in their diet.
의사들은 사람들에게 소금 섭취량을 줄이라고 강력히 권하고 있다.

0839. redundant
[ridʌ́ndənt]
redundancy *n.* 중복

a. 중복되는, (직원이) 필요 없게 된

Her position at the company was declared **redundant** and she was told to find a new job.
그녀는 이제 회사에서 필요로 하지 않는다는 말과 함께 다른 직장을 알아 보라는 통보를 받았다.

☐ recovery ☐ recruit ☐ recycle ☐ redeem ☐ reduce ☐ redundant ☐ reference

0840. # reference

[réfərəns]

n. 참조, 언급 = **mention**, 신원 보증인 = **referee**

Ask a teacher to act as one of your references.
교사에게 신원 보증인이 되어 달라고 부탁해 봐라.

refer *v.* 참조하다

Day 28　　EXERCISE

A 영어는 우리말로, 우리말은 영어로 쓰시오.

1	quote	____________	11 엄숙한	____________
2	racial	____________	12 급진적인	____________
3	rail	____________	13 강우량	____________
4	rally	____________	14 범위	____________
5	rate	____________	15 비준하다	____________
6	reach	____________	16 양육하다	____________
7	reasonable	____________	17 회수하다	____________
8	receipt	____________	18 조리법	____________
9	recovery	____________	19 재활용하다	____________
10	reduce	____________	20 참조	____________

B 빈칸에 알맞은 것을 보기에서 고르시오.

보기　ⓐ quenched　ⓑ recession　ⓒ redundant　ⓓ satisfied

1 He __________ his thirst by gulping down a glass of cold water.
그는 찬물 한 잔을 쭉 들이켜서 갈증을 해결했다.

2 Her position at the company was declared __________ and she was told to find a new job.
그녀는 이제 회사에서 필요로 하지 않는다는 말과 함께 다른 직장을 알아보라는 통보를 받았다.

3 In times of severe __________ companies are often forced to make massive job cuts in order to survive.
극심한 불황기에 기업들은 살아남기 위해 어쩔 수 없이 대규모의 감원을 단행하는 경우가 많다.

정답　**A** 1. 인용하다　2. 인종의　3. 철도　4. 집회　5. 비율　6. 연락하다　7. 합리적인　8. 영수증　9. 회복　10. 줄이다　11. solemn
12. radical　13. rainfall　14. range　15. ratify　16. rear　17. recall　18. recipe　19. recycle　20. reference
B 1. ⓐ　2. ⓒ　3. ⓑ

Day29

월   일

0841. refreshment

[rifréʃmənt]

refresh *v.* 체력을 회복시키다

n. 다과, 간식, 체력 회복

Admission to the dance is $5, and **refreshments** are provided.
댄스파티 입장료는 5달러이며, 간식이 제공됩니다.

0842. refund

[ríːfʌnd]

n. 환불 *v.* 환불해주다 = **reimburse**

Saturday's concert is canceled, and tickets will be **refunded.**
토요일에 예정되었던 공연이 취소되어 입장권이 환불될 것이다.

0843. regain

[rigéin]

v. 되찾다, 회복하다 = **recover**

Bill spent two weeks in the hospital **regaining** his strength after the operation.
빌은 수술을 받은 뒤 병원에 2주일 동안 입원해서 기력을 회복했다.

0844. regime

[reiʒíːm / ri-]

n. 정권, 정부 = **government**

The military **regime** refused to recognize the elections.
그 군사정권은 선거 결과를 인정하려 들지 않았다.

0845. reiterate

[riːítərèit]

reiteration *n.* 재차 언급

v. 거듭 말하다 = **renew, repeat**, 반복해서 강조하다

The President **reiterated** his support for the treaty.
대통령은 조약을 지지한다는 입장을 거듭 밝혔다.

☐ refreshment ☐ refund ☐ regain ☐ regime ☐ reiterate

0846. **reject**
[ridʒékt]

rejection *n.* 거절

v. 거절하다, 거부하다 = **refuse, decline** ↔ **accept**

President Lee **rejected** suggestions that his tax cuts favored the most wealthy. 이대통령은 자신이 제시한 감세안이 최고 부유층에게 유리한 것 아니냐는 의견을 묵살했다.

0847. **relative**
[rélətiv]

relatively *ad.* 비교적

a. 상대적인 = **comparative** ↔ **absolute**
n. 친척 = **relation**

Henry escaped to the **relative** quiet of his room.
헨리는 비교적 조용한 자기 방으로 도망치듯 빠져나왔다.

0848. **release**
[rilíːs]

v. 풀어주다, 방출하다, 공개하다 = **publish**, 발매하다

Carbon stored in trees is **released** as carbon dioxide.
나무에 저장되어 있는 탄소는 이산화탄소로 방출된다.

0849. **reliable**
[riláiəbəl]

rely *v.* 의지하다
reliability *n.* 신뢰성

a. 믿음직한, 의지할 수 있는 = **dependable**

Do you have a **reliable** map of the area?
그 지역의 믿을 만한 지도를 갖고 있니?

0850. **reluctant**
[rilʌ́ktənt]

reluctance *n.* 마지못해 함

a. 마지못해 하는, 억지로 하는

He seemed somewhat **reluctant** to explain, but finally did so.
그는 설명하기가 좀 꺼려진다는 듯한 태도를 보였으나 결국은 해주었다.

0851. **remove**
[rimúːv]

removal *n.* 제거, 이동

v. 없애다 = **get rid of**, 벗다 = **take off**,
옮기다 = **move**

Remove all the fat, then cut the meat into cubes.
고기의 비계를 모두 제거한 다음 깍둑썰기를 하시오.

□ reject □ relative □ release □ reliable □ reluctant □ remove

0852. **renew**
[rinjú:]

renewal *n.* 갱신, 반복
renewable *a.* 갱신[재생가능한]

v. 재개하다 = **resume**
갱신하다, 반복해서 말하다 = **repeat**, **reiterate**

It is wise to **renew** your water filter every month, even though it may seem to be working satisfactorily.
겉보기에는 작동이 잘 되는 것처럼 보이더라도 정수 필터를 매달 교체하는 것이 현명하다.

0853. **renounce**
[rináuns]

renunciation *n.* 거부

v. 포기하다 = **give up**, 거부하다 = **reject**

Rudolph voluntarily **renounced** his U.S. citizenship.
루돌프는 자발적으로 미국 시민권을 포기했다.

0854. **renowned**
[rináund]

a. 유명한, 이름 높은 = **noted**, **distinguished**

Korea was once a country **renowned** for its love of large, close families. 한국은 한때 친밀한 대가족에 대해 큰 애착을 가진 나라로 잘 알려져 있었다.

0855. **replace**
[ripléis]

replacement *n.* 대체

v. 대신하다, 대체하다 = **take over from**

Anderson was **replaced** in the fifth inning after a wrist injury. 앤더슨은 손목에 부상을 입은 뒤 5회에 교체되었다.

0856. **representative**
[rèprizéntətiv]

represent *v.* 대표하다

n. 대표자, 대리인, 변호사 = **lawyer** *a.* 대표하는

Japan has refused to send a **representative** to the talks in Geneva.
일본은 제네바에서 열린 회담에 대표를 보내기를 거부했다.

0857. **request**
[rikwést]

n. 요청 *v.* 요청하다

Officials in Seoul are **requesting** the drug dealer's extradition from Bahrain. 한국 정부 관리들은 바레인에 있는 그 마약 거래상을 한국으로 송환해 줄 것을 요청하고 있다.

☐ renew ☐ renounce ☐ renowned ☐ replace ☐ representative ☐ request

0858. resemble
[rizémbl]
resemblance *n.* 유사

v. ~와 닮다 = **take after**

The rock **resembles** the head of a giant gorilla.
그 바위는 거대한 고릴라의 머리처럼 생겼다.

0859. reserve
[rizə́ːrv]
reservation *n.* 예약

v. 예약하다 = **book**, 보류하다

I'd like to **reserve** a seat on the next plane to Atlanta.
애틀랜타로 가는 다음 비행기 한 장을 예약하고 싶습니다.

0860. resistant
[rizístənt]
resist *v.* 저항하다
resistance *n.* 저항

a. 저항하는, 저항력이 있는

That plastic is **resistant** to breakage and staining.
그 플라스틱은 잘 파손되지 않고 얼룩도 잘 지지 않는다.

0861. resolution
[rèzəlúːʃən]
resolve *v.* 결심하다
resolute *a.* 굳게 결심한

n. 결심, 결의 = **determination**,
해결책 = **solution**

The UN passed a Human Rights **resolution** by a vote of 130-2. 유엔은 투표를 실시하여 찬성 130표 대 반대 2표로 인권 결의안을 통과시켰다.

0862. respectful
[rispéktfəl]
respect *n. v.* 존경(하다)

a. 존경하는, 존중하는 ↔ **disrespectful**

If children were taught to be more **respectful** towards their elders, maybe these crimes wouldn't happen so often. 아이들이 어른을 좀 더 공경하도록 가르친다면 이러한 범죄가 그렇게 자주 발생하지는 않을지도 모른다.

0863. respectively
[rispéktivli]
respective *a.* 각자의

ad. 각각, 각자

The cups and saucers cost $50 and $10 **respectively.**
컵과 받침 접시의 가격은 각각 50달러와 10달러이다.

☐ resemble ☐ reserve ☐ resistant ☐ resolution ☐ respectful ☐ respectively

0864. restore

[ristɔ́:r]

restoration *n.* 회복

v. 회복하다, 재도입하다 = **reintroduce**

Experts are still working to **restore** the painting.
지금도 전문가들이 그 그림을 복원하는 작업을 하고 있다.

0865. restructure

[ri:strʌ́ktʃər]

restructuring *n.* 구조조정

v. 구조조정하다, 재편하다

If the company is to survive, it must be seriously **restructured.**
그 회사가 생존하기 위해서는 대규모의 구조조정을 단행해야 한다.

TEPS tips 우리나라 매체에서는 '구조조정'을 흔히 '워크아웃'(**workout**)이라 하는데, 일반적인 영어표현은 **restructuring**이다. **workout**은 '몸을 움직이는 운동'이다.

0866. resume

[rizú:m / -zjú:m]

resumption *n.* 재개

v. 다시 시작하다, 재개하다

Collins was so seriously injured that he was unable to **resume** his career. 콜린스는 너무 심한 부상을 입는 바람에 사회생활을 다시 할 수가 없었다.

0867. retail

[rí:teil]

retailer *n.* 소매상

n. 소매 판매 ↔ **wholesale** 도매 *v.* 소매상을 하다

Opportunities exist in most areas of niche **retailing.**
대부분의 틈새 소매시장 분야에는 기회가 있다.

0868. retirement

[ritáiər*r*mənt]

retire *v.* 은퇴하다

n. 퇴직, 은퇴

How much do I need to save for a comfortable **retirement**?
퇴직한 후에 편안한 생활을 하려면 얼마나 저축해야 할까요?

0869. retrieve

[ritrí:v]

retrieval *n.* 회수

v. 되찾다 = **recover**, (정보를) 불러오다

I had left my bag at the railroad station and went back to **retrieve** it.
나는 기차역에 가방을 두고 와서 찾아오려고 다시 갔다.

☐ restore ☐ restructure ☐ resume ☐ retail ☐ retirement ☐ retrieve ☐ return

0870. **return**

[ritə́ːrn]

n. 수익 = **profit**

How can you get the best return on your investment?

투자를 해서 최고의 수익을 거두는 방법이 무엇인가요?

Day 29   EXERCISE

A 영어는 우리말로, 우리말은 영어로 쓰시오.

1	refreshment		11	풀어주다
2	reiterate		12	회복하다
3	regime		13	거절하다
4	relative		14	믿음직한
5	remove		15	재개하다
6	renounce		16	유명한
7	replace		17	요청하다
8	reserve		18	결심
9	respectful		19	회복하다
10	retirement		20	다시 시작하다

B 빈칸에 알맞은 것을 보기에서 고르시오.

보기 ⓐ remodeled   ⓑ restructured   ⓒ refunded   ⓓ reluctant

1 **If the company is to survive, it must be seriously __________ .**

그 회사가 생존하기 위해서는 대규모의 구조조정을 단행해야 한다.

2 **He seemed somewhat __________ to explain, but finally did so.**

그는 설명하기가 좀 꺼려진다는 듯한 태도를 보였으나 결국은 해주었다.

3 **Saturday's concert is canceled, and tickets will be __________ .**

토요일에 예정되었던 공연이 취소되어 입장권이 환불될 것이다.

정답 A 1. 다과 2. 거듭 말하다 3. 정권 4. 상대적인 5. 없애다 6. 포기하다 7. 대신하다 8. 예약하다 9. 존경하는 10. 퇴직
11. release 12. regain 13. reject 14. reliable 15. renew 16. renowned 17. request 18. resolution 19. restore
20. resume **B** 1. ⓑ 2. ⓓ 3. ⓒ

Day30

월   일

0871. revenge

[rivéndʒ]

revengeful *a.* 앙심을 품은

n. 복수 *v.* 복수하다

The terrorist group is still looking to **revenge** itself on its attackers. 그 테러리스트 단체는 아직도 자기들을 공격한 자들에게 복수하려 하고 있다.

0872. reverse

[rivə́:rs]

v. 뒤집다, 무효로 하다 = **overturn, nullify, overrule** *n.* 반대, 후진

Do the exercises in **reverse** order, starting with number ten. 그 운동을 10번부터 시작해서 반대 순서로 하시오.

0873. revolutionary

[rèvəljú:ʃənəli]

revolution *n.* 혁명

a. 혁명적인, 파격적인

Einstein's **revolutionary** theories made people look at the universe in a completely new way.
아인슈타인의 혁명적인 이론은 사람들이 우주를 완전히 새로운 시각으로 보게 만들었다.

0874. rigorous

[rígərəs]

rigor *n.* 엄격함

a. 엄격한, 철저한 = **thorough, strict**

Every new drug has to pass a series of **rigorous** safety checks before it is put on sale.
새로 만들어진 약은 모두 판매에 들어가기 전에 엄격한 안전 검사를 통과해야 한다.

0875. rip

[rip]

v. 찢다 = **tear**

I **ripped** my skirt on a broken chair.
부서진 의자에 내 치마가 걸려 찢어졌다.

☐ revenge ☐ reverse ☐ revolutionary ☐ rigorous ☐ rip

0876. **ripe**
[raip]

ripen *v.* 익다, 익히다

a. 무르익은, 숙성된 = **mature** ↔ **unripe**

Don't pick the apples until they're really **ripe**.
사과가 다 익을 때까지 따지 마세요.

0877. **risk**
[risk]

risky *a.* 위험한

n. 위험 = **danger**, **hazard** *v.* 위험을 감수하다

A lot of children start smoking without realizing what the **risks** are.
많은 아이들이 흡연이 얼마나 위험한 줄 모른 채 흡연을 시작한다.

0878. **roast**
[roust]

v. 굽다, 구워지다 *n.* 구이

We had a hamburger **roast** at the beach on Sunday.
우리는 일요일에 해변에서 햄버거를 구워먹으며 놀았다.

0879. **robbery**
[rábəri / rɔ́b-]

rob *v.* 강도질하다
robber *n.* 강도

n. 강도질

He made two escape attempts while serving a sentence for armed **robbery**.
그는 무장 강도죄로 징역을 살던 중에 탈옥을 두 번 시도했다.

0880. **rookie**
[rúki]

n. 신참, 1년차 프로선수

Don't be too hard on the guy, he's just a **rookie**.
그 친구 너무 심하게 몰아세우지 마. 아직 풋내기니까.

0881. **routine**
[ruːtíːn]

n. 반복되는 일, 틀에 박힌 일 = **chore**

I was looking for a way out of the monotonous **routine** at the factory.
나는 단조로운 공장 일에서 벗어날 방법을 찾고 있었다.

☐ ripe ☐ risk ☐ roast ☐ robbery ☐ rookie ☐ routine

0882. sanction
[sǽŋkʃən]

n. 인허가 = **authorization**, 제재 = **penalty**
v. 허가하다 = **approve**, 제재하다

Gambling will not be **sanctioned** in any form.
도박은 어떤 형태로든 허가받지 못할 것이다.

0883. scale
[skeil]

n. 규모, 비율, 저울

Greg stood on the bathroom **scale** and looked in the mirror. 그렉은 화장실 저울에 올라서서 거울을 보았다.

0884. scatter
[skǽtər]

v. 뿌리다, 흩어지다 = **disperse**

Soldiers used tear gas to **scatter** the crowd.
군인들은 모여든 사람들을 해산시키려고 최루탄을 썼다.

0885. resume
[rézumèi]

n. 이력서 = **curriculum vitae**, 요약서 = **summary**

The long list of jobs on her **resume** suggests a lack of stability. 그녀의 이력서에 길게 나열된 직장들은 그녀가 꾸준히 일하지 못한다는 것을 보여준다.

0886. scheme
[ski:m]

n. 계획, 계략

I think he had a **scheme** to cheat the customer.
그는 고객에게 사기를 칠 계획을 세웠던 것 같다.

0887. scrupulous
[skrú:pjələs]

a. 신중한, 꼼꼼한 ↔ **unscrupulous**

Scrupulous cleanliness is necessary when preparing food in a restaurant. 식당에서 음식을 만들 때에는 청결에 세심한 주의를 기울이는 것이 필요하다.

☐ sanction ☐ scale ☐ scatter ☐ résumé ☐ scheme ☐ scrupulous

0888. **scrutiny**

[skrúːtəni]

scrutinize *v.* 조사하다

n. 정밀 조사, 검사 = **examination**, **inspection**

Airlines have increased their **scrutiny** of the size and amount of carry-on luggage. 항공사들이 비행기에 가지고 타는 짐의 크기와 양을 점점 더 세심히 검사하고 있다.

0889. **search**

[səːrtʃ]

v. 찾아다니다, 검색하다

I **searched** a few websites, but couldn't find the information I was looking for. 나는 몇몇 웹사이트를 검색해 보았지만 내가 찾던 정보를 구할 수가 없었다.

0890. **seasick**

[síːsìk]

a. 뱃멀미가 난

Hannah was **seasick** both ways on the trip by boat from Mokpo to Jeju-do.
한나는 목포와 제주도를 배를 타고 오갈 때 모두 뱃멀미를 앓았다.

TEPS tips carsick : 차멀미가 난

0891. **seasoning**

[síːzəniŋ]

n. 양념, 조미료 = **flavoring**

This spaghetti has no taste; add a little **seasoning.**
이 스파게티는 맛이 없어. 조미료를 조금 넣어.

0892. **second**

[sékənd]

v. 찬성하다, 재청하다

Frederick nominated him and the other committeemen **seconded** the nomination.
프레드릭이 그를 지명했고 나머지 위원들이 그 지명을 재청했다.

0893. **secondhand**

[sékəndhænd]

a. 중고의 = **used**, 간접적인, 전해들은

Max spent the whole afternoon looking around a **secondhand** book store.
맥스는 오후 내내 헌책방에서 책 구경을 했다.

☐ scrutiny ☐ search ☐ seasick ☐ seasoning ☐ second ☐ secondhand

0894. session
[séʃən]

n. 활동시간, 회기, (대학)학기

This course will only be offered during the fall **session.** 이 강좌는 가을 학기에만 실시될 것입니다.

0895. security
[sikjúəriti]

secure *v.* 확보하다 *a.* 안전한

n. 보안, 경비

Security has been increased at all airports in the wake of the terrorist attacks.
테러리스트에게 공격을 받은 뒤부터 모든 공항의 보안이 강화되었다.

0896. seemingly
[síːmiŋli]

seeming *a.* 외형상의

ad. 겉보기에는, 듣자 하니
= **apparently, allegedly**

There is **seemingly** nothing we can do to stop the plans from going ahead. 우리가 그 계획이 진행되는 것을 막기 위해 할 수 있는 일은 없는 것으로 보인다.

0897. self-esteem
[self istíːm]

n. 자부심, 자신을 아끼는 마음

Getting a job did a lot for her **self-esteem.**
취직을 한 것이 그녀의 자부심을 크게 키워 주었다.

0898. semiconductor
[sèmikəndʌ́ktər / sèmai-]

n. 반도체

The **semiconductor** industry lives – and dies – by a simple creed: smaller, faster and cheaper. 반도체 산업은 '더 작게, 더 빠르게, 더 싸게' 라는 단순한 신조에 살고 죽는다.

TEPS tips semi(절반) + **conductor**(전기 · 열을 전달하는 도체(導體)) ➜ 상황에 따라 전기 · 열을 전달하거나 하지 않는 반(半)도체

0899. senate
[sénət]

senator *n.* 상원 의원

n. (미)상원

Both the state **senate** and house of representatives have Republican majorities.
주 상원과 하원 모두 공화당이 다수를 차지하고 있다.

☐ session ☐ security ☐ seemingly ☐ self-esteem ☐ semiconductor ☐ senate ☐ serving

0900. **serving**
[sə́ːrviŋ]

n. 1인분 = **portion, helping**

The dish has about 250 calories per **serving.**
그 음식 1인분의 열량은 약 250칼로리이다.

Day 30   EXERCISE

A 영어는 우리말로, 우리말은 영어로 쓰시오.

1 reverse	__________	11 혁명적인	__________
2 rip	__________	12 무르익은	__________
3 risk	__________	13 굽다	__________
4 rookie	__________	14 반복되는 일	__________
5 scale	__________	15 뿌리다	__________
6 scheme	__________	16 신중한	__________
7 scrutiny	__________	17 검색하다	__________
8 seasoning	__________	18 찬성하다	__________
9 security	__________	19 자부심	__________
10 serving	__________	20 반도체	__________

B 빈칸에 알맞은 것을 보기에서 고르시오.

보 기   ⓐ rigorous   ⓑ resume   ⓒ curriculum   ⓓ revenge

1 The long list of jobs on her __________ suggests a lack of stability.

그녀의 이력서에 길게 나열된 직장들은 그녀가 꾸준히 일하지 못한다는 것을 보여준다.

2 The terrorist group is still looking to __________ itself on its attackers.

그 테러리스트 단체는 아직도 자기들을 공격한 자들에게 복수하려 하고 있다.

3 Every new drug has to pass a series of __________ safety checks before it is put on sale.

새로 만들어진 약은 모두 판매에 들어가기 전에 엄격한 안전 검사를 통과해야 한다.

정답 **A** 1. 뒤집다 2. 찢다 3. 위험 4. 신참 5. 규모 6. 계획 7. 정밀 조사 8. 양념 9. 보안 10. 1인분 11. revolutionary 12. ripe 13. roast 14. routine 15. scatter 16. scrupulous 17. search 18. second 19. self-esteem 20. semiconductor   **B** 1. ⓑ 2. ⓓ 3. ⓐ

Day31

월   일

0901. secure
[sikjúər]
security *n.* 보안

a. 안심한 ↔ **insecure**, 안전한 = **safe** *v.* 확보하다

Peter **secured** funds for the special education project.
피터는 특별 교육 사업을 위한 자금을 확보했다.

0902. severe
[sivíər]
severity *n.* 극심함, 악질

a. 극심한 = **harsh**, 악질의, 힘든 = **stiff**, 매정한 = **stern**

The organization has been the subject of **severe** criticism for the way it treated its staff. 그 단체는 직원들을 대우하는 방식 때문에 신랄한 비난의 대상이 되었다.

0903. shabby
[ʃǽbi]

a. 누더기가 된 = **ragged**, 허름한

John was standing in the doorway in his **shabby** blue suit.
존은 허름한 파란색 정장 차림으로 문가에 서 있었다.

0904. shallow
[ʃǽlou]

a. 얕은 ↔ **deep**, 얕팍한

The babies splashed around at the **shallow** end of the pool. 아기들이 얕은 수영장 가에서 물을 튀기며 놀았다.

0905. shareholder
[ʃέərhòuldər]

n. 주주(株主) = **stockholder**

Apple has confirmed that CEO Steve Jobs will miss Wednesday's annual **shareholder** meeting.
애플은 자사의 CEO인 스티브 잡스가 수요일에 예정된 연례 주주총회에 불참할 것이라고 발표했다.

☐ secure ☐ severe ☐ shabby ☐ shallow ☐ shareholder

0906. **shatter**
[ʃǽtər]

v. 산산조각 나다[내다] = **fragment**, **crush**

Don't try to drive nails into the bricks, they may **shatter.**
벽돌에 못을 박으려고 하지 마세요. 벽돌이 깨질지도 몰라요.

0907. **skip**
[skip]

v. 껑충 뛰다 = **spring**, 거르다

Skipping meals is not a good way to lose weight.
끼니를 거르는 것은 살을 빼는 데 좋은 방법이 아니다.

0908. **skirt**
[skə:rt]

v. 피하다, 비켜 가다 = **evade**

Hurricane Ben **skirted** the Florida coast before moving back out to sea.
허리케인 벤이 플로리다 해안을 비켜간 뒤에 도로 해상으로 물러났다.

0909. **slightly**
[sláitli]

ad. 조금, 약간 = **somewhat**

He stood for a moment, his body swaying **slightly.**
그는 잠시 몸을 조금 흔들거리며 서 있었다.

0910. **sneak**
[sni:k]

v. 살그머니 움직이다, 몰래 하다 = **steal**, **creep**

The thieves **sneaked** in while the guard had his back turned.
도둑들은 경비가 등을 돌리고 있는 사이에 몰래 들어왔다.

0911. **snowfall**
[snóufɔ:l]

n. 눈 내림, 강설량

There was very little **snowfall** last year.
작년에는 눈이 거의 내리지 않았다.

□ shatter　□ skip　□ skirt　□ slightly　□ sneak　□ snowfall

0912. **soar**
[sɔːr]

v. 치솟다, 급증하다
= **rocket, skyrocket** ↔ **plummet**

Real estate prices have been **soaring** in recent months. 최근 몇 달 사이에 부동산 가격이 폭등했다.

0913. **sociology**
[sòusiálədʒi / -ʃi- / -ɔ́l-]

sociologist *n.* 사회학자
sociological *a.* 사회학의

n. 사회학

The book is a fascinating combination of anthropology, history, **sociology,** and political science.
그 책은 인류학, 역사, 사회학, 정치학이 환상적으로 결합되어 있다.

0914. **rarely**
[réərli]

rare *a.* 드문

ad. 드물게, 좀처럼 ~않는 = **scarcely** ↔ **frequently**

Very **rarely** does she eat any kind of meat.
그녀는 어떤 종류의 고기도 좀처럼 먹지 않는다.

0915. **solicit**
[səlísit]

solicitor *n.* 외판원

v. (자금, 정보를) 요청하다, 외판 영업을 하다

Two households signed the contract when the cable company **solicited** them.
그 케이블 회사가 영업을 해서 두 가구가 케이블 계약을 맺었다.

0916. **unbeatable**
[ʌnbíːtəbəl]

a. 지지 않는 = **invincible, invulnerable,** 최고의

Now he seems nearly **unbeatable,** ready to turn pro immediately.
이제 그는 거의 무적처럼 보이며, 당장 프로로 전환해도 될 것 같다.

0917. **solid**
[sálid]

a. 고체의, 단단한 *n.* 고체

I was so seasick that it was a relief to be back on **solid** ground.
나는 뱃멀미를 너무 심하게 앓아서 단단한 땅을 다시 밟으니 무척 편했다.

☐ soar ☐ sociology ☐ rarely ☐ solicit ☐ unbeatable ☐ solid

0918. # sophisticated
[səfístəkèitid]

sophistication *n.* 세련, 정교함

a. 세련된 = **intricate, complicated**, 교양 있는

The play will appeal to a **sophisticated** audience.
그 연극은 교양 있는 관객에게 호소력이 있을 것이다.

0919. # sore
[sɔːr]

soreness *n.* 쓰림

n. 쓰린, 뻐근한

His eyes looked red and **sore**, as if he had been rubbing them.
그가 눈을 문질렀는지 눈이 벌겋고 쓰린 것처럼 보였다.

0920. # souvenir
[sùːvəníːr]

n. (여행) 기념품 = **memento**

I bought a little Eiffel Tower as a **souvenir** of Paris. 나는 파리 여행 기념으로 조그만 에펠탑을 샀다.

0921. # sovereign
[sávərin]

sovereignty *n.* 주권

a. 국가 주권의, 주권을 가진 = **autonomous**

The U.S. said it could not negotiate on behalf of other **sovereign** states.
미국 측은 다른 주권 국가를 대신해서 협상을 벌일 수는 없다고 말했다.

0922. # span
[spæn]

n. 기간, 범위, 폭

During a fifty-year **span**, the writer produced close to ninety novels.
그 작가는 50년이라는 기간 동안 약 90편의 소설을 집필했다.

0923. # steadfast
[stédfæst]

a. 확고한, 변치 않는 = **firm**

The defendant remained **steadfast** in his plea of innocence.
피고는 끝까지 자신이 무죄라는 주장을 굽히지 않았다.

☐ sophisticated　☐ sore　☐ souvenir　☐ sovereign　☐ span　☐ steadfast

0924. **steer**
[stiəːr]

v. 조종하다, 운전하다, ~로 가다

Steer slightly to the right as you enter the bend.
굽은길로 들어설 때는 약간 오른쪽으로 운전대를 돌려요.

0925. **stem**
[stem]

v. 유래하다 = **originate**

The building probably **stems** from the late fifth or early sixth century.
그 건물은 5세기 후반이나 6세기 초반에 지어졌을 것으로 추정된다.

0926. **sterilize**
[stérəlàiz]

sterile *a.* 소독된
sterilization *n.* 소독

v. 소독하다

Sterilize the needle in boiling water.
바늘을 끓는 물로 소독하시오.

0927. **stir**
[stəːr]

v. 휘젓다, 뒤척이다, 자극하다 = **stimulate**

Stir the paint to make sure that the colors are thoroughly mixed.
물감을 휘저어서 색이 완전히 섞이도록 하시오.

0928. **stopover**
[stapòuvəːr]

n. 잠시 들름, 경유 = **layover**

Type in your starting point and destination, then fill in the **stopovers** you want to make in between.
출발지와 목적지를 입력한 다음 그 사이에 들르기를 원하시면 표시하세요.

0929. **strain**
[strein]

n. 긴장, 부담 = **pressure**
v. 잡아당기다, (몸에) 무리를 주다

Lyon **strained** his right knee playing soccer.
라이언은 무리해서 축구를 하다 오른쪽 무릎을 다쳤다.

☐ steer ☐ stem ☐ sterilize ☐ stir ☐ stopover ☐ strain ☐ strategic

0930. **strategic**

[strətíːdʒik]

strategy *n.* 전략
strategically *ad.* 전략적으로

a. 전략적인

The two countries agreed to join together in a **strategic** alliance.
두 나라는 전략적인 연합을 맺어 협력하기로 합의했다.

Day 31   EXERCISE

A 영어는 우리말로, 우리말은 영어로 쓰시오.

1 severe	__________	11 허름한	__________
2 shallow	__________	12 산산조각 나다	__________
3 shareholder	__________	13 피하다	__________
4 slightly	__________	14 강설량	__________
5 soar	__________	15 사회학	__________
6 unbeatable	__________	16 고체	__________
7 sophisticated	__________	17 기념품	__________
8 span	__________	18 확고한	__________
9 steer	__________	19 소독하다	__________
10 stopover	__________	20 전략적인	__________

B 빈칸에 알맞은 것을 보기에서 고르시오.

보기 ⓐ Stir   ⓑ stems   ⓒ Skipping   ⓓ emerges

1 __________ meals is not a good way to lose weight.
끼니를 거르는 것은 살을 빼는 데 좋은 방법이 아니다.

2 The building probably __________ from the late fifth or early sixth century.
그 건물은 5세기 후반이나 6세기 초반에 지어졌을 것으로 추정된다.

3 __________ the paint to make sure that the colors are thoroughly mixed.
물감을 휘저어서 색이 완전히 섞이도록 하시오.

정답 **A** 1. 극심한 2. 얕은 3. 주주 4. 조금 5. 치솟다 6. 지지 않는 7. 세련된 8. 기간 9. 조종하다 10. 경유 11. shabby
12. shatter 13. skirt 14. snowfall 15. sociology 16. solid 17. souvenir 18. steadfast 19. sterilize 20. strategic
B 1. ⓒ 2. ⓑ 3. ⓐ

Day32

0931. **stray**
[strei]

v. 헤매다 = **wander, roam** a. 떠도는

Do women instinctively want to find a mate and never **stray**?
여자들은 본능적으로 짝을 찾아서 헤매지 않기를 원하는가?

0932. **streamline**
[stríːmlàin]

v. 유선형으로 만들다, 능률을 높이다, 간소화하다

Apple is going to **streamline** its operations and concentrate development efforts on the Internet and multimedia. 애플은 자사의 사업을 간소화하여 인터넷과 멀티미디어 관련 개발에 집중할 계획이다.

0933. **submit**
[səbmít]

submission n. 복종, 제출

v. 제출하다 = **hand in**,
　　복종하다 = **yield, give in to**

Applications for planning permission must be **submitted** before noon tomorrow.
기획 허가 신청서는 내일 정오 이전에 제출해야 합니다.

0934. **subscribe**
[səbskráib]

subscription n. 정기 구독

v. 정기 구독하다

I **subscribe** to a monthly magazine about skiing.
나는 스키를 다루는 월간 잡지를 정기구독한다.

0935. **subsidize**
[sʌ́bsidàiz]

subsidy n. 보조금

v. 보조금을 주다

Many companies **subsidize** meals for their workers.
많은 회사에서 직원들의 식사비를 보조해 준다.

☐ stray ☐ streamline ☐ submit ☐ subscribe ☐ subsidize

0936. **sudden**

[sʌ́dn]

suddenly *ad.* 갑자기

a. 갑작스러운, 난데없는 = **abrupt**

Depression is sometimes brought on by a **sudden** change in your life.
때때로 우울증은 생활에 갑작스러운 변화로 인해 발생하는 경우가 있다.

0937. **suffer**

[sʌ́fər]

v. 시달리다, 고통을 겪다

Children always **suffer** when their parents get divorced.   부모가 이혼하면 자녀는 반드시 고통을 겪는다.

0938. **suitable**

[súːtəbəl]

suitability *n.* 적절함
suit *v.* 적절하다

a. 적합한, 적절한
= **proper**, **appropriate** ↔ **unsuitable**

Applicants for the position must have **suitable** work experience.
그 일자리에 지원하는 사람은 합당한 근무 경력이 있어야 한다.

0939. **suite**

[swiːt]

n. 한 벌, 한 조, (호텔) 특별실

Valeri is staying in a **suite** on the fifth floor.
발레리는 5층의 특별실에 투숙하고 있다.

0940. **superior**

[səpíəriər / su-]

superiority *n.* 우월

a. 우월한 ↔ **inferior**

Our aim is to provide our clients with a **superior** service at all times.   우리의 목표는 고객 여러분에게 언제나 더 좋은 서비스를 제공하는 것입니다.

0941. **tear**

[tɛər]

v. 찢다 = **rip**, 부수다

Be careful, the paper **tears** easily.
조심해. 그 종이는 쉽게 찢어지니까.

☐ sudden ☐ suffer ☐ suitable ☐ suite ☐ superior ☐ tear

0942. **temperature**

[témpərətʃuəːr]

n. 온도, 체온

Temperatures in the south of the country reached 40 degrees centigrade.
그 나라의 남부 지방 기온이 섭씨 40도에 이르렀다.

0943. **temporary**

[témpərèri / -rəri]

temporarily *ad.* 임시로

a. 일시적인, 임시의 ↔ **permanent**

Temporary shelters were hastily constructed as the refugees started to pour in.
난민들이 쏟아져 들어오면서 임시 피난처가 급히 마련되었다.

0944. **term**

[təːrm]

n. 학기 = **semester**, 용어, 측면 = **aspect**, 조건

"Limited English Proficient" is a **term** used for students who can speak some English.
'제한된 수준의 영어 구사력을 지닌'이라는 용어는 영어를 조금 할 줄 아는 학생들에게 쓰인다.

0945. **territory**

[térətɔ̀ːri / -təri]

territorial *a.* 영토의

n. 영토, 영역

His plane was shot down over enemy **territory**.
그가 탄 비행기가 적국의 영공에서 격추당했다.

0946. **therapy**

[θérəpi]

therapist *n.* 치료사
therapeutic *a.* 요법의

n. 치료, 요법

A full recovery will require years of physical **therapy**.
완전히 회복되려면 몇 년에 걸쳐 물리 치료를 받아야 할 것이다.

0947. **threaten**

[θrétən]

threat *n.* 위협

v. 위협하다, ~할 위험성이 있다
= **menace, endanger, put at risk**

A severe drought is **threatening** the rice crop.
극심한 가뭄으로 쌀 수확량이 위태위태하다.

☐ temperature ☐ temporary ☐ term ☐ territory ☐ therapy ☐ threaten

0948. **thunder**
[θʌ́ndə:r]

n. 천둥

The **thunder** and lightning seemed to have moved away, but the rain continued to pour.
천둥 번개는 지나간 것 같았는데 비는 여전히 억수같이 쏟아졌다.

0949. **tidy**
[táidi]

a. 깔끔한, 정돈된 = **neat** ↔ **untidy**
v. 정돈하다 = **square away**

I was **tidying** up my desk when the phone rang.
내가 책상을 정리하고 있는데 전화가 왔다.

0950. **tie**
[tai]

n. 넥타이 *v.* 묶다

Do you know how to **tie** a bow tie?
나비넥타이 맬 줄 아세요?

TEPS tips **necktie**라는 말도 있기는 하나 아주 딱딱한 말이며, 대부분의 경우 **tie**를 쓴다.

0951. **timid**
[tímid]

timidity *n.* 소심함

a. 소심한, 자신 없는 = **shy** ↔ **confident**

Decker knew that the senior officer was wrong, but was too **timid** to tell him. 데커는 그 고위급 간부가 틀렸다는 것을 알고 있었지만 소심해서 말해주지 못했다.

0952. **torment**
[tɔ́:rment]

n. 괴로움 = **anguish**, **torture**
v. 괴롭히다 = **plague**

Jealousy, fear, and suspicion **tormented** Harris.
질투와 두려움, 의심이 해리스를 괴롭혔다.

0953. **trailer**
[tréilə:r]

n. 예고편, 트레일러 (차), 이동 주택

I want to be at the movies in time for the **trailers.**
나는 영화관에 일찍 가서 예고편을 보고 싶다.

□ thunder □ tidy □ tie □ timid □ torment □ trailer

0954. transaction
[trænzǽkʃən]

n. 거래, 매매 = **deal**, 집행

Most **transactions** are processed by computer at our Head Office.
우리 본사에서는 대부분의 매매가 컴퓨터로 처리된다.

0955. transform
[trænsfɔ́ːrm]
transformation *n.* 변형

v. 변형하다, 완전히 바꾸다 = **convert**

Well, you've certainly **transformed** this place – it looks great!
야, 너 여기를 정말 완전히 바꿔 놓았구나. 멋진데!

0956. transition
[trænzíʃən]
transitional *a.* 전환기의

n. 전환(기)

It's difficult for someone who's been a stage actor to make the **transition** to television.
연극배우로 활동했던 사람이 텔레비전 연기자로 전환하기는 어렵다.

0957. transmit
[trænsmít / trænz-]
transmission *n.* 전송

v. 전송하다, 옮기다, 전이시키다 = **transfer**

Malaria is **transmitted** to humans by mosquitoes.
말라리아는 모기를 통해 인간에게 전염된다.

0958. transparent
[trænspέərənt]
transparency *n.* 투명

a. 투명한, 다 들여다보이는 ↔ **opaque**, 명백한 = **obvious**

The box has a **transparent** plastic lid so you can see what's inside.
그 상자는 투명 플라스틱 뚜껑이 있어서 안에 뭐가 있는지 보인다.

0959. travel
[trǽvəl]

n. 여행 *v.* 여행하다, 이동하다

Do you have to **travel** a lot in your new job?
새로 취직한 직장은 많이 돌아다녀야 하는 일인가요?

☐ transaction ☐ transform ☐ transition ☐ transmit ☐ transparent ☐ travel ☐ trial

0960. **trial**

[tráiəl]

n. 시도 = **attempt**, 재판

McCain faces **trial** later in the year on corruption and perjury charges. 매케인은 부정 행위와 위증 혐의로 올해 안에 조만간 재판을 받아야 한다.

Day 32 — EXERCISE

A 영어는 우리말로, 우리말은 영어로 쓰시오.

1	stray		11	정기 구독하다	
2	sudden		12	시달리다	
3	temporary		13	우월한	
4	tear		14	온도	
5	term		15	영토	
6	therapy		16	위협하다	
7	thunder		17	깔끔한	
8	timid		18	예고편	
9	transform		19	전환(기)	
10	transmit		20	시도	

B 빈칸에 알맞은 것을 보기에서 고르시오.

보 기   ⓐ submitted   ⓑ suitable   ⓒ yielded   ⓓ streamline

1 Applicants for the position must have __________ work experience.
그 일자리에 지원하는 사람은 합당한 근무 경력이 있어야 한다.

2 Applications for planning permission must be __________ before noon tomorrow.
기획 허가 신청서는 내일 정오 이전에 제출해야 합니다.

3 Apple is going to __________ its operations and concentrate development efforts on the Internet and multimedia.
애플은 자사의 사업을 간소화하여 인터넷과 멀티미디어 관련 개발에 집중할 계획이다.

정답 **A** 1. 헤매다 2. 갑작스러운 3. 일시적인 4. 찢다 5. 학기 6. 치료 7. 천둥 8. 소심한 9. 변형하다 10. 전송하다
11. subscribe 12. suffer 13. superior 14. temperature 15. territory 16. threaten 17. tidy 18. trailer 19. transition
20. trial **B** 1. ⓑ 2. ⓐ 3. ⓓ

Day33

월   일

0961. trip

[trip]

v. 발이 걸리다, 걸려 넘어지다 = **stumble**

Owen was **tripped** by Beckam near the goal.
오웬은 골대 근처에서 베컴에게 발이 걸려 넘어졌다.

0962. turbulence

[tə́:rbjələns]

turbulent *a.* 혼란스러운

n. 난기류, 혼란 = **turmoil**

The plane encountered severe **turbulence** during the flight. 비행기가 비행 중에 심한 난기류를 만났다.

0963. ultimate

[ʌ́ltəmit]

ultimately *ad.* 궁극적으로

a. 궁극의 = **final**, 기본적인 = **fundamental**

Ultimate responsibility lies with the President.
최종 책임은 대통령에게 있다.

0964. unanimous

[juːnǽnəməs]

unanimously *ad.* 만장일치로
unanimity *n.* 만장일치

a. 만장일치의, 의견이 일치한

Many party members agreed with their leader, but they certainly weren't **unanimous.**
많은 당원들이 당수에게 동의했지만 분명 만장일치는 아니었다.

0965. uncover

[ʌnkʌ́vər]

v. 찾아내다 = **detect**, 덮개를 벗기다

A search of their luggage **uncovered** two pistols.
그들의 짐을 수색해 보니 권총 두 자루가 나왔다.

☐ trip ☐ turbulence ☐ ultimate ☐ unanimous ☐ uncover

0966. undergo
[ʌ̀ndərgóu]

v. 겪다 = **experience**, **go through**

He has **undergone** tremendous emotional problems following the breakdown of his marriage.
그는 결혼에 실패한 뒤에 엄청난 정신적 문제에 시달렸다.

0967. undertake
[ʌ̀ndərtéik]

undertaker *n.* 장의사

v. 맡다, 착수하다, 약속하다

Two new studies have been **undertaken** to determine the effects of the chemicals.
그 화학물질의 효과를 규명하기 위해 두 가지 연구가 새로 시작되었다.

0968. unemployed
[ʌ̀nimplɔ́id]

unemployment *n.* 실업

a. 실업 상태인, 일이 없는 = **jobless**

There is no evidence that the **unemployed** are being pushed to crime by the deteriorating economic conditions. 실업자들이 악화되는 경제 상황에 몰려 범죄를 저지르고 있다는 증거는 없다.

0969. unique
[juːníːk]

uniqueness *n.* 고유성

a. 고유의, 독특한 = **extraordinary**

It was a **unique** achievement—no one has ever won the championship five times before. 그것은 독보적인 위업이었다. 아무도 챔피언을 다섯 번 차지한 적이 없었다.

0970. unless
[ənlés]

con. ~하지 않는다면

Unless the weather improves, we will have to cancel the game.
날씨가 좋아지지 않으면 경기를 취소해야 할 것이다.

0971. unprecedented
[ʌnprésidèntid]

a. 전례 없는, 지금껏 알려지지 않은

An **unprecedented** boom in tourism brought sudden prosperity to the town.
그 도시에 사상 처음으로 관광 붐이 일어나 도시가 갑작스레 번창했다.
TEPS tips precedent *n.* 전례

☐ undergo ☐ undertake ☐ unemployed ☐ unique ☐ unless ☐ unprecedented

0972. pretentious

[priténʃəs]

pretend *v.* 가장하다
pretense *n.* 가식

a. 가식적인, ~인 척하는 ↔ **unpretentious**

He has a **pretentious** style of writing, using four very difficult words where one simple one would do. 그의 문체는 가식적으로서, 쉬운 단어 하나면 될 것을 엄청 어려운 단어 네 개를 쓴다.

0973. unusual

[ʌnjúːʒuəl / -ʒwəl]

a. 특이한, 좀처럼 없는
= **extraordinary, eccentric** ↔ **usual**

Alan's work shows **unusual** talent and originality.
앨런의 작품은 독특한 재능과 독창성을 보여준다.

0974. uphold

[ʌdphóuld]

v. 뒷받침하다 = **sustain**, (판결을) 확정하다

The court's decision **upheld** state laws prohibiting doctor-assisted suicide.
법원의 판결은 의사의 도움을 받는 자살을 금지하는 주법을 지지했다.

0975. upright

[ʌ́pràit]

a. 곧은, 허리를 쭉 편, 수직의 = **vertical**

The roof of the cave was so low he couldn't stand **upright.** 동굴의 천장이 너무 낮아서 그는 똑바로 서 있지 못했다.

0976. upset

[ʌpsét]

v. 언짢게 하다 = **distress**, 망치다 = **ruin**, 엎다 = **overturn**

Don't be **upset.** I'm sure she didn't mean to be unkind.
기분 나빠하지 마. 그녀가 무례하게 굴 생각은 분명 없었을 거야.

0977. urge

[əːrdʒ]

v. 강력히 권하다 *n.* 욕망, 충동

Police are **urging** drivers not to come into Seoul this weekend. 경찰은 이번 주말에는 서울에 승용차를 몰고 오지 말라고 권하고 있다.

☐ pretentious ☐ unusual ☐ uphold ☐ upright ☐ upset ☐ urge

0978.

whole
[houl]

wholly *ad.* 전체적으로

n. 전체 *a.* 전체의, 완전한 = **entire**

I didn't see her again for a **whole** year.
나는 일 년 내내 그녀를 다시 보지 못했다.

0979.

useful
[júːsfəl]

usefulness *n.* 유용성

a. 유용한, 쓸모 있는 ↔ **useless**

Investigators have not found any **useful** clues in the case.
수사관들은 그 사건 해결에 유용한 단서를 발견하지 못했다.

0980.

utensil
[juːténsəl]

n. 가정용품

We packed a few essential cooking **utensils** such as pots and a can opener for our camping trip.
우리는 냄비랑 병따개 등 캠핑 가서 쓸 필수적인 조리 기구 몇 가지를 챙겼다.

0981.

utility
[juːtíləti]

n. (전기, 가스 등) 공공 서비스, 유용성

Demonstrations allow customers to get an immediate idea of a product's **utility.**
사용법을 시연해 주면 고객이 제품의 유용성을 즉시 이해할 수 있게 된다.

0982.

valid
[vǽlid]

validity *n.* 유효성

a. 유효한, 타당한 ↔ **invalid**

The tourist visa is **valid** for three months.
그 관광 비자의 유효 기간은 3개월이다.

0983.

verdict
[vɚ́ːrdikt]

n. 평결

It took the jury 24 hours of deliberations to reach their **verdict.**
배심원이 평결을 내리기 위해 심의하는 데 24시간이 걸렸다.

TEPS tips verdict : 배심원(**jury**)이 내놓는 평결 / judgment : 판사(**judge**)가 하는 판결

☐ whole ☐ useful ☐ utensil ☐ utility ☐ valid ☐ verdict

0984. verify
[vérəfài]

verification *n.* 입증
verifiable *a.* 입증 가능한

v. 확인하다, 입증하다 = **confirm**

Doctors have **verified** that the injury was indeed work-related.
의사들은 그 부상이 사실 업무상 발생한 것임을 입증했다.

0985. victim
[víktim]

victimize *v.* 희생시키다

n. 희생자, 사상자 = **casualty**

Heart attack **victims** stand a better chance if they are treated immediately.
심근 경색이 발생한 사람은 즉시 치료를 받으면 살 가능성이 더 높다.

0986. ward
[wɔːrd]

n. 병동 *v.* 피하다, 막다 = **fend off**

I **warded** off a cold by staying in bed.
나는 침대에 누워만 있으면서 감기를 피했다.

0987. warfare
[wɔ́ːrfɛ̀ər]

n. 전쟁

It is said that there is a secret underground chemical **warfare** plant somewhere around here.
이 근처 어딘가에 비밀 지하 화학전 시설이 있다는 이야기가 들린다.

0988. warrant
[wɔ́(ː)rənt / wár-]

n. 보증, 영장

A **warrant** has been issued for the arrest of a suspected terrorist.
한 테러리스트 용의자의 체포 영장이 발부되었다.

TEPS tips warranty *n.* 품질 보증서

0989. waste
[weist]

v. 낭비하다 *n.* 폐기물, 배설물

It's a good idea to recycle household **waste.**
가정에서 발생하는 쓰레기를 재활용하는 것은 좋은 생각이다.

☐ verify ☐ victim ☐ ward ☐ warfare ☐ warrant ☐ waste ☐ waterproof

0990. **waterproof**

[wɔ́ːtəːrprùːf]

a. 방수인, 물이 안 새는

A warm, **waterproof** jacket is the first thing you need for mountain walking.
따뜻한 방수 재킷은 등산을 갈 때 가장 먼저 챙겨야 하는 물건이다.

Day 33　　EXERCISE

A 영어는 우리말로, 우리말은 영어로 쓰시오.

1 turbulence	__________	11 궁극의	__________
2 unanimous	__________	12 찾아내다	__________
3 undergo	__________	13 맡다	__________
4 unemployed	__________	14 고유의	__________
5 unusual	__________	15 뒷받침하다	__________
6 upright	__________	16 전체	__________
7 useful	__________	17 가정용품	__________
8 valid	__________	18 확인하다	__________
9 victim	__________	19 병동	__________
10 warfare	__________	20 낭비하다	__________

B 빈칸에 알맞은 것을 보기에서 고르시오.

보기　ⓐ verdict　ⓑ sumptuous　ⓒ warrant　ⓓ pretentious

1 A __________ has been issued for the arrest of a suspected terrorist.
한 테러리스트 용의자의 체포 영장이 발부되었다.

2 It took the jury 24 hours of deliberations to reach their __________ .
배심원이 평결을 내리기 위해 심의하는 데 24시간이 걸렸다.

3 He has a __________ style of writing, using four very difficult words where one simple one would do.
그의 문체는 가식적으로서, 쉬운 단어 하나면 될 것을 엄청 어려운 단어 네 개를 쓴다.

정답　**A** 1. 난기류　2. 만장일치의　3. 겪다　4. 실업 상태인　5. 특이한　6. 곧은　7. 유용한　8. 유효한　9. 희생자　10. 전쟁　11. ultimate　12. uncover　13. undertake　14. unique　15. uphold　16. whole　17. utensil　18. verify　19. ward　20. waste　**B** 1. ⓒ　2. ⓐ　3. ⓓ

Advanced Stage

Day 34 ~ Day 51

Day34

월   일

0991. weigh
[wei]
weight *n.* 무게

v. 무게를 재다, 무게가 ~이다,
신중히 고려하다 = **contemplate**

Weigh all the ingredients carefully before mixing them together.
모든 재료의 무게를 정확히 잰 다음 함께 섞으시오.

0992. urgent
[ə́ːrdʒənt]
urge *n.* 충동
urgency *n.* 긴급

a. 긴급한, 다급한 = **pressing**

An international effort is required to cope with the **urgent** needs of the earthquake victims.
지진으로 피해를 입은 사람들에게 하루빨리 도움을 줄 수 있도록 국제사회가 노력해야 한다.

0993. widespread
[wáidspred]

a. 광범위한, 넓은 지역의

Ethiopia was suffering **widespread** famine and disease. 이디오피아는 광범위한 기근과 질병에 시달리고 있었다.

0994. wing
[wiŋ]

n. 부속건물, 당파

The racist right **wing** staged their biggest demonstration yet in the square.
인종차별주의적인 우익 단체가 광장에서 사상 최대 규모의 시위를 벌였다.

0995. wire
[waiə:r]

v. 전보로 알리다, 배선 작업을 하다 *n.* 전신, 철사

The electrician is coming to **wire** the house tomorrow.
전기 기사가 내일 와서 집의 배선 작업을 할 것이다.

□ weigh □ urgent □ widespread □ wing □ wire

0996. constipation

[kὰnstəpéiʃən / kɔ̀n-]

constipated *a.* 변비에 걸린

n. 변비

He suffers from **constipation,** because he eats too much bread and meat, but he doesn't eat fruit.
그가 변비를 앓는 것은 빵과 고기를 너무 많이 먹고 과일을 먹지 않기 때문이다.

0997. consulate

[kánsəlit / kɔ́nsjul-]

consul *n.* 영사

n. 영사관

Some people were protesting outside the U.S. **consulate.**
몇몇 사람들이 미국 영사관 앞에서 항의시위를 벌이고 있었다.

0998. contagious

[kəntéidʒəs]

contagion *n.* 전염

a. 전염되는

Chicken pox is a highly **contagious** disease.
수두는 전염성이 아주 높은 질병이다.

0999. contaminate

[kəntǽmənèit]

contamination *n.* 오염

v. 오염시키다 = **pollute**

Lead in plumbing can **contaminate** drinking water.
수도관에 들어 있는 납이 식수를 오염시킬 수 있다.

1000. contemplate

[kántəmplèit]

contemplation *n.* 심사숙고
contemplative *a.* 신중한

v. 신중히 생각하다, 고려하다 = **consider, ponder**

A spokeswoman denied that job losses were being **contemplated.**
대변인은 직원 해고를 고려하고 있다는 것을 부인했다.

1001. token

[tóukən]

n. 화폐 대용, 증거, 표시 = **expression, mark**

As a **token** of our gratitude for all that you have done, we would like you to accept this small gift.
그 동안 선생님께서 해 주신 모든 일들에 대한 감사의 표시로 이 약소한 선물을 받아 주셨으면 합니다.

□ constipation □ consulate □ contagious □ contaminate □ contemplate □ token

Advanced Stage

1002. **nasty**
[nǽsti / náːs-]

a. 불쾌한, 역겨운 = **offensive**, **disgusting**

A few days later, Timothy had a **nasty** case of poison oak. 며칠 뒤 티모시는 피부에 옻이 심하게 올랐다.

1003. **plea**
[pliː]

plead *v.* 주장하다, 간청하다

n. (유무죄) 주장, 간청

A homeless mother of six made a tearful **plea** for a home for her family. 여섯 자녀를 둔 집 없는 어머니가 가족이 살 집을 마련해 달라고 눈물을 흘리며 간청했다.

1004. **sober**
[sóubəːr]

a. 술에 취하지 않은 ↔ **drunk**, 진지한 = **serious**

I'll drive you home – I think I'm the only one here that's **sober.** 내가 집까지 태워다 줄게. 여기서 술에 안 취한 사람은 나밖에 없는 것 같아.

1005. **cosmetic**
[kazmétik / kɔz-]

cosmetics *n.* 화장품

a. 겉모습의 = **superficial**, 성형의 = **plastic**

80% of women who have surgery to enlarge their breasts do it for **cosmetic** reasons. 유방 확대 수술을 받는 여자들 중 80%가 성형상의 이유로 그 수술을 받는다.

1006. **mandate**
[mǽndeit]

mandatory *a.* 의무적인

n. 임기, 권한 *v.* 규정하다, 권한을 부여하다

The topic being debated was whether a doctor is **mandated** to stop life-sustaining treatment at the patient's request. 논의되고 있던 주제는 의사가 환자의 요청이 있을 경우 생명을 유지하는 치료를 중단할 권한이 있느냐는 것이었다.

1007. **overtake**
[òuvərtéik]

v. ~보다 앞서다, 추월하다 = **pass**, **outstrip**

Before you start to **overtake,** make sure the road is clear ahead of you.
추월을 시작하기 전에 맞은편에서 오는 차가 없는지 확인하시오.

□ nasty □ plea □ sober □ cosmetic □ mandate □ overtake

1008. blossom
[blásəm / blɔ́s-]

n. v. 꽃(피다) = **bloom**, 더 좋아지다

Pete has really **blossomed** in his new school.
피트는 전학 간 학교에서 전보다 정말 많이 좋아졌다.

1009. prosperous
[práspərəs / prɔ́s-]

prosper *v.* 번창하다
prosperity *n.* 번영

a. 번창하는, 성공한 = **affluent**

It is the middle class that can truly make a nation **prosperous** and strong. 한 나라를 진정으로 번창하게 하고 강하게 만들 수 있는 것은 중산층이다.

1010. relax
[riláeks]

relaxation *n.* 휴식

v. 쉬다, 긴장을 풀다 = **calm down**

Will you just sit down and **relax** for five minutes!
제발 5분만 앉아서 진정 좀 해!

1011. intersection
[ìntərsékʃən]

n. 교차로

This **intersection** is one of the busiest in the city.
이 교차로가 이 도시에서 가장 붐비는 곳 중 하나이다.

1012. insider
[ìnsáidər]

n. 조직의 내부인 ↔ **outsider**

Insiders have been predicting that the company would be involved in a takeover bid for some time. 회사 내부 인사들은 그 회사가 당분간 인수 입찰 대상이 될 것이라고 예측하고 있다.

1013. runway
[rʌ́nwèi]

n. 활주로, 패션쇼 무대 = **catwalk**

A jetliner taxied down the **runway** and took off.
제트 여객기가 활주로를 질주하다가 이륙했다.

☐ blossom ☐ prosperous ☐ relax ☐ intersection ☐ insider ☐ runway

1014. condominium
[kàndəmíniəm / kɔ̀n-]

n. 콘도 (건물 또는 하나의 호수), 아파트 = **condo**

They rent out their **condominium** to skiers during the winter.
그들은 겨울 동안 스키 타러 오는 사람들에게 콘도를 빌려준다.

1015. dental
[déntl]

dentist *n.* 치과의사

n. 치아의, 치과의

Dental problems increase alarmingly with age.
나이가 들면서 치아에 발생하는 문제가 엄청나게 늘어난다.

1016. freelance
[frí:læns / -là:ns]

freelancer *n.* 자유직 종사자

a. 소속 없이 일하는, 자유직의
n. 자유직 종사자 = **freelancer**

Ronnie trying to earn a living as a **freelance** photographer.
로니는 프리랜서 사진작가로 생계를 유지하려 애쓰고 있다.

1017. limousine
[líməzì:n]

n. 공항 셔틀버스, 대형 고급 승용차 = **limo**

By the time he reached the Embassy, the **limousine** had arrived at its front steps.
그가 대사관에 도착하자 리무진이 대사관 앞 계단에 주차되어 있었다.

1018. outlook
[áutlùk]

n. 전망 = **prospect**, 관점, 태도 = **attitude**

After a good vacation, you'll have a completely different **outlook**.
휴가를 잘 보내고 나면 세상을 보는 눈이 완전히 달라질 것이다.

1019. naughty
[nɔ́:ti / ná:ti]

a. 버릇없는, 짓궂은 = **risque**

I don't believe in hitting children, no matter how **naughty** they've been.
나는 아이들이 아무리 버릇없게 굴더라도 아이를 때리는 것에는 반대한다.

☐ condominium ☐ dental ☐ freelance ☐ limousine ☐ outlook ☐ naughty ☐ passive

1020. **passive**

[pǽsiv]

passivity *n.* 수동성
impassive *a.* 무심한

a. 수동적인, 소극적인 ↔ **active**

The story's main female character is shown as an attractive but rather **passive** woman. 그 이야기의 주인공 여자는 매력적이지만 다소 수동적인 여인으로 등장한다.

TEPS tips passive smoking = secondhand smoking 〈미국영어〉

Day 34 EXERCISE

A 영어는 우리말로, 우리말은 영어로 쓰시오.

1 weigh ___________
2 urgent ___________
3 consulate ___________
4 contemplate ___________
5 sober ___________
6 mandate ___________
7 prosperous ___________
8 dental ___________
9 outlook ___________
10 naughty ___________

11 광범위한 ___________
12 변비 ___________
13 오염시키다 ___________
14 불쾌한 ___________
15 겉모습의 ___________
16 꽃(피다) ___________
17 긴장을 풀다 ___________
18 교차로 ___________
19 활주로 ___________
20 수동적인 ___________

B 빈칸에 알맞은 것을 보기에서 고르시오.

보기　ⓐ token　ⓑ overtake　ⓒ talisman　ⓓ wing

1 Before you start to ___________ , make sure the road is clear ahead of you.
추월을 시작하기 전에 맞은편에서 오는 차가 없는지 확인하시오.

2 As a(n) ___________ of our gratitude for all that you have done, we would like you to accept this small gift.
그 동안 선생님께서 해 주신 모든 일들에 대한 감사의 표시로 이 약소한 선물을 받아 주셨으면 합니다.

3 The racist right ___________ staged their biggest demonstration yet in the square.
인종차별주의적인 우익 단체가 광장에서 사상 최대 규모의 시위를 벌였다.

정답　A 1. 무게를 재다　2. 긴급한　3. 영사관　4. 신중히 생각하다　5. 술에 취하지 않은　6. 임기　7. 번창하는　8. 치과의　9. 전망
10. 버릇없는　11. widespread　12. constipation　13. contaminate　14. nasty　15. cosmetic　16. blossom　17. relax
18. intersection　19. runway　20. passive　B 1. ⓑ　2. ⓐ　3. ⓓ

Day35

월 일

1021. manifest

[mǽnəfèst]

manifestation *n.* 증명

v. 증명하다 = **demonstrate**, 보이다 = **appear**

Mountain sickness is usually **manifested** as headache and tiredness.
고산병의 증상으로 흔히 나타나는 것은 두통과 피로감이다.

1022. cue

[kjuː]

n. 신호, 큐 사인 = **signal** *v.* 신호를 주다

I was late for the meeting and my friend **cued** me in on what was already said.
내가 회의에 늦게 들어와서 친구가 그때까지 회의 내용을 알려 주었다.

1023. neighboring

[néibəriŋ]

a. 이웃해 있는, 바로 옆에 있는 = **nearby**

I really hope that the conflict would not spread to **neighboring** countries.
나는 그 분쟁이 이웃 나라로 번지지 않기를 진심으로 바란다.

1024. intolerable

[intάlərəbəl / -tɔ́l-]

intolerably *ad.* 못 견딜 만큼
intolerant *a.* 참을성이 없는
tolerate *v.* 견디다

a. 견딜 수 없는, 참기 힘든 = **unbearable**

All the media attention during the trial had put the family under **intolerable** strain.
재판이 진행되는 동안 언론이 그 가족에게 보인 관심은 그들에게 견디기 힘든 부담이었다.

1025. allege

[əlédʒ]

allegation *n.* 혐의
allegedly *ad.* 들리는 말로는

v. (근거 없이) 주장하다, 혐의를 씌우다 = **accuse**

Taylor is **alleged** to have used public money to buy expensive presents for her friends.
테일러는 공금을 사용하여 친구들에게 값비싼 선물을 사 주었다는 의혹을 받고 있다.

☐ manifest ☐ cue ☐ neighboring ☐ intolerable ☐ allege

1026. **nutrition**

[njuːtríʃən]

nutritional *a.* 영양의
nutritious *a.* 영양 많은
nutrient *n.* 영양분

n. 영양, 영양 공급

Women tend to be more conscious of good **nutrition** than men.
여자가 남자보다 충분한 영양 공급을 더 많이 의식하는 경향이 있다.

1027. **momentary**

[móuməntèri / -təri]

momentarily *ad.* 잠시

a. 잠깐 동안의, 한 순간의 = **brief**

Davis was surprised into a **momentary** silence.
데이비스는 놀란 나머지 잠깐 말을 못 했다.

1028. **hospitable**

[háspitəbəl / hɔ-]

hospitality *n.* 환대, 접대

a. 대접을 잘 하는, 다정히 맞이하는
= **welcoming** ↔ **inhospitable**

Most of the people I met in Vietnam were very **hospitable** and kind. 내가 베트남에서 만났던 사람들 대부분은 매우 친절했고 극진한 대접을 해 주었다.

1029. **quicken**

[kwíkən]

v. 빨라지다, 빠르게 하다, 활발해지다

He **quickened** his pace to try and intercept her.
그는 그녀를 앞질러 가려고 발걸음을 재촉했다.

1030. **temptation**

[temptéiʃən]

tempt *v.* 유혹하다

n. 유혹 = **enticement**

I finally gave in to **temptation** and ate a huge piece of cheesecake. 나는 결국 유혹을 이기지 못하고 커다란 치즈케이크 한 조각을 먹어 버렸다.

1031. **modernize**

[mádəːrnàiz / mɔ́d-]

modernization *n.* 현대화

v. 현대화하다, 갱신하다 = **update**

Any money raised will be used to **modernize** classrooms.
모금된 돈 전액은 교실을 현대화하는 데 사용될 것이다.

☐ nutrition ☐ momentary ☐ hospitable ☐ quicken ☐ temptation ☐ modernize

1032. **spokesperson**

[spoukspə̀ːrsən]

n. 대변인

A **spokesperson** for the company read to waiting reporters from a prepared statement. 그 회사의 대변인이 미리 준비한 성명서를 기다리고 있던 기자들 앞에서 읽었다.

1033. **multiple**

[mʌ́ltəpəl]

a. 많은, 다수의

He underwent surgery for **multiple** gunshot wounds.
그는 여러 발의 총상을 입어서 수술을 받았다.

1034. **audit**

[ɔ́ːdit]

auditor *n.* 감사원

n. 회계 감사, 검사 *v.* 회계 감사를 하다

The fund is **audited** annually by an accountant.
그 자금은 매년 회계사의 감사를 받는다.

1035. **flyer**

[fláiəːr]

n. 전단지, 광고지 = **bill**, **leaflet**,
　비행기 승객 = **flier**

Someone is handing people promotional **flyers** in front of a new pizzeria.
새로 생긴 피자집 앞에서 어떤 사람이 홍보 전단지를 나눠 주고 있다.

1036. **guideline**

[gáidlàin]

n. 지침, 정책 = **policy**

Here is a **guideline** for the breastfeeding mother.
이것은 모유를 먹이는 어머니를 위한 지침이다.

1037. **certification**

[sə́ːrtəfikéiʃən]

certify *v.* 증명하다
certificate *n.* 증명서, 합격증

n. 증명, 자격증

Additional funds are needed for training and **certification** of healthcare workers.
보건직 종사자의 교육과 자격 부여에 더 많은 자금이 요구된다.

□ spokesperson □ multiple □ audit □ flyer □ guideline □ certification

1038. embassy
[émbəsi]

n. 대사관

The Korean **Embassy** employs 50 local people in administrative positions.
한국 대사관이 행정직에 현지인 50명을 모집합니다.

1039. tenant
[ténənt]

n. 세입자 ↔ **landlord**

Tenants are not allowed to keep pets.
세입자는 애완동물을 기를 수 없습니다.

1040. breakthrough
[bréikθrù:]

n. 획기적인 발전, 돌파구

Negotiators have made a **breakthrough** on the most difficult issue of employment security.
협상 당사자들은 가장 어려운 문제였던 고용 보장과 관련하여 돌파구를 만들어 냈다.

1041. conditional
[kəndíʃənəl]

condition *n.* 조건

a. 조건이 붙은, 조건부의 ↔ **unconditional**

He was released on **conditional** bail pending committal proceedings.
그는 수감 절차가 진행되기 전까지 조건부 보석을 받아 석방되었다.

1042. console
[kənsóul]

consolation *n.* 위로

v. 위로하다 = **comfort** *n.* 제어장치, 콘솔

Larry **consoled** himself with the thought that at least he had done his best.
래리는 적어도 자기는 최선을 다 했다고 생각하며 스스로를 위로했다.

1043. imbalance
[imbǽləns]

n. 불균형 ↔ **balance**

At the higher levels of management, there's definitely a gender **imbalance.**
경영진의 고위직으로 올라갈수록 남녀 성비의 불균형이 뚜렷해진다.

☐ embassy ☐ tenant ☐ breakthrough ☐ conditional ☐ console ☐ imbalance

1044. circuit
[sə́:*r*kit]

n. 순회, 한 바퀴 돎, 회로

The trial made legal history when child witnesses gave evidence using closed-**circuit** TV cameras.
그 재판은 어린이 증인들이 폐쇄회로 TV 카메라를 통해 증언을 하면서 법 조계의 역사에 한 획을 그었다.

1045. presume
[prizú:m]

presumption *n.* 추정

v. 짐작하다, 추정하다 = **assume**

Many scientists **presumed** the new damage to the forests to be the result of higher levels of pollution. 많은 과학자들은 그 숲이 최근에 입은 피해가 공해가 더 심해져서 생긴 결과라고 추정했다.

1046. outrage
[áutrèidʒ]

outrageous *a.* 황당한, 충격적인

n. 격분, 횡포, 참사 = **atrocity**

Any attempts to lessen his prison sentence will cause public **outrage.**
그의 징역 형량을 줄여 주려고 했다가는 국민들의 분노를 살 것이다.

1047. standstill
[stǽndstìl]

n. 마비, 중단 = **halt**

If the electric power could be cut, industry everywhere would be brought to a **standstill.**
전력이 끊기기라도 한다면 전역의 산업 시설이 마비될 것이다.

1048. straightforward
[strèitfɔ́:*r*wə:rd]

straightforwardness *n.* 쉬움, 솔직함

a. 쉬운, 솔직한 = **candid, frank**

It is very **straightforward**–you just type the file name, then press 'Enter'.
아주 간단합니다. 파일명을 입력하고 '엔터'만 치세요.

1049. aim
[eim]

n. 목표 = **goal, object** *v.* 겨누다, 목표로 삼다

Which part of the target were you **aiming** at?
너는 과녁의 어느 부분을 겨누고 있었니?

☐ circuit ☐ presume ☐ outrage ☐ standstill ☐ straightforward ☐ aim ☐ fruitful

1050. **fruitful**
[frúːtfəl]

a. 결실을 맺는, 성과가 있는
= **productive** ↔ **fruitless**

If the talks prove **fruitful,** the working groups will start bargaining in May.
회담이 성과를 거둔다면 실무진은 5월에 협상을 시작할 것이다.

Day 35 — EXERCISE

A 영어는 우리말로, 우리말은 영어로 쓰시오.

1	manifest	11	견딜 수 없는
2	neighboring	12	영양
3	momentary	13	빨라지다
4	spokesperson	14	유혹
5	multiple	15	전단지
6	certification	16	지침
7	tenant	17	대사관
8	console	18	불균형
9	presume	19	순회
10	fruitful	20	목표

B 빈칸에 알맞은 것을 보기에서 고르시오.

보 기 ⓐ cued   ⓑ standstill   ⓒ deadlock   ⓓ alleged

1 If the electric power could be cut, industry everywhere would be brought to a __________ .
전력이 끊기기라도 한다면 전역의 산업 시설이 마비될 것이다.

2 Taylor is __________ to have used public money to buy expensive presents for her friends.
테일러는 공금을 사용하여 친구들에게 값비싼 선물을 사 주었다는 의혹을 받고 있다.

3 I was late for the meeting and my friend __________ me in on what was already said.
내가 회의에 늦게 들어와서 친구가 그때까지 회의 내용을 알려 주었다.

정답 **A** 1. 증명하다 2. 이웃해 있는 3. 잠깐 동안의 4. 대변인 5. 다수의 6. 증명 7. 세입자 8. 위로하다 9. 짐작하다 10. 결실을 맺는 11. intolerable 12. nutrition 13. quicken 14. temptation 15. flyer 16. guideline 17. embassy 18. imbalance 19. circuit 20. aim **B** 1. ⓑ 2. ⓓ 3. ⓐ

Day36

월   일

1051. cholesterol
[kəléstəròul / -rɔ̀:l]

n. 콜레스테롤

Limit **cholesterol** to 300 milligrams a day.
콜레스테롤 수치를 하루에 300밀리그램으로 제한하시오.

1052. boycott
[bɔ́ikat / -kɔt]

n. v. 불매 동맹(을 맺다), 배척(하다) = **embargo**

Several countries have said they may **boycott** next year's Olympic Games.
몇몇 국가들이 내년에 개최될 올림픽에 불참할 수도 있다고 선언했다.
TEPS tips **boycott** : 구매, 사용, 참가 등을 거부하다 / **embargo** : 무역을 금지하다, 보도를 통제하다

1053. exaggerate
[igzǽdʒərèit]

exaggeration *n.* 과장

v. 과장하다

Gary said he caught a 20-pound fish, but I think he was **exaggerating**.
게리는 20파운드짜리 고기를 잡았다고 했는데, 그건 과장인 것 같다.

1054. slash
[slæʃ]

v. 긋다 = **slit**, 대폭 줄이다

The airline has **slashed** fares by over 50%.
그 항공사가 요금을 50% 이상 대폭 인하했다.

1055. tumor
[tjú:mər]

n. 종양

If **tumour** cells spread, they can form tumors in vital organs such as the lungs.
종양 세포가 퍼지면 폐와 같은 중요한 장기에 종양을 형성할 수도 있다.

☐ cholesterol ☐ boycott ☐ exaggerate ☐ slash ☐ tumor

1056. skyrocket
[skáiràkit / -rɔ̀-]

v. 급증하다, 급등하다 = **surge**

Combined output of oil during the next few years is projected to **skyrocket** to more than 700,000 barrels daily. 향후 몇 년간 총 석유 생산량이 1일당 70만 배럴 이상으로 급증할 것으로 예상된다.

1057. infection
[infékʃən]

infect *v.* 감염시키다

n. 감염

If you don't clean the wound properly you could get an **infection.**
상처 부위를 잘 닦아내지 않으면 병균에 감염될 수도 있다.

1058. changeable
[tʃéindʒəbəl]

changeability *n.* 가변성

a. 변할 수 있는, 자주 바뀌는 = **unpredictable**

The **changeable** weather in spring can lead to foggy conditions.
봄철의 변덕스러운 날씨 때문에 짙은 안개가 낄 수 있다.

1059. anxious
[ǽŋkʃəs]

anxiety *n.* 열망, 걱정

a. 열망하는, 걱정하는

"Please come with me," she said in an **anxious** voice. "저랑 함께 가 주세요." 그녀가 걱정스러운 목소리로 말했다.

1060. express
[iksprés]

a. 급행의, 속달의 *ad.* 속달로

There are three principal product areas: letters, **express** mail and parcels. 물품은 주로 세 가지 부류로 분류되는데, 바로 편지, 속달우편, 소포이다.

1061. notification
[nòutəfikéiʃən]

notify *v.* 통보하다

n. 통보, 통지 = **announcement**

His name was withheld pending **notification** of family members. 그의 가족에게 통보하기 전까지 그의 이름이 발표되는 것이 연기되었다.

☐ skyrocket ☐ infection ☐ changeable ☐ anxious ☐ express ☐ notification

1062. **prospective**

[prəspéktiv]

prospect *n.* 전망

a. 가능성 있는 = **potential**,
곧 있을 = **forthcoming**

My mother keeps introducing me to men she considers to be **prospective** husbands. 어머니는 내 남편 후보들이라고 생각하시는 남자들을 계속 내게 소개해 주신다.

1063. **presumably**

[prizú:məbli]

presume *v.* 추정하다

ad. 아마도, 추측컨대 = **probably**

Presumably he's going to come back and get this stuff. 아마 그는 다시 와서 이 물건을 가져갈 것이다.

1064. **envelope**

[énvəlòup / á:n-]

n. 봉투

Entries must be on the back of a postcard or **envelope** no bigger than 5in × 6in.
응모작은 가로 5인치, 세로 6인치 미만의 엽서 뒷면이나 봉투에 넣어 보내 주십시오.

1065. **anticipation**

[æntìsəpéiʃən]

anticipate *v.* 기대하다

n. 기대, 예상 = **expectation**

The workers have called off their strike in **anticipation** of a pay settlement.
직원들은 급여 협상이 타결되기를 기대하며 파업을 취소했다.

1066. **rust**

[rʌst]

rusty *a.* 녹슨

n. 녹 *v.* 녹슬다 = **corrode**

Clean and oil gardening tools to prevent **rust**.
정원 가꾸는 도구를 닦고 기름을 칠해 녹스는 것을 예방하세요.

1067. **bare**

[bɛər]

a. 벌거벗은 = **naked**, 텅 빈

Paint the **bare** wood with a primer.
아무것도 안 칠한 나무를 초벌칠 페인트로 칠하시오.

☐ prospective ☐ presumably ☐ envelope ☐ anticipation ☐ rust ☐ bare

1068. lust
[lʌst]
lustful *a.* 성욕이 강한

n. 성욕, 욕망 = **desire**, **passion**

He was a man possessed by greed, jealousy and **lust.**
그는 탐욕과 질투, 욕정에 사로잡힌 남자였다.

1069. fate
[feit]

n. 운명, 운 = **destiny**

By a strange twist of **fate** the judge died on the very day that the murderer was executed.
기묘한 운명의 장난처럼 그 판사는 살인범이 처형당한 바로 그날 사망했다.

1070. relieve
[rilíːv]
relief *n.* 완화, 구제

v. 덜어주다, 완화하다 = **alleviate**, 안심시키다

Andrew was **relieved** to discover that he was not himself under suspicion.
앤드류는 자신이 용의선상에 올라 있지 않다는 것을 알고는 안심했다.

1071. surgeon
[sɔ́ːrdʒən]
surgery *n.* 외과 수술

n. 외과 의사

A famous brain **surgeon** from Johns Hopkins University performed the operation.
존스 홉킨스 대학 출신의 유명 뇌외과 의사가 그 수술을 집도했다.

1072. unemployment
[ʌnemplɔ́imənt]
unemployed *a.* 실업 상태의

n. 실업

Closure of the plant will mean **unemployment** for 500 workers.
그 공장의 가동이 중단되면 직원 500명이 실업자가 될 것이다.

1073. upward
[ʌ́pwərd]
upwards *ad.* 위로

a. 위를 향한, 증가하는 ↔ **downward**

An **upward** trend is evident in potential demand.
잠재 수요의 상승 추세가 뚜렷이 보인다.

☐ lust ☐ fate ☐ relieve ☐ surgeon ☐ unemployment ☐ upward

Advanced Stage

1074. lately
[léitli]
latest *a.* 최근의

ad. 최근에 = **recently**

I've been really busy **lately,** so I haven't been out much. 나는 최근에 무척 바빠서 외출도 잘 못 했다.

1075. wallet
[wálit / wɔ́l-]

n. (남성용) 지갑

He keeps a picture of his children in his **wallet.**
그는 지갑에 자식들 사진을 넣고 다닌다.

1076. label
[léibəl]

n. 딱지, 라벨 = **tag**, **ticket**

Labels on clothes should be removed for kids with sensitive skin.
피부가 민감한 아이들을 위해 옷에 붙은 딱지를 떼어내야 한다.

1077. chef
[ʃef]

n. (전문) 요리사

Bambino's ambition had been to become a **chef** in one of the big hotels.
밤비노의 야망은 대형 호텔의 요리사가 되는 것이었다.

1078. affect
[əfékt]
affectation *n.* 가식

v. 영향을 미치다 = **influence**,
　　～인 척하다 = **put on**

Emergency relief will be sent to the areas most **affected** by the hurricane. 허리케인의 피해를 가장 많이 입은 지역에 긴급 구호품이 보내질 것이다.

1079. cooperate
[kouápərèit / -ɔ́p-]

cooperation *n.* 협조
cooperative *a.* 협조하는

v. 협조하다

Aid agencies and UN forces are **cooperating** to get food supplies to the people who need them.
구호 단체와 유엔군이 식량이 필요한 이들에게 보급품을 지급하기 위해 협력하고 있다.

☐ lately　☐ wallet　☐ label　☐ chef　☐ affect　☐ cooperate　☐ nearby

1080. **nearby**

[níərbai]

a. 근처의 = **neighboring** *v.* 근처에

Screams erupted at a **nearby** hotel, where Obama was delivering an address.
오바마가 연설을 하고 있던 근처 호텔에서 환호성이 터져나왔다.

Day 36 · EXERCISE

A 영어는 우리말로, 우리말은 영어로 쓰시오.

1	slash	____	11	종양	____
2	skyrocket	____	12	감염	____
3	anxious	____	13	급행의	____
4	presumably	____	14	봉투	____
5	anticipation	____	15	녹슬다	____
6	bare	____	16	운명	____
7	relieve	____	17	외과 의사	____
8	upward	____	18	최근에	____
9	chef	____	19	(남성용) 지갑	____
10	affect	____	20	근처의	____

B 빈칸에 알맞은 것을 보기에서 고르시오.

보기 ⓐ respective   ⓑ exaggerating   ⓒ prospective   ⓓ boycott

1 My mother keeps introducing me to men she considers to be __________ husbands.
어머니는 내 남편 후보들이라고 생각하시는 남자들을 계속 내게 소개해 주신다.

2 Gary said he caught a 20-pound fish, but I think he was __________ .
게리는 20파운드짜리 고기를 잡았다고 했는데, 그건 과장인 것 같다.

3 Several countries have said they may __________ next year's Olympic Games.
몇몇 국가들이 내년에 개최될 올림픽에 불참할 수도 있다고 선언했다.

정답 **A** 1. 긋다 2. 급증하다 3. 열망하는 4. 아마도 5. 기대 6. 벌거벗은 7. 덜어주다 8. 위를 향한 9. 요리사 10. 영향을 미치다
11. tumor 12. infection 13. express 14. envelope 15. rust 16. fate 17. surgeon 18. lately 19. wallet 20. nearby
B 1. ⓒ 2. ⓑ 3. ⓓ

Day37

월   일

1081. mayor
[méiə:r / mɛə:r]

n. 시장

The **mayor** restored the long-forgotten stream in downtown Seoul.
시장이 서울 시내에 있었으나 오랫동안 잊혀진 하천을 복원했다.

1082. mass
[mæs]

n. 대량, 대중

A **mass** of people stood before the courthouse.
법원 앞에 수많은 사람들이 서 있었다.

1083. role
[roul]

n. 역할 = **part**, 배역

The traditional male **role** in marriage is to provide for women and children. 결혼생활에서 남자가 하는 전통적인 역할은 여자와 자녀를 먹여살리는 것이다.

1084. household
[háus-hòuld / ⸌hòuld]

n. 가정, 한 집 식구들

The Thomas **household** had five sons by the time Edward was ten years old.
에드워드가 열 살이 되었을 때 토마스의 가정에는 아들이 다섯 명 있었다.

1085. highway
[háiwèi]

n. 간선 도로

I got onto the **highway** and drove as fast as I could.
나는 간선 도로에 진입해서 가능한 한 빨리 차를 몰았다.

□ mayor □ mass □ role □ household □ highway

1086. highly
[háili]

a. 매우, 무척 = **deeply**

I think it's **highly** unlikely that Bob had anything to do with the theft.
밥이 그 절도에 연루되었을 가능성은 극히 낮다고 생각한다.
TEPS tips high 거리상으로 높이

1087. quite
[kwait]

ad. 매우, 완전히

You have to wear **quite** a lot of protective clothing to minimize the risk of getting injured.
부상당할 위험을 최소로 줄이기 위해서는 상당히 많은 보호복을 착용해야 한다.

1088. blue-chip
[blúː tʃip]

a. 안전성과 수익성을 갖춘, 우량한

Every investor wants to buy **blue-chip** stocks and shares, but few do. 모든 투자자가 우량주를 매입하고 싶어하지만 실제로 그러는 사람은 거의 없다.

1089. item
[áitəm / -tem]

n. 품목, 제품 = **commodity, article**

A comfortable, adjustable chair is the single most important **item** for the health of a computer user.
컴퓨터 사용자의 건강을 위해 단연코 가장 중요한 물건은 편안하며 조정할 수 있는 의자이다.

1090. reservation
[rèzəːrvéiʃən]

reserve *v.* 예약하다

n. 예약 = **booking**

I have to work late tonight, so I canceled our dinner **reservations.**
나는 오늘 늦게까지 야근해야 해서 저녁식사 예약을 취소했다.

1091. rent
[rent]

n. 임대(료) *v.* 세를 놓다, 세를 내다

Beck and his wife are **renting** while they look for a house to buy.
벡과 그의 아내는 구입할 집을 찾아다니는 동안 자기네 집을 세 놓았다.

☐ highly ☐ quite ☐ blue-chip ☐ item ☐ reservation ☐ rent

1092. shopper

[ʃápər / ʃɔ́pəːr]

n. 구매하는 사람, 사는 사람

The streets were crowded with holiday **shoppers.**
거리는 휴일을 맞아 쇼핑 나온 사람들로 북적거렸다.

1093. drawer

[drɔ́ːər]

n. 서랍

He finished shaving, wrapped his razor in a towel and put it in his **drawer.**
그는 면도를 마치고 면도기를 수건에 싸서 서랍에 넣어 두었다.

1094. abroad

[əbrɔ́ːd]

ad. 외국에, 외국으로 = **overseas**

Corporations do not want their commercial secrets spread **abroad.**
기업은 자기 회사의 영업 비밀이 외국에 퍼지는 것을 원하지 않는다.

1095. hallway

[hɔ́ːlwèi]

n. 복도 = **corridor**, **hall**

A door slammed and footfalls hammered the **hallway** floor.
문이 꽝 하고 열리며 발소리가 복도 바닥을 요란하게 울렸다.

1096. terrible

[térəbəl]

terribly *ad.* 끔찍하게

a. 끔찍한, 무서운 = **horrible**, **awful**

The food was lousy and the service was **terrible.**
음식은 너무 맛없었고 서비스도 형편없었다.

1097. eventually

[ivéntʃuəli]

ad. 결국은, 마침내

Eventually, the sky cleared up and we went to the beach. 마침내 하늘이 맑게 개어 우리는 바닷가로 나갔다.

☐ shopper ☐ drawer ☐ abroad ☐ hallway ☐ terrible ☐ eventually

1098. partly
[páːrtli]

ad. 일부는, 부분적으로는 ↔ **wholly**

Drunk-driving convictions have increased, **partly** as a result of more effective policing.
음주운전으로 처벌받는 건수가 증가한 이유 중 하나는 경찰 단속이 더 치밀해졌기 때문이다.

1099. celebrate
[séləbrèit]

celebration *n.* 축하

v. 기리다, 축하하다 = **honor**, **rejoice**

Congratulations on your promotion—we must go out and **celebrate!** 승진 축하드려요. 나가서 축하 파티 해야죠!

1100. anniversary
[ænəvə́ːrsəri]

n. 기념일

First, I'd like to say congratulations on reaching your tenth **anniversary.**
먼저 10주년을 맞으신 것을 축하드린다는 말씀을 드리고 싶습니다.

1101. cab
[kæb]

n. 택시 = **taxi**

He seemed to think I wanted a **cab** ride, but I pointed to my car. 그는 내가 택시를 타고 싶어한다고 생각하는 듯했지만, 나는 내 차를 가리켰다.

1102. documentation
[dàkjəmentéiʃən / -mən- / dɔ̀k-]

n. 증빙 서류, 서류 기재

As there is no formal **documentation** of your business partnership, it has no legal status.
귀하의 사업 협력체에 관한 정식 증빙 서류가 없으므로, 그것은 법적 지위가 없습니다.

1103. midday
[míddèi]

n. 정오, 한낮 = **noon**

Details were to be given at a **midday** news conference.
자세한 사항은 정오에 열릴 기자 회견에서 발표될 예정이었다.

□ partly □ celebrate □ anniversary □ cab □ documentation □ midday

1104. **replacement**

[ripléismənt]

replace *v.* 대체하다

n. 후임, 대체

I'm just a temporary **replacement** for the receptionist.
나는 접수 직원의 후임으로 임시로 일하는 것뿐이다.

1105. **respectable**

[rispéktəbəl]

respect *v.* 존중하다
respectability *n.* 무난함

a. 무난한, 괜찮은 = **acceptable** ↔ **disreputable**

A "B" is a perfectly **respectable** grade.
'B'면 정말 괜찮은 성적이다.

1106. **moreover**

[mɔːróuvəːr]

ad. 더구나, 더욱이 = **furthermore**

I had no desire to return, and **moreover**, the security guard would not let me in anyway.
나는 돌아가고 싶은 마음도 없었고, 더구나 경비원이 어차피 들여보내 주지도 않을 것이었다.

1107. **harbor**

[háːrbər]

n. 항구 = **port** *v.* 숨기다, 품다

Taylor denied **harboring** a grudge against his former boss.
테일러는 예전 상사에게 앙심을 품고 있다는 것을 부인했다.

1108. **miserable**

[mízərəbəl]

misery *n.* 비참함
miserably *ad.* 비참하게

a. 비참한 = **depressing**, 무척 가난한

Factory workers during the 18th century led **miserable** lives.
18세기에 공장 노동자들은 비참한 삶을 살았다.

1109. **tool**

[tuːl]

n. 도구, 기구 = **instrument**

A good **tool** kit should contain pliers, screwdrivers, and wire-cutters. 제대로 된 도구함에는 펜치, 드라이버, 철사 절단기가 들어 있어야 한다.

☐ replacement ☐ respectable ☐ moreover ☐ harbor ☐ miserable ☐ tool ☐ practical

1110. **practical**

[præktikəl]

practicality *n.* 실용성

a. 실용적인, 해볼 만한

= **workable** ↔ **impractical**, **theoretical**

Automakers are trying to develop a **practical** electric car design.
자동차 회사들은 실용적인 전기 차를 개발하려 노력하고 있다.

Day 37　EXERCISE

A　영어는 우리말로, 우리말은 영어로 쓰시오.

1　mayor	__________	11　대량	__________
2　role	__________	12　가정	__________
3　item	__________	13　간선 도로	__________
4　rent	__________	14　우량한	__________
5　shopper	__________	15　서랍	__________
6　hallway	__________	16　끔찍한	__________
7　partly	__________	17　기념일	__________
8　midday	__________	18　후임	__________
9　respectable	__________	19　항구	__________
10　miserable	__________	20　도구	__________

B　빈칸에 알맞은 것을 보기에서 고르시오.

보 기　ⓐ nonetheless　ⓑ moreover　ⓒ reservations　ⓓ documentation

1　I had no desire to return, and __________ , the security guard would not let me in anyway.
나는 돌아가고 싶은 마음도 없었고, 더구나 경비원이 어차피 들여보내 주지도 않을 것이었다.

2　I have to work late tonight, so I canceled our dinner __________ .
나는 오늘 늦게까지 야근해야 해서 저녁식사 예약을 취소했다.

3　As there is no formal __________ of your business partnership, it has no legal status.
귀하의 사업 협력체에 관한 정식 증빙 서류가 없으므로, 그것은 법적 지위가 없습니다.

정답　**A** 1. 시장　2. 역할　3. 품목　4. 임대(료)　5. 구매하는 사람　6. 복도　7. 일부는　8. 정오　9. 무난한　10. 비참한　11. mass　12. household　13. highway　14. blue-chip　15. drawer　16. terrible　17. anniversary　18. replacement　19. harbor　20. tool　**B** 1. ⓑ　2. ⓒ　3. ⓓ

Day38

월 일

1111. cupboard
[kʌ́bərd]

n. 찬장

There's a lot of **cupboard** space in this kitchen.
이 부엌에는 찬장이 들어갈 공간이 넉넉하다.

1112. downtown
[dáuntàun]

ad. 시내에, 시내로
a. 시내의 ↔ **uptown,** 시외의, 주택가의

Taylor worked in a dingy little office in **downtown** Chicago.
테일러는 시카고 시내에 있는 작고 칙칙한 사무실에서 일했다.

1113. extra
[ékstrə]

a. 추가적인, 덤인 = **additional**

Bring an **extra** set of clothes in case you decide to stay overnight.
하룻밤 자고 가게 될 수도 있으니까 여벌옷을 하나 더 가져와라.

1114. package
[pǽkidʒ]

n. 소포, 꾸러미 = **parcel**, **packet**, 한 세트

The cooking instructions are on the **package**.
조리법은 포장지에 표기되어 있다.

1115. outlet
[áutlet / -lit]

n. 배출구, 표현수단, 할인점, 전기 콘센트 = **receptacle**

Some mail-order **outlets** offer a 30-day, money-back guarantee.
일부 우편주문 할인점은 구입한 뒤 30일까지 환불 보증을 해 준다.

☐ cupboard ☐ downtown ☐ extra ☐ package ☐ outlet

1116. photocopier

[fóutoukὰpiər / -kὸp-]

n. 복사기 = **copy machine**, **copier**

I have a **photocopier** in my office that automatically sorts sheets of paper into different bins.

우리 사무실에는 종이를 각각 다른 용지함에 분류해 넣는 복사기가 있다.

1117. crossing

[kró:siŋ / krós-]

n. 건널목, 횡단보도, 교차로 = **intersection**

There are 186, 000 **crossings** nationwide.

전국에 있는 횡단보도는 18만 6천 개이다.

1118. eager

[í:gər]

eagerness *n.* 열망

a. 열망하는, 무척 바라는 = **keen**

A crowd of **eager** fans were waiting outside the hotel.

열성 팬들이 무리를 지어 호텔 앞에서 기다리고 있었다.

1119. official

[əfíʃəl]

a. 공식적인 *n.* 고위직 관리

Islam is the **official** religion of Saudi Arabia.

이슬람교는 사우디아라비아의 공식 종교이다.

1120. sweep

[swi:p]

sweeper *n.* 청소부

v. 쓸다, 비질하다

Can you help me **sweep** up all the pieces of glass?

유리조각들 쓸어 담는 것 좀 도와줄래요?

1121. especially

[ispéʃəli]

ad. 특히, 특별히 = **particularly**

Drive carefully, **especially** with all this fog.

이렇게 안개가 짙게 끼었을 때에는 특히 조심해서 운전해요.

☐ photocopier ☐ crossing ☐ eager ☐ official ☐ sweep ☐ especially

1122. **closet**
[klázit / klóz-]

n. 벽장

I have a **closet** full of clothes that don't fit.
나는 맞지 않는 옷이 가득 들어 있는 벽장이 있다.

1123. **armchair**
[á:rmtʃὲər]

n. 안락의자

I found her in a large day-room where groups of elderly ladies sat in **armchairs.** 나는 나이 든 여자들이 안락의자에 앉아 있는 넓은 휴게실에서 그 여자를 발견했다.

1124. **client**
[kláiənt]

clientele *n.* 고객들

n. 고객, 의뢰인

Case workers deal with as many as a dozen **clients** a day.
사회 복지사업 직원은 하루에 많게는 12명의 고객을 상대한다.

1125. **digital**
[dídʒitl]

digitalize *v.* 디지털화하다
digit *n.* 숫자

a. 디지털의 ↔ **analogue**

This camera can take **digital** pictures.
이 카메라는 디지털 사진을 찍을 수 있다.

1126. **curious**
[kjúəriəs]

curiosity *n.* 호기심

a. 궁금한, 이상한

A few **curious** neighbors came out to see what was going on.
호기심 많은 몇몇 이웃사람이 무슨 일인지 보려고 나왔다.

1127. **memorize**
[méməràiz]

memory *n.* 기억

v. 외우다, 암기하다 = **learn by heart**

I recited the poem she had asked me to **memorize**.
나는 그녀가 외우라고 했던 시를 암송했다.

☐ closet ☐ armchair ☐ client ☐ digital ☐ curious ☐ memorize

1128. **tag**
[tæg]

n. 딱지, 꼬리표 = **label** *v.* 딱지[별명]을 붙이다

His teammates have **tagged** him with a second nickname.
그의 팀원들이 그에게 두 번째 별명을 붙여 주었다.

1129. **theory**
[θíːəri]

theoretical *a.* 이론적인

n. 이론 ↔ **practice**

Probably almost everybody has heard about Einstein's **theory** of relativity, but few people comprehend it. 아마 거의 모든 사람들이 아인슈타인의 상대성 이론을 들어 보았겠지만 그것을 완전히 이해하는 사람은 거의 없다.

1130. **surface**
[sə́ːrfis]

n. 표면, 겉 *v.* 떠오르다, 나타나다 = **emerge**

Suddenly one whale **surfaced** right beside our boat. 갑자기 고래 한 마리가 우리 배 바로 옆에서 떠올랐다.

1131. **microwave**
[máikrouwèiv]

n. 전자레인지 = **microwave oven**, 극초단파
v. 전자레인지로 음식을 만들다

She **microwaved** her dinner when she came home from work.
그녀는 퇴근해서 집에 와서는 전자레인지로 저녁식사를 차렸다.

1132. **worthwhile**
[wə́ːrθhwail]

a. 할 가치가 있는

Programs like this one get kids involved in **worthwhile** activities.
이러한 프로그램은 아이들이 가치 있는 활동을 할 수 있게 해 준다.

1133. **meaningful**
[míːniŋfəl]

meaning *n.* 의미

a. 의미 있는, 진지한

My father showed us that life is not **meaningful** without work.
아버지는 일하지 않는 삶은 의미가 없다는 것을 우리에게 보여주셨다.

☐ tag ☐ theory ☐ surface ☐ microwave ☐ worthwhile ☐ meaningful

1134. **unbelievable**
[ʌ̀nbilí:vəbəl]

a. 믿기지 않는, 굉장한 = **incredible**

I find it **unbelievable** that Mr. Carey does not remember the meeting at all.
캐리 씨가 그 회의를 전혀 기억하지 못한다니 믿기지 않는 일이다.

1135. **branch**
[bræntʃ / brɑ:ntʃ]

n. 지사, 부서 = **department**, 가지

Her company has **branches** in Dallas and Chicago.
그녀의 회사는 달라스와 시카고에 지사를 두고 있다.

1136. **avenue**
[ǽvənjù:]

n. 거리, ～가(街), 방법

We explored every possible **avenue**, but still couldn't come up with a solution. 우리는 가능한 방법을 모두 모색해 보았지만 해결책은 여전히 나오지 않았다.

1137. **besides**
[bisáidz]

prep. ～이외에 *ad.* 게다가 = **in addition**

I don't mind picking up your things from the store. **Besides,** the walk will do me good.
가게에 들러서 네가 필요한 물건을 사오는 건 어려운 일이 아니야. 게다가 걸으면 건강에도 좋고.

TEPS tips beside ～옆에

1138. **confident**
[kánfidənt / kɔ́n-]

confidence *n.* 자신, 확신

a. 자신 있는, 확신하는

A spokesperson said the government was **confident** of winning the vote and would not discuss the possibility of defeat. 정부는 선거에서 승리할 것을 확신하며 패배할 가능성을 염두에 두지 않을 것이라고 대변인이 말했다.

1139. **dishwasher**
[dís-wàʃər / -́wɔ̀(:)-]

n. 식기 세척기

They were standing in the kitchen loading the **dishwasher.**
그들은 부엌에 서서 식기 세척기에 설거지할 그릇을 넣고 있었다.

□ unbelievable □ branch □ avenue □ besides □ confident □ dishwasher □ perform

1140. **perform**
[pərfɔ́ːrm]

performance *n.* 성과, 공연

v. 실행하다 = **conduct**, **carry out**,
공연하다, 작동하다

Before every concert, the soprano worries about how well she will **perform.** 그 소프라노는 언제나 공연을 앞두고 얼마나 잘 할 수 있을지 걱정을 한다.

Day 38   EXERCISE

A 영어는 우리말로, 우리말은 영어로 쓰시오.

1 downtown	__________	11 추가적인	__________
2 package	__________	12 건널목	__________
3 eager	__________	13 공식적인	__________
4 sweep	__________	14 특별히	__________
5 closet	__________	15 안락의자	__________
6 client	__________	16 궁금한	__________
7 theory	__________	17 암기하다	__________
8 meaningful	__________	18 전자레인지	__________
9 branch	__________	19 거리	__________
10 confident	__________	20 실행하다	__________

B 빈칸에 알맞은 것을 보기에서 고르시오.

보 기   ⓐ cupboard   ⓑ photocopier   ⓒ outlet   ⓓ crossing

1 Some mail-order __________ s offer a 30-day, money-back guarantee.
일부 우편주문 할인점은 구입한 뒤 30일까지 환불 보증을 해 준다.

2 There's a lot of __________ space in this kitchen.
이 부엌에는 찬장이 들어갈 공간이 넉넉하다.

3 I have a(n) __________ in my office that automatically sorts sheets of paper into different bins.
우리 사무실에는 종이를 각각 다른 용지함에 분류해 넣는 복사기가 있다.

정답 **A** 1. 시내에 2. 꾸러미 3. 열망하는 4. 쓸다 5. 벽장 6. 고객 7. 이론 8. 의미 있는 9. 부서 10. 자신 있는 11. extra 12. crossing 13. official 14. especially 15. armchair 16. curious 17. memorize 18. microwave 19. avenue 20. perform **B** 1. ⓒ 2. ⓐ 3. ⓑ

Day39

월   일

1141. unexpected

[ʌ̀nikspéktid]

unexpectedly *ad.* 의외로

a. 예상치 못한, 예기치 않은

Yuri's decision to leave the band was totally **unexpected**.
유리가 밴드를 탈퇴하기로 결정한 것은 전혀 뜻밖의 일이었다.

1142. valuable

[vǽljuːəbəl / -ljəbəl]

value *n.* 가치
valuables *n.* 귀중품

a. 귀중한 = **precious** ↔ **valueless**

Valuable time was wasted correcting Eddie's mistakes.
에디가 한 실수를 바로잡느라 귀중한 시간을 허비했다.

1143. backup

[bǽkʌp]

n. 지원, 여벌, 예비

Several police cars provided **backup** for the officers.
경찰차 몇 대가 경찰관들을 지원해 주었다.

1144. microscope

[máikrəskòup]

microscopic *a.* 현미경으로 보이는

n. 현미경

Although small, these crystals can be studied using an electron **microscope.** 이 결정체는 작기는 하지만 전자 현미경을 이용해서 자세히 관찰할 수 있다.

1145. editor

[édətər]

edit *v.* 편집하다
editorial *n.* 사설

n. 편집자

George Orwell became literary **editor** of Tribune in 1943.
조지 오웰은 1943년에 트리뷴 지의 문학 담당 편집자로 입사했다.

☐ unexpected ☐ valuable ☐ backup ☐ microscope ☐ editor

1146. dairy
[déəri]

n. 낙농업체 *a.* 낙농업의

The grassland is intensively managed, carrying a heavy stocking of **dairy** cattle.
그 초원은 많은 젖소를 놓아 기르면서 밀도 높게 관리된다.

1147. chat
[tʃæt]

n. 수다 *v.* 수다 떨다 = **chatter**

Harry **chatted** to a couple of Australian tourists as we waited for the show to begin. 우리가 쇼가 시작되기를 기다리는 동안 해리는 호주인 관광객 두 명과 잡담을 나누었다.

1148. brush
[brʌʃ]

v. 붓질[솔질]하다, 쓸어내다, 스치다 *n.* 붓

Brush the dough with melted butter.
밀가루 반죽에 솔로 녹인 버터를 바르시오.

1149. automaker
[ɔ́:toumèikər]

n. 자동차 회사, 차 제조업체 = **car maker**

Automakers have to develop air bags that inflate more slowly, lessening the risk of injury.
자동차 회사들은 더 천천히 부풀어 오르는 에어백을 개발하여 부상의 위험을 줄여야 한다.

1150. annual
[ǽnjuəl]

a. 1년의, 1년에 한 번씩 있는

Her **annual** income is about $98,000.
그녀의 1년 수입은 약 9만 8천 달러이다.

1151. complain
[kəmpléin]

complaint *n.* 불평

v. 불평하다, 이의를 제기하다

He constantly **complains** about how he's treated at work.
그는 직장에서 대접받지 못한다고 끊임없이 불평을 늘어놓는다.

□ dairy □ chat □ brush □ automaker □ annual □ complain

1152. practice
[prǽktis]

practical *a.* 실용적인

n. 습관 = **custom**, 실행, 연습 *v.* 연습하다

Practice speaking slowly and clearly.
말을 천천히 또박또박 하는 연습을 하세요.

1153. responsible
[rispánsəbəl / -spón-]

responsibility *n.* 책임

a. 책임 있는, 책임지는

He treated me as if I wasn't **responsible** enough to be given the tools to do my job. 그는 내가 도구를 지급받아 일을 할 만큼 책임감 있는 사람이 아닌 것처럼 나를 취급했다.

1154. blend
[blend]

blender *n.* 믹서

v. 섞다, 어우러지다 = **match** *n.* 혼합물

Beat the egg yolks with 2 tablespoons of water and **blend** them into the white sauce. 달걀노른자에 물 두 숟갈을 넣고 잘 풀어 준 다음 흰 소스와 섞어 주세요.

1155. evidence
[évidəns]

n. 증거 = **proof**, 증언 = **testimony**

His former girlfriend was called to give **evidence**.
그의 예전 여자 친구가 증언을 하기 위해 법정에 출두했다.

1156. nowadays
[náuədèiz]

ad. 요즘에 = **these days**

Tomatoes and strawberries are grown mainly under plastic sheeting **nowadays**.
요즘 토마토와 딸기는 대부분의 경우 비닐하우스에서 재배한다.

1157. regulation
[règjəléiʃən]

regulate *v.* 규제하다

n. 규정, 법규

Anyone who takes milk from an unhealthy cow will be contravening public health **regulations**.
건강하지 못한 젖소에서 우유를 짜는 사람은 공공 보건법을 위반하는 것이다.

☐ practice ☐ responsible ☐ blend ☐ evidence ☐ nowadays ☐ regulation

1158. transport
[trænspɔ́ːrt]

transportation *n.* 수송, 교통

v. 실어 나르다, 수송하다

The company **transports** meat across the country in refrigerated containers.
그 회사는 냉장 컨테이너에 고기를 싣고 전국에 수송한다.

1159. tight
[tait]

tighten *v.* 조이다

a. 꽉 조이는, 빡빡한, 촉박한

Cover with a **tight** lid and refrigerate.
뚜껑을 꽉 닫아 냉장 보관하시오.

1160. technical
[téknikəl]

technique *n.* 기술

a. 기술적인

Jurors must deal with many **technical** legal questions.
배심원은 여러 가지 기술적인 문제와 법적 문제를 다루어야 한다.

1161. briefcase
[bríːfkèis]

n. 서류가방

I rammed my books and my binders into my **briefcase.**
나는 책과 서류 바인더를 서류가방에 마구 쑤셔 넣었다.

1162. billion
[bíljən]

n. 10억

Telemarketing fraud is estimated to cost consumers as much as $40 **billion** a year. 텔레마케팅 사기로 소비자들이 한 해에 입는 피해 금액이 무려 4백억 달러인 것으로 추정된다.

1163. ambassador
[æmbǽsədər]

n. 대사

He was appointed to the Korean **ambassador** to Washington. 그는 주미 한국 대사로 임명되었다.

☐ transport ☐ tight ☐ technical ☐ briefcase ☐ billion ☐ ambassador

Advanced Stage

1164. **allow**
[əláu]

allowance *n.* 허락, 용돈

v. 허락하다

Our apartment complex does not **allow** pets.
우리 아파트 단지에서는 애완동물을 키울 수 없다.

1165. **negotiation**
[nigòuʃiéiʃən]

negotiate *v.* 협상하다
negotiator *n.* 협상가

n. 협상, 협의

Any border changes will come about only by **negotiation.**
국경선의 변동은 협상을 거쳐야만 가능할 것이다.

1166. **apply**
[əplái]

applicant *n.* 신청자
application *n.* 신청, 적용

v. 신청하다, 적용하다

Finland did not **apply** to join the EC until 1992.
핀란드는 1992년에 와서야 EC 가입 신청을 했다.

1167. **postmark**
[póustmà:rk]

n. 소인 *v.* 소인을 찍다

It came in a plain white envelope with a New York **postmark** and had no return address.
그것은 아무 무늬도 없는 흰색 봉투에 뉴욕 소인이 찍힌 채 배달되었고 보내는 사람 주소가 없었다.

1168. **performance**
[pərfɔ́:rməns]

n. 성과, 공연

Some companies link pay to **performance.**
어떤 회사는 임금을 성과에 연동시킨다.

1169. **emotion**
[imóuʃən]

emotional *a.* 감정의

n. 감정, 정서

Her voice was full of **emotion** as she spoke.
그녀가 말할 때 목소리가 감정에 북받쳐 있었다.

☐ allow ☐ negotiation ☐ apply ☐ postmark ☐ performance ☐ emotion ☐ beside

1170. **beside**

[biséid]

a. ~옆에 = **by, next to**

On the table **beside** the bed were several medicine bottles. 침대 옆에 놓인 탁자에는 약병 몇 개가 놓여 있었다.

TEPS tips besides 그밖에, ~외에

Day 39   EXERCISE

A 영어는 우리말로, 우리말은 영어로 쓰시오.

1	unexpected	_____________	11	귀중한 _____________
2	chat	_____________	12	편집자 _____________
3	complain	_____________	13	습관 _____________
4	responsible	_____________	14	섞다 _____________
5	evidence	_____________	15	규정 _____________
6	transport	_____________	16	꽉 조이는 _____________
7	technical	_____________	17	서류가방 _____________
8	allow	_____________	18	대사 _____________
9	negotiation	_____________	19	신청하다 _____________
10	performance	_____________	20	감정 _____________

B 빈칸에 알맞은 것을 보기에서 고르시오.

보기   ⓐ microscope   ⓑ dairy   ⓒ stationery   ⓓ backup

1 Several police cars provided __________ for the officers.
경찰차 몇 대가 경찰관들을 지원해 주었다.

2 Although small, these crystals can be studied using an electron __________ .
이 결정체는 작기는 하지만 전자 현미경을 이용해서 자세히 관찰할 수 있다.

3 The grassland is intensively managed, carrying a heavy stocking of __________ cattle.
그 초원은 많은 젖소를 놓아 기르면서 밀도 높게 관리된다.

정답 **A** 1. 예상치 못한 2. 수다 3. 불평하다 4. 책임 있는 5. 증거 6. 수송하다 7. 기술적인 8. 허락하다 9. 협상 10. 성과 11. valuable 12. editor 13. practice 14. blend 15. regulation 16. tight 17. briefcase 18. ambassador 19. apply 20. emotion **B** 1. ⓓ 2. ⓐ 3. ⓑ

Day40

월   일

1171. interpersonal

[ìntərpə́ːrsənəl]

a. 사람들 사이의, 대인관계의

One way to improve your **interpersonal** skills is to smile at your coworkers. 대인관계 기술을 향상시키는 한 가지 방법은 동료들을 보며 미소 짓는 것이다.

1172. venture

[véntʃər]

n. (고위험) 사업, 투자 = **undertaking**

Ford has invested $125 million in a joint **venture** to build engines in China. 포드 사는 중국에서 엔진을 제작하는 합작 사업에 1억 2천 5백만 달러를 투자했다.

1173. convention

[kənvénʃən]

conventional *a.* 관습의

n. 회의, 회동 = **conference**, 관습

It is a matter of **convention** that male business people usually wear suits.
남성 사업가가 보통 정장을 입는 것은 관습의 문제이다.

1174. compete

[kəmpíːt]

competitive
a. 경쟁을 즐기는, 가격경쟁력이 있는
competition *n.* 경쟁, 대회

v. 경쟁하다, 대회에 참가하다

Any child between the ages of 8 and 12 is allowed to **compete.**
8세부터 12세 아동은 누구나 대회에 참가할 수 있습니다.

1175. attend

[əténd]

attendance *n.* 출석

v. 참가하다, 참석하다 = **take part in**

After **attending** church, the family would go home for dinner.
그 가족은 교회 예배에 참석한 뒤에 저녁식사를 하러 집에 가곤 했다.

☐ interpersonal ☐ venture ☐ convention ☐ compete ☐ attend

1176. container
[kəntéinər]

n. 용기, 컨테이너

Wash the **container** in hot soapy water and rinse thoroughly in hot water.
용기를 뜨거운 비눗물에 씻고 뜨거운 물에 잘 헹구시오.

1177. praise
[preiz]

n. v. 칭찬(하다) = **compliment**

Fire chiefs **praised** a 10-year-old girl who saved her brother's life yesterday. 소방서 간부들은 어제 남동생의 목숨을 구한 10살짜리 소녀를 칭찬했다.

1178. vacant
[véikənt]

vacancy n. 공석

a. 빈 = **empty, unoccupied**, 공석인

Stanton went into the bar, but he couldn't spot a single **vacant** seat.
스탠튼은 바에 갔지만 빈자리를 하나도 찾지 못했다.

1179. amusing
[əmjú:ziŋ]

amuse v. 즐겁게 하다
amusement n. 오락

a. 즐거운, 즐겁게 하는

He was a really special person, gentle and **amusing** at the same time. 그는 정말 특별한 사람으로서, 점잖기도 하고 남들을 즐겁게 해 주기도 했다.

1180. prime
[praim]

a. 우선하는, 가장 중요한 = **primary**

Judy is a **prime** candidate for the new managerial position.
주디는 최근 공석이 된 경영직에 오를 수 있는 후보 1순위이다.

1181. discount
[dískaunt]

n. 할인 = **reduction** v. 할인하다 = **reduce**

There's a 30% **discount** on all electrical goods.
모든 전자 제품이 30% 할인가에 판매 중입니다.

☐ container ☐ praise ☐ vacant ☐ amusing ☐ prime ☐ discount

1182. **approach**

[əpróutʃ]

n. 해결책, 접근방법 *v.* ~에 접근하다, 해결책을 찾다

A tourist **approached** us and asked us the way to the theater.
관광객 한 명이 우리에게 다가와서 극장에 가는 길을 물었다.

1183. **amazing**

[əméiziŋ]

amaze *v.* 무척 놀라게 하다
amazement *n.* 놀라움

a. 아주 놀라운 = **astounding, incredible**

After 2,000 years, it's **amazing** that the inscriptions are still clear enough to read.
2천년이 지났는데도 비문이 아직도 읽을 수 있을 정도로 또렷하다는 것이 정말 놀랍다.

1184. **carpenter**

[ká:rpəntər]

carpentry *n.* 목공예

n. 목수

He hired a **carpenter** to build a fence to keep the wolves away.
그는 늑대가 접근하는 것을 막아줄 울타리를 세우려고 목수를 고용했다.

1185. **genetic**

[dʒinétik]

gene *n.* 유전자
genetics *n.* 유전학
genetically *ad.* 유전적으로

a. 유전자의, 유전의

By manipulation of the tomato's **genetic** blueprint, scientists can alter the rate at which it ripens.
과학자들은 토마토의 유전적 청사진을 조작하여 토마토가 익는 속도를 바꿀 수 있다.

1186. **toast**

[toust]

n. 건배, 토스트

He stood up stiffly and proposed a **toast** to their old friend.
그는 쭈뼛쭈뼛 일어서서 옛 친구들에게 건배를 제안했다.

1187. **lock**

[lɑk / lɔk]

v. 잠그다 ↔ **unlock**   *n.* 자물쇠

He **locked** the safe and put the key in his pocket.
그는 금고를 잠근 다음 열쇠를 호주머니에 넣었다.

☐ approach ☐ amazing ☐ carpenter ☐ genetic ☐ toast ☐ lock

1188. **wellbeing**
[wélbiːiŋ]

n. 행복, 건전함

He telephones his ailing mother daily, because he is worried about her **wellbeing.** 그는 몸이 좋지 않은 어머니의 안부가 걱정이 돼서 매일 어머니에게 전화를 한다.

1189. **competition**
[kàmpətíʃən / kɔ̀m-]

compete *v.* 경쟁하다

n. 경쟁, 대회

Competition for these jobs is very tough – we had over 200 applicants.
이 일자리의 경쟁률이 매우 높다. 지원자가 2백 명도 넘었다.

1190. **announce**
[ənáuns]

announcement *n.* 발표

v. 발표하다, 안내 방송을 하다

The government has **announced** the date of the next election. 정부는 다음 선거 일자를 발표했다.

1191. **barbershop**
[báːrbərʃàp / -ʃɔ̀p]

barber *n.* 이발사

n. 이발소 = **barber's**

Quite a number of men get their hair cut at hair salons, not **barbershops.**
꽤 많은 남자들이 이발소가 아닌 미용실에서 머리를 자른다.

1192. **obligation**
[àbləɡéiʃən / ɔ̀b-]

n. 의무, 강제 = **commitment**

She has a family **obligation** to visit her sick aunt.
그녀는 가족으로서 병든 이모를 찾아뵐 의무가 있다.

1193. **audience**
[ɔ́ːdiəns]

n. 청중, 관중

I'm not sure that this film will appeal to Korean **audiences.**
이 영화가 한국 관객들에게 호소력을 가질지 잘 모르겠다.

TEPS tips spectator : 한 명의 관람객(특히 스포츠 경기 관람객) / **audience** : 관람객 전체, 관중

☐ wellbeing ☐ competition ☐ announce ☐ barbershop ☐ obligation ☐ audience

1194. newsletter
[njúːzlètəːr]

n. 소식지

They publish seven **newsletters** on investments.
그들은 투자를 다루는 소식지를 일곱 종 발행한다.

1195. convenience
[kənvíːnjəns]

convenient *a.* 편리한

n. 편의, 편리 ↔ **inconvenience**

Being able to pay bills over the Internet is a real **convenience.**
인터넷으로 납부를 할 수 있어서 정말 편리하다.

1196. therefore
[ðέəːrfɔːr]

ad. 그러므로, 따라서 = **consequently**

It was clear Lucy was unhappy. **Therefore**, it comes as no surprise she has decided to resign.
루시는 확실히 불행해 보였다. 따라서 그녀가 퇴직하기로 결정한 것은 놀라운 일이 아니다.

1197. applicant
[ǽplikənt]

apply *v.* 신청하다
application *n.* 신청

n. 신청자, 지원자 = **candidate**

Many job **applicants** do not know how to write an appealing cover letter.
많은 구직자들이 호소력 있는 자기 소개서를 작성하는 방법을 모른다.

1198. promote
[prəmóut]

promotion *n.* 승진, 판촉

v. 승진시키다 ↔ **demote**,
　　판촉하다, 촉진하다 = **encourage**

These workout activities **promote** flexibility and strength.　이 신체 운동은 유연성과 근력을 키워 준다.

1199. tropical
[trǽpik-əl / tróp-]

tropic *n.* 회귀선
tropics *n.* 열대지방

a. 열대의

When the land is exposed to the harsh **tropical** sun and torrential rain, it quickly becomes infertile.
토양이 혹독한 열대지방의 햇빛과 폭우에 노출되면 급속도로 황폐해져서 식물이 살지 못하게 된다.

☐ newsletter ☐ convenience ☐ therefore ☐ applicant ☐ promote ☐ tropical ☐ substitute

1200. **substitute**

[sʌ́bstitjùːt]

substitution *n.* 대체

v. 대체하다 *n.* 대체하는 것, 대신하는 사람

Some of tobacco **substitutes** are said to be more harmful to humans than tobacco.
담배 대용물 중 일부는 담배보다 더 사람에게 해롭다고 한다.

Day 40 EXERCISE

A 영어는 우리말로, 우리말은 영어로 쓰시오.

1	compete	_______	11 참가하다	_______
2	praise	_______	12 빈	_______
3	amusing	_______	13 할인	_______
4	prime	_______	14 해결책	_______
5	amazing	_______	15 목수	_______
6	genetic	_______	16 잠그다	_______
7	wellbeing	_______	17 경쟁	_______
8	announce	_______	18 청중	_______
9	convenience	_______	19 소식지	_______
10	tropical	_______	20 승진시키다	_______

B 빈칸에 알맞은 것을 보기에서 고르시오.

보 기   ⓐ convention   ⓑ venture   ⓒ applicant   ⓓ volunteer

1 It is a matter of __________ that male business people usually wear suits.
남성 사업가가 보통 정장을 입는 것은 관습의 문제이다.

2 Many job __________s do not know how to write an appealing cover letter.
많은 구직자들이 호소력 있는 자기 소개서를 작성하는 방법을 모른다.

3 Ford has invested $125 million in a joint __________ to build engines in China.
포드 사는 중국에서 엔진을 제작하는 합작 사업에 1억 2천5백만 달러를 투자했다.

정답 **A** 1. 경쟁하다 2. 칭찬(하다) 3. 즐거운 4. 우선하는 5. 아주 놀라운 6. 유전자의 7. 행복 8. 발표하다 9. 편의
10. 열대의 11. attend 12. vacant 13. discount 14. approach 15. carpenter 16. lock 17. competition 18. audience
19. newsletter 20. promote **B** 1. ⓐ 2. ⓒ 3. ⓑ

월   일

1201. store

[stɔːr]

n. 상점, 저장물 v. 저장하다, 보관하다

All of my old books are **stored** in boxes in the attic.
내 헌책은 모두 박스에 담겨 다락방에 보관하고 있다.

1202. construction

[kənstrʌ́kʃən]

construct v. 건축하다

n. 공사, 건축

Construction of Highway 88 will begin soon.
88번 간선도로의 공사가 곧 시작될 것이다.

1203. bumpy

[bʌ́mpi]

bump v. 부딪히다

a. 울퉁불퉁한 = **uneven**, (차량이) 흔들거리는

After a **bumpy** landing, all the passengers cheered and thanked the pilot. 비행기가 쿵쿵거리며 착륙하자 모든 승객들이 환호하며 기장에게 고마워했다.

1204. promotion

[prəmóuʃən]

promote v. 승진시키다, 촉진하다
promotional a. 판촉의

n. 승진, 판촉, 촉진

Civil service tests determine **promotion** in government jobs. 대민 서비스 테스트가 공무원직의 승진을 결정짓는다.

1205. observation

[àbzərvéiʃən / ɔ̀b-]

observe v. 관찰하다, 발언하다

n. 관찰, 발언 = **remark**

A patrol car spotted us and the officers inside made it clear that we were under **observation.**
순찰차가 우리를 발견했고 경찰관들은 우리가 관찰당하고 있다는 것을 확실히 알려 주었다.

☐ store ☐ construction ☐ bumpy ☐ promotion ☐ observation

1206. stability

[stəbíləti]

stable *a.* 안정된
stabilize *v.* 안정되다

n. 안정 ↔ **instability**

Our relationship provided the **stability** and comfort we both needed.
우리가 관계를 맺으면서 우리 둘 다 필요했던 안정과 위로를 얻었다.

1207. boundary

[báundəri]

n. 경계선

More and more people are moving outside the city **boundaries.**
점점 더 많은 사람들이 그 도시를 벗어나 이사를 가고 있다.

1208. plant

[plænt / plɑːnt]

n. 설비, 공장, 식물 *v.* 심다

About a dozen school children helped **plant** trees in the park.
열 명 가량의 어린 학생들이 공원에서 나무 심는 것을 도왔다.

1209. spare

[spɛəːr]

a. 여분의, 예비용의

A lot of kids don't have enough to do in their **spare** time, and that's when they get into trouble.
많은 아이들이 남는 시간에 할 일이 마땅치 않고, 바로 그럴 때 문제가 생긴다.

1210. apparently

[əpǽrəntli /əpéər-]

apparent *a.* 명백한, 표면적인

ad. 전해들은 바로는, 보아하니 = **seemingly**

Campaign funds have been used for **apparently** illegal activities.
선거 자금이 불법 활동에 사용되었다는 이야기가 있다.

1211. omit

[oumít]

omission *n.* 생략

v. 생략하다, 빠뜨리다 = **leave out**

In his presentation, Kelvin **omitted** many details.
켈빈은 발표를 하면서 세부 사항을 많이 빠뜨렸다.

☐ stability ☐ boundary ☐ plant ☐ spare ☐ apparently ☐ omit

1212. humidity

[huːmídəti]

humid *a.* 습기 많은

n. 습도

Some plants need warmth and high humidity.
어떤 식물은 따뜻한 기온과 높은 습도가 필요하다.

1213. province

[právins / próv-]

provincial *a.* 지방의

n. 지방, 행정 단위

The economic disparity between the capital and the provinces is a serious problem.
수도와 지방 사이에 보이는 경제적 격차는 심각한 문제이다.

1214. fuel

[fjúːəl]

n. 연료   *v.* 부추기다 = **spark**

Kim Jong-il's absence from ceremonial events has fueled speculation that he is seriously ill.
김정일이 행사장에 모습을 보이지 않자 그의 건강이 심각하게 악화되었다는 추측이 무성해졌다.

1215. explore

[iksplɔ́ːr]

exploration *n.* 탐험
explorer *n.* 탐험가

n. 탐험하다, 탐구하다 = **analyze**

James plans to explore offers from other companies before making a decision.   제임스는 다른 회사들의 제안을 꼼꼼히 검토해 본 다음에 결정을 내릴 계획이다.

1216. couch

[kautʃ]

n. 소파 = **sofa**, **settee**

A television set was placed at the end of the couch, right at arm level.
텔레비전이 소파의 팔걸이 높이와 똑같이 소파 끝에 놓였다.

1217. decade

[dékeid / dəkéid]

n. 10년

The development of the park took a decade to complete.   그 공원을 조성하는 데 10년이 걸렸다.

☐ humidity ☐ province ☐ fuel ☐ explore ☐ couch ☐ decade

1218. confidence

[kánfidəns / kɔ́n-]

confident *a.* 확신하는, 자신 있는

n. 확신, 믿음, 자신감

"We have the **confidence** to beat Japan," said the team manager.
"우리는 일본을 이길 자신이 있습니다."라고 감독이 말했다.

1219. colleague

[káli:g / kɔ́l-]

n. 동료 = **coworker**

I'd like you to meet a **colleague** of mine, Michael Wang from our Hong Kong office.
제 회사 동료와 인사 나누시죠. 홍콩 지사에서 근무하는 마이클 왕입니다.

1220. represent

[rèprizént]

representative *n.* 대표자
representation *n.* 대표

v. 대표하다, 나타내다

Each class will elect two students to **represent** them on the School Council.
각 반에서 학생 두 명씩 학생회 대표로 선출할 것입니다.

1221. witness

[wítnis]

v. 목격하다 *n.* 목격자, 증인 = **eyewitness**

Police are appealing for information from anyone who **witnessed** the attack.
경찰은 그 사건을 목격한 누군가로부터 정보를 얻고자 요청하고 있다.

1222. proper

[prápər / prɔ́p-]

a. 적절한, 적당한 = **appropriate** ↔ **improper**

I can't make the repairs without the **proper** tools or materials.
알맞은 도구나 재료가 없으면 수리를 할 수가 없습니다.

1223. determined

[ditə́ːrmind]

determine *v.* 결심시키다
determination *n.* 결의

a. 굳게 결심한 = **resolute**

I was **determined** to be a professional dancer, and practiced for hours every day.
나는 직업 댄서가 되겠다고 굳게 마음먹고 날마다 몇 시간씩 연습을 했다.

☐ confidence ☐ colleague ☐ represent ☐ witness ☐ proper ☐ determined

1224. **even**
[íːvən]

a. 고른, 평평한 = **flat** ↔ **uneven** *ad.* 심지어

After driving for so long on the gravel I was glad to get on an **even** stretch of road. 나는 무척 오랜 시간 동안 자갈길로 운전을 하고 가다 바닥이 고른 도로에 들어서니 기뻤다.

1225. **negative**
[négətiv]

a. 부정적인, 음성의 ↔ **positive**

All the athletes' drugs tests were **negative.**
약물 검사 결과 모든 선수들이 음성 반응이 나왔다.

1226. **symptom**
[símptəm]

n. 증상, 징후 = **indication**

First the doctor asked me to describe my **symptoms.**
의사는 내게 먼저 증상을 설명해 달라고 했다.

1227. **council**
[káunsəl]

councilor *n.* 지방 의원

n. 지방 의회, 협의회

Joshua is running for city **council** in the fall elections.
조슈아는 가을에 있을 시 의회 선거에 출마할 예정이다.

1228. **device**
[diváis]

devise *v.* 고안하다

n. 도구, 장치 = **gadget**

This is a thermostatic **device** for controlling temperature. 이것은 온도를 조절하는 자동 장치이다.

1229. **fasten**
[fǽsn / fáːsn]

v. 매다, 꽉 조이다 = **do up** ↔ **unfasten**

Christine **fastened** the brooch to her dress.
크리스틴은 드레스에 브로치를 달았다.

☐ even ☐ negative ☐ symptom ☐ council ☐ device ☐ fasten ☐ intelligent

1230. **intelligent**

[intélədʒənt]

intelligence *n.* 지능

a. 영리한, 지능이 높은 ↔ **unintelligent**

Anne was surprised to hear such an **intelligent** question coming from a very small child.
앤은 어리디 어린 아이에게 그렇게 똑부러진 질문을 듣고는 놀라워했다.

Day 41   EXERCISE

A 영어는 우리말로, 우리말은 영어로 쓰시오.

1 store	______	11 승진	______
2 construction	______	12 관찰	______
3 stability	______	13 경계선	______
4 spare	______	14 설비	______
5 omit	______	15 습도	______
6 explore	______	16 확신	______
7 witness	______	17 동료	______
8 proper	______	18 부정적인	______
9 symptom	______	19 도구	______
10 fasten	______	20 영리한	______

B 빈칸에 알맞은 것을 보기에서 고르시오.

보기　ⓐ fueled　ⓑ represent　ⓒ signify　ⓓ provinces

1 Each class will elect two students to ______ them on the School Council.
각 반에서 학생 두 명씩 학생회 대표로 선출할 것입니다.

2 The economic disparity between the capital and the ______ is a serious problem.
수도와 지방 사이에 보이는 경제적 격차는 심각한 문제이다.

3 Kim Jong-il's absence from ceremonial events has ______ speculation that he is seriously ill.
김정일이 행사장에 모습을 보이지 않자 그의 건강이 심각하게 악화되었다는 추측이 무성해졌다.

정답　**A** 1. 상점　2. 공사　3. 안정　4. 여분의　5. 생략하다　6. 탐험하다　7. 목격하다　8. 적절한　9. 증상　10. 매다
11. promotion　12. observation　13. boundary　14. plant　15. humidity　16. confidence　17. colleague　18. negative
19. device　20. intelligent　**B** 1. ⓑ　2. ⓓ　3. ⓐ

Day 42

월   일

1231. layoff
[léiɔ̀(ː)f / -ɑ́f]
lay A off A를 해고하다

n. (일시적) 해고, 결근, 결장

It seems that there will be more **layoffs** in the car industry. 자동차 업계에서 추가로 직원을 해고할 것으로 보인다.

1232. dispute
[dispjúːt]

n. 토론 = **discussion**, 논쟁 *v.* 토론하다 = **discuss**

Local residents **disputed** the police's version of the incident. 현지 주민들은 경찰이 발표한 사건 개요에 반박했다.

1233. punish
[pʌ́niʃ]
punishment *n.* 처벌

v. 처벌하다

His parents **punished** him for disobedience. 그의 부모는 그가 말을 안 듣는다고 벌을 주었다.

1234. beneficial
[bènəfíʃəl]
benefit *n.* 이득

a. 이득이 되는, 혜택이 가는
= **advantageous, favorable**

Recent studies show that moderate amounts of alcohol are **beneficial** to health. 최근 연구 결과 적당량의 술을 섭취하면 건강에 도움이 되는 것으로 나타났다.

1235. subtle
[sʌ́tl]
subtlety *n.* 미묘함
subtly *ad.* 미묘하게

a. 미묘한, 교묘한, 잘 안 보이는 ↔ **obvious**

Linda was able to influence her superiors in **subtle** ways. 린다는 상사들에게 교묘한 방식으로 영향력을 발휘할 수 있었다.

☐ layoff ☐ dispute ☐ punish ☐ beneficial ☐ subtle

1236. **former**

[fɔ́ːrməːr]

formerly *ad.* 이전에

a. 이전의 = **previous** ↔ **latter**

Civil war raged for years in the **former** Yugoslavia.
예전에 유고슬라비아의 영토였던 지역에서 내전이 수년간 계속되었다.

1237. **up-to-date**

[ʌ́p tu: deit]

a. 최신의

Is this navigation system **up-to-date**? It doesn't seem to show the new road.   이 네비게이션은 최신 건가요?
새로 생긴 도로가 표시되지 않는 것 같아요.

1238. **observe**

[əbzə́ːrv]

observation *n.* 관찰, 발언
observance *n.* 준수

v. 관찰하다, 발언하다 = **remark**, 준수하다 = **obey**

I didn't **observe** anything out of the ordinary about her behavior that day.
나는 그날 그녀의 행동에서 어떤 이상한 점도 발견하지 못했다.

1239. **jam**

[dʒæm]

n. 막힘, 체증 *v.* 막히다, 고장 나다, 가득 메우다

Crowds of supporters **jammed** the lobby.
지지자들이 몰려와서 로비를 가득 메웠다.

1240. **cargo**

[káːrgou]

n. 화물 = **freight**

The ship was carrying a **cargo** of oil-drilling equipment.   그 선박이 수송 중인 화물은 석유 시추 장비였다.

1241. **pavement**

[péivmənt]

pave *v.* 도로를 포장하다

n. 보도, 포장 도로 = **sidewalk**, 차도 표면

He sat at a table at the end of the café's **pavement** area.
그는 그 카페가 차치하고 있던 보도 구역의 끝에 있던 탁자에 앉았다.

☐ former ☐ up-to-date ☐ observe ☐ jam ☐ cargo ☐ pavement

1242. frequently

[frí:kwəntli]

frequent *a.* 자주 있는
frequency *n.* 빈도

ad. 자주, 빈번히 ↔ **infrequently**

Passengers complain that trains are **frequently** canceled.
기차가 자주 취소된다고 승객들이 항의하고 있다.

1243. successive

[səksésiv]

succession *n.* 연속
successor *n.* 후임

a. 연이은, 연속적인 = **consecutive**

The food shortage is a result of three years of **successive** floods.
식량 부족은 3년 연속으로 홍수가 났기 때문에 발생한 것이다.

1244. foundation

[faundéiʃən]

found *v.* 설립하다

n. 기반, 설립 = **establishment**, 기관

After the earthquake, I noticed several cracks in the **foundation** of the house. 지진이 발생한 뒤에 나는 집의 기반에 금이 몇 개 가 있는 것을 발견했다.

1245. tendency

[téndənsi]

tend *v.* ~하곤 하다

n. 경향, 성향 = **trend**, **inclination**

Divorced people have a **tendency** to live with new partners rather than marry again. 이혼한 사람들은 새로 만난 사람과 재혼하기보다 동거를 하는 경향이 있다.

1246. embarrass

[imbǽrəs / em-]

embarrassment *n.* 창피

v. 당황케 하다, 창피를 주다

I hope I didn't **embarrass** you in front of your friends.
내가 네 친구들 보는 데서 창피를 주지 않았기를 바란다.

1247. corridor

[kɔ́:ridər / kár-]

n. 복도 = **hallway**

A **corridor** led from the old schoolrooms to a modern building.
오래된 교실에서 복도를 따라가니 현대식 건물이 나타났다.

☐ frequently ☐ successive ☐ foundation ☐ tendency ☐ embarrass ☐ corridor

1248. artificial
[à:rtəfíʃəl]

artificiality *n.* 인공

a. 인공적인, 인위적인 = **man-made**, 가짜인 = **fake**

Carter was saying all the right things, but his smile was **artificial**, and I knew I couldn't trust him.
카터는 옳은 말만 하기는 했지만, 그의 가식적인 웃음을 본 나는 그를 믿을 수 없다는 것을 알았다.

1249. decision-maker
[disíʒən meikə:r]

decision-making *n.* 의사 결정

n. 의사 결정권자

Since these are questions of fact a **decision-maker** would have to make a full contextual analysis before reaching a decision. 이들은 사실관계의 문제이므로 의사 결정권자는 결정을 내리기 전에 전체 맥락을 고려해서 분석을 해야 할 것이다.

1250. shift
[ʃift]

v. 옮기다, 바꾸다 *n.* 이동, 변화

There has been a big **shift** in attitudes towards sex during the past 50 years.
지난 50년 동안 섹스에 대한 사람들의 태도가 크게 변했다.

1251. greed
[gri:d]

greedy *a.* 욕심 많은

n. 욕심, 식탐

You don't really want more ice cream – it's just **greed.**
너는 아이스크림을 진짜로 더 먹고 싶은 게 아니잖아. 그냥 욕심이지.

1252. decorate
[dékərèit]

decoration *n.* 장식

v. 장식하다, 꾸미다 = **adorn**

My mother had the whole house **decorated** before she moved in.
어머니는 이사하시기 전에 이사 올 집 전체를 꾸미셨다.

1253. transfer
[trænsfə́:r]

v. 옮기다 = **transmit**, 갈아타다, 전학하다
n. 환승, 전근

I must have lost my luggage when we **transferred.**
우리가 갈아탈 때 내 짐을 잃어버린 게 틀림없어요.

☐ artificial ☐ decision-maker ☐ shift ☐ greed ☐ decorate ☐ transfer

1254. **desperate**

[déspərit]

despair *n.* 절망

a. 필사적인, 절망적인 = **hopeless**

Refugees on the border are living in appalling conditions with **desperate** shortages of food, medicine and water. 국경지대에 있는 난민들은 식량, 약품, 물이 너무도 부족한 끔찍한 환경에서 살고 있다.

1255. **gradually**

[grǽʤuəli]

gradual *a.* 점진적인

ad. 점차 = **increasingly, by degrees**

As the weeks passed, I **gradually** accepted the idea of him leaving.
몇 주일이 지나자 나는 그가 떠난다는 것을 조금씩 받아들였다.

1256. **insurance**

[inʃúərəns]

insure *v.* 보험을 들다

n. 보험, 보증

Many Americans cannot afford health **insurance.**
많은 미국인들이 돈이 없어서 의료보험에 못 들고 있다.

1257. **collaboration**

[kəlǽbəréiʃən]

collaborate *v.* 협력하다
collaborative *a.* 협력하는

n. 협력, 합작

I wrote the article in **collaboration** with a number of my colleagues.
나는 동료 몇 명과 협력하여 그 기사를 작성했다.

1258. **layout**

[léiàut]

n. 터잡기, 지면 배정, 배치

The computer program helps you design page **layout.**
그 컴퓨터 프로그램은 지면 배치의 디자인을 쉽게 해 준다.

1259. **theft**

[θeft]

thief *n.* 도둑

n. 도둑질, 절도 = **burglary**

If your passport has been stolen, report the **theft** to your nearest embassy immediately.
여권을 도둑맞았을 경우에는 가까운 대사관에 즉시 신고하세요.

□ desperate □ gradually □ insurance □ collaboration □ layout □ theft □ rebate

1260. # rebate

[ríːbeit / ribéit]

n. 환불 금액, 할인 금액 = **discount**

I was delighted to hear that I was entitled to a tax **rebate** of over $2,000.

나는 2천 달러가 넘는 세금을 환급받을 수 있다는 말을 듣고 기뻐했다.

Day 42   EXERCISE

A 영어는 우리말로, 우리말은 영어로 쓰시오.

1	dispute	_____	11	처벌하다
2	subtle	_____	12	이전의
3	observe	_____	13	화물
4	pavement	_____	14	빈번히
5	foundation	_____	15	당황케 하다
6	corridor	_____	16	인공적인
7	shift	_____	17	욕심
8	decorate	_____	18	갈아타다
9	desperate	_____	19	보험
10	theft	_____	20	터잡기

B 빈칸에 알맞은 것을 보기에서 고르시오.

보기   ⓐ layoffs   ⓑ successive   ⓒ greed   ⓓ tendency

1 The food shortage is a result of three years of _________ floods.

식량 부족은 3년 연속으로 홍수가 났기 때문에 발생한 것이다.

2 It seems that there will be more _________ in the car industry.

자동차 업계에서 추가로 직원을 해고할 것으로 보인다.

3 Divorced people have a(n) _________ to live with new partners rather than marry again.

이혼한 사람들은 새로 만난 사람과 재혼하기보다 동거를 하는 경향이 있다.

정답 **A** 1. 토론   2. 미묘한   3. 관찰하다   4. 포장 도로   5. 기반   6. 복도   7. 옮기다   8. 장식하다   9. 필사적인   10. 도둑질   11. punish
12. former   13. cargo   14. frequently   15. embarrass   16. artificial   17. greed   18. transfer   19. insurance   20. layout
B 1 ⓑ   2 ⓐ   3 ⓓ

Day43

월   일

1261. describe

[diskráib]

description *n.* 묘사
descriptive *a.* 묘사하는

v. 묘사하다 = **depict**, 설명하다 = **explain**

I tried to **describe** the feeling to my doctor, but she didn't understand. 나는 의사에게 몸 상태를 설명하려고 애썼지만 의사는 이해를 못 했다.

1262. signature

[sígnətʃəːr]

sign *v.* 서명하다

n. (서류상의 공식) 서명

I just need your **signature** again on this last sheet here. 여기 맨 끝 장에도 서명을 해 주셔야 합니다.
TEPS tips **autograph** : 연예인 등 유명인의 기념 서명

1263. coordinate

[kouɔ́ːrdənət / -nèit]

coordination *n.* 조정
coordinator *n.* 조정자

v. 조정하다, 조율하다

The Red Cross is **coordinating** relief aid to the refugees. 적십자가 난민 구호 활동을 조율하고 있다.

1264. candid

[kǽndid]

candor *n.* 솔직함

a. 솔직한 = **straightforward**

Lena is amusingly **candid** when she talks about the men in her life. 레나는 살면서 겪어 온 남자들 이야기를 할 때 유쾌하면서도 솔직하다.

1265. concern

[kənsə́ːrn]

n. 관심사, 우려
v. 영향을 주다 = **affect**, ~에 관한 것이다

I did voice my **concern** about the financial management, but was told to stay quiet. 나는 재정 관리에 대한 우려를 나타내기는 했지만 입 다물고 있으라는 말을 들었다.

☐ describe ☐ signature ☐ coordinate ☐ candid ☐ concern

1266. proof
[pru:f]
prove *v.* 증명하다

n. 증거 = **evidence**

The police knew she was guilty, but they had no **proof.** 경찰은 그녀가 유죄라는 것을 알고 있었지만 증거가 없었다.

1267. latter
[lǽtəːr]

n. a. 후자(의) ↔ **former**

McDowell served in Korea during the **latter** part of the war. 맥도웰은 한국 전쟁 후반기에 한국에서 복무했다.

1268. indicate
[índikèit]
indication *n.* 지적, 암시
indicative *a.* 보여주는
indicator *n.* 지표

v. 보여주다, 가리키다, 암시하다 = **imply**

"Shall we go in here?" Calvin **indicated** the cafe.
"여기 들어갈까요?" 캘빈이 카페를 가리켰다.

1269. object
[ábdʒikt / ɔ́b-]

n. 물체, 대상, 목표 = **objective**, **aim**

In this game the **object** is to score as many points as you can in the time given.
이 게임의 목표는 주어진 시간에 가능한 한 많은 점수를 따는 것이다.

1270. overcome
[òuvərkʌ́m]

v. 극복하다, 압도하다 = **overwhelm**

I don't think he'll ever **overcome** his fear of flying.
그는 비행기 타는 것에 대한 공포를 극복하지 못할 것 같다.

1271. identification
[aidèntəfikéiʃən / i-]
identify *v.* 신원을 확인하다

n. 신분 증명, 신분증 = **ID**

The bodies were brought to the hospital for **identification.**
시신의 신원을 확인하기 위해 병원으로 이송되었다.

☐ proof ☐ latter ☐ indicate ☐ object ☐ overcome ☐ identification

1272. resistance
[rizístəns]

resist *v.* 저항하다
resistant *a.* 저항하는

n. 저항, 반항 = **protest**

Any policy that creates unemployment is likely to meet with strong **resistance**.
실업을 유발하는 정책은 어떤 것이든 강한 저항에 부딪힐 가능성이 크다.

1273. width
[widθ / witθ]

wide *a.* 넓은

n. 폭, 너비 = **breadth**

Can you just measure the **width** of the door?
문의 너비를 좀 재 주실래요?

1274. voluntary
[váləntèri / vɔ́ləntəri]

volunteer *v.* 자원하다 *n.* 자원봉사자

a. 자원하는, 스스로 하는
↔ **involuntary, compulsory**

Participation in the program is strictly **voluntary**.
그 프로그램에 참여하는 것은 완전히 개인의 자유이다.

1275. following
[fálouiŋ / fɔ́l-]

a. n. 다음에 나오는 (것) ↔ **previous**

The **following** day she woke up with a splitting headache.
다음 날 그녀는 머리가 깨질 듯한 두통을 느끼며 잠에서 깨었다.

1276. note
[nout]

n. 쪽지, 간단한 필기 *v.* 주의하다, 유념하다 = **notice**

Before leaving, she **noted** the times of the return trains.   그녀는 출발하기 전에 돌아오는 기차 시간을 확인해 두었다.
TEPS tips 흔히 '메모'라고 하는 '쪽지'는 memo가 아니라 **note**.
(➔ 1428 **memo**)

1277. absolutely
[æ̀bsəlú:tli]

absolute *a.* 절대적인

ad. 물론, 절대적으로, 무척 = **utterly, extremely**

By the end of the day, I was **absolutely** exhausted.
하루가 끝나갈 무렵 나는 완전히 녹초가 되었다.

☐ resistance　☐ width　☐ voluntary　☐ following　☐ note　☐ absolutely

1278. method

[méθəd]

methodical *a.* 신중한, 논리적인

n. (체계적) 방식

He didn't seem to have any **method** in the way he approached the problem.
그는 그 문제에 접근하는 방식에 어떤 체계도 없는 것 같았다.

1279. associate

[əsóuʃièit]

v. 연관시키다, 제휴하다, 어울려 다니다
n. 친구, 동료 = **co-worker**

People **associate** the old days with good times, and seem to forget the hardship they endured.
사람들은 옛날 하면 좋은 시절이었다는 연상을 하고 그때 견뎌냈던 고생은 잊는 것 같다.

1280. maximum

[mǽksəməm]

n. a. 최대(의) ↔ **minimum**

The car soon reaches its **maximum** speed of 280 kph. 그 차는 최고 속도인 시속 280킬로미터에 금방 도달한다.

1281. horizon

[həráizən]

horizontal *a.* 수평의

n. 지평선, 수평선, 영역 = **domain**

Storm clouds on the **horizon** were rapidly blowing in our direction.
지평선에 있던 폭풍우를 품은 구름이 우리 쪽으로 빠른 속도로 다가왔다.
TEPS tips **horizon** : 땅 · 바다가 하늘과 만나는 수평선 / **skyline** : 건물 · 산 등이 하늘과 만나는 선

1282. attach

[ətǽtʃ]

attachment *n.* 첨부

v. 붙이다, 첨부하다 ↔ **detach**

A copy of my resume is **attached** to the cover letter. 자기 소개서에 이력서 1부가 첨부되어 있습니다.

1283. beg

[beg]

v. 빌다, 애원하다 = **pledge**

Chad was **begging** and pleading.
채드는 애걸복걸하고 있었다.

☐ method ☐ associate ☐ maximum ☐ horizon ☐ attach ☐ beg

1284. carry
[kǽri]

v. 팔다, 재고로 갖고 있다

Bigger discount stores **carry** name-brand merchandise at low prices.
대형 할인점에서는 유명 브랜드 제품을 저렴한 가격에 판다.

1285. analyze
[ǽnəlàiz]

analysis n. 분석
analyst n. 분석가
analytical a. 분석적인

v. 분석하다

Experts are still **analyzing** the DNA evidence in the case.
지금도 전문가들이 그 사건과 관련된 DNA 증거를 분석하고 있다.

1286. correspondence
[kɔ̀ːrəspándəns / kàr- / kɔ̀rəspɔ-]

correspond v. 편지를 주고받다

n. 편지, 서신 왕래, 연관 = **connection, relation**

The biography is based on Marx's **correspondence** with Engels over 40 years.
그 전기는 마르크스가 엥겔스와 40년에 걸쳐 주고받은 서신을 바탕으로 집필되었다.

1287. decisive
[disáisiv]

a. 결정적인 = **conclusive**, 결단력 있는 ↔ **indecisive**

When asked about the possibility, his answer was a **decisive** "no." 그는 가능성이 어느 정도 되느냐는 질문을 받자 확실하게 "없다" 고 대답했다.

1288. remind
[rimáind]

reminder n. 생각나게 하는 것

v. 생각나게 하다, 상기시키다

I'd better write this down to **remind** myself.
잊어버리지 않게 이것을 적어 두는 게 좋겠다.

1289. emphasize
[émfəsàiz]

emphasis n. 강조
emphatic a. 강조하는

v. 강조하다 = **stress**

She **emphasized** the "Ms." when she introduced herself. 그녀는 자기소개를 할 때 '미즈' 라는 호칭을 강조했다.

□ carry □ analyze □ correspondence □ decisive □ remind □ emphasize □ counselor

1290. **counselor**

[káunsələr]

counsel *v.* 상담하다

n. 상담사

The hospice is appealing for more people to work as bereavement **counselors.**

그 요양 병원에서는 더 많은 사람들이 가족과 사별하는 이들을 위한 상담사로 일해줄 것을 호소하고 있다.

Day 43　EXERCISE

A 영어는 우리말로, 우리말은 영어로 쓰시오.

1	describe	____________	11	조정하다	____________
2	candid	____________	12	관심사	____________
3	proof	____________	13	후자(의)	____________
4	identification	____________	14	보여주다	____________
5	resistance	____________	15	너비	____________
6	voluntary	____________	16	물론	____________
7	method	____________	17	최대	____________
8	attach	____________	18	지평선	____________
9	analyze	____________	19	결정적인	____________
10	remind	____________	20	상담사	____________

B 빈칸에 알맞은 것을 보기에서 고르시오.

보기 　ⓐ object　ⓑ override　ⓒ signature　ⓓ overcome

1　I don't think he'll ever __________ his fear of flying.

그는 비행기 타는 것에 대한 공포를 극복하지 못할 것 같다.

2　I just need your __________ again on this last sheet here.

여기 맨 끝 장에도 서명을 해 주셔야 합니다.

3　In this game the __________ is to score as many points as you can in the time given.

이 게임의 목표는 주어진 시간에 가능한 한 많은 점수를 따는 것이다.

정답　**A** 1. 묘사하다　2. 솔직한　3. 증거　4. 신분 증명　5. 저항　6. 자원하는　7. 방식　8. 붙이다　9. 분석하다　10. 생각나게 하다
11. coordinate　12. concern　13. latter　14. indicate　15. width　16. absolutely　17. maximum　18. horizon　19. decisive
20. counselor　**B** 1. ⓓ　2. ⓒ　3. ⓐ

월   일

1291. requisition
[rèkwəzíʃən]
require *v.* 요구하다

n. 요구, 요청(서)

The staff made a **requisition** for new chairs and desks. 직원들은 새 의자와 책상을 지급해 달라는 요청서를 제출했다.

1292. divine
[diváin]
divinity *n.* 신성

a. 신의, 신적인

The emperor was considered the nation's **divine** spiritual leader.
그 황제는 신적이고 영적인 나라의 지도자로 여겨졌다.

1293. investigate
[invéstəgèit]
investigation *n.* 조사
investigator *n.* 조사관

v. 조사하다, 알아보다 = **look into**

Sammy was **investigated** for more than a year before he was arrested.
새미는 일 년 넘게 경찰 수사를 받다가 체포되었다.

1294. instruction
[instrʌ́kʃən]

n. 교육, 지시 = **order**, 설명문 = **directions**

The trainees work at their machines under **instruction** from a supervisor.
훈련생들은 감독관의 지도를 받으며 기계를 조작한다.

1295. objective
[əbdʒéktiv]
objectivity *n.* 객관성

n. 목표 = **object**, **aim** *a.* 객관적인 ↔ **subjective**

I could use an **objective** opinion on this problem.
이 문제에 대한 객관적인 의견을 들어 보았으면 좋겠어요.

☐ requisition ☐ divine ☐ investigate ☐ instruction ☐ objective

1296. dim
[dim]

dimness *n.* 어두움

a. 흐린, 어둑어둑한, 암울한

For many students the 1970s are dim history.
많은 학생들에게 1970년대는 아득히 먼 역사이다.

1297. conceal
[kənsíːl]

concealment *n.* 은폐

v. 숨기다 ↔ **reveal**

A wide-brimmed hat concealed her graying hair.
챙이 넓은 모자가 그녀의 희끗희끗한 머리를 가려주었다.

1298. ban
[bæn]

n. 금지 = **prohibition** *v.* 금지하다 = **prohibit**

"Lady Chatterley's Lover" was banned when it was first published.
'채털리 부인의 사랑'은 처음에 출판되었을 때 금서가 되었다.

1299. sponsor
[spánsəːr / spɔ́n-]

sponsorship *n.* 후원

n. 후원사, 후원인 *v.* 후원하다

The bank is sponsoring a soccer league.
그 은행은 축구 리그를 후원하고 있다.

1300. speculation
[spèkjəléiʃən]

speculate *v.* 추측하다, 투기하다
speculative *a.* 추측하는, 투기성의

n. 추측, 투기

Any suggestion of an imminent crash in property prices is pure speculation.
부동산 가격이 곧 폭락할 것이라는 식의 이야기들은 순전히 추측일 뿐이다.

1301. defect
[difék]

defective *a.* 흠 있는

n. 결함, 흠

Investigators found a defect in the design of the ship. 수사관들은 그 선박의 설계에서 결함을 발견했다.

☐ dim ☐ conceal ☐ ban ☐ sponsor ☐ speculation ☐ defect

1302. **fertile**

[fə́:rtl / -tail]

fertility *n.* 비옥함

a. 비옥한 ↔ **barren**, 생산적인 = **productive**

Farmers left the rocky hills of New England for the **fertile** plains of the Middle West.
농부들은 바위투성이인 뉴잉글랜드의 야산지대를 떠나 비옥한 평야가 펼쳐진 중서부로 갔다.

1303. **freeze**

[fri:z]

freezing *a.* 무척 추운

v. 얼다, 얼리다 ↔ **thaw**　*n.* 동결, 중단

All government employees have had their salaries **frozen** at last year's levels.
공무원 전원의 임금이 작년 수준으로 동결되었다.

1304. **frown**

[fraun]

v. 찡그리다, 찌푸리다

Mr. Meyers **frowned** and pursed his lips, but said nothing.
마이어스 씨는 얼굴을 찡그리며 입을 꾹 다물고는 아무 말도 안 했다.

1305. **innovate**

[ínouvèit]

innovation *n.* 혁신
innovative *a.* 혁신적인

v. 혁신하다, 도입하다

The fashion industry is always desperate to **innovate**.
패션계는 언제나 혁신하려는 노력을 필사적으로 하고 있다.

1306. **legitimate**

[lidʒítəmit]

legitimacy *n.* 합법성
legitimize *v.* 합법화하다

a. 합법적인 = **legal**, **lawfu**
　합당한 = **valid**, **justifiable** ↔ **illegitimate**

He didn't give any legitimate reasons for his **resignation.**　그는 자신이 사임한 합당한 이유를 밝히지 않았다.

1307. **relate**

[riléit]

relation *n.* 관계

v. 연관 짓다 = **connect**, 진술하다 = **observe**

Stephanie **related** the story of her legal battles in great detail.
스테파니는 자신의 법정 투쟁 이야기를 아주 자세히 진술했다.

☐ fertile　☐ freeze　☐ frown　☐ innovate　☐ legitimate　☐ relate

1308. hike
[haik]

n. 증가 = **rise, increase**, 등산 *v.* 늘리다

The President wants to **hike** spending for foreign **aid.** 대통령은 외국 원조 예산을 증대하기를 원한다.

1309. considerate
[kənsídərit]

consideration *n.* 검토, 숙고

a. 신중한, 배려를 잘 하는
= **thoughtful ↔ inconsiderate**

Children must learn to be **considerate** to others, and to be responsible to themselves. 아이들은 다른 사람들을 배려하는 법과 자신을 책임지는 법을 배워야 한다.

1310. yield
[ji:ld]

v. 굴복하다, 양보하다 = **give way**, (성과를) 내다

Each of these fields could **yield** billions of barrels of oil. 이 유전 한 곳마다 수십억 배럴의 석유를 산출할 수 있다.

1311. ignore
[ignɔ́:r]

ignorant *a.* 무식한
ignorance *n.* 무식

v. 무시하다, 못 본 척하다
= **disregard, take no notice of**

Ignoring my warnings, he dived straight into the shallow water.
그는 내 경고를 무시하고 얕은 물속으로 곧장 뛰어들었다.

1312. sue
[su: / sju:]

suit *n.* 소송

v. 소송을 걸다 = **litigate**

There is nothing in the contract that would prevent Jody from **suing.**
그 계약서는 조디가 소송을 걸지 못하게 하는 조항이 전혀 없다.

1313. fold
[fould]

v. 접다 ↔ **unfold**

Before getting into bed, I usually **fold** my clothes and put them on the chair.
나는 보통 잠자리에 들기 전에 옷을 개서 의자에 올려놓는다.

□ hike □ considerate □ yield □ ignore □ sue □ fold

1314. response

[rispáns / -spóns]

respond *v.* 반응하다, 대답하다

n. 반응, 대응

"Sure. Why not?" was his **response** to most of Billie's suggestions.
"좋아. 안 될 게 뭐 있어?" 이것이 빌리의 제안 대부분에 대한 그의 반응이었다.

1315. particular

[pərtíkjələr]

particularly *ad.* 특히

a. 특정한, 특별한 = **specific**

I'm looking for a **particular** book on Korean art.
한국 미술에 대한 책을 한 권 찾고 있습니다.

1316. blanket

[blǽŋkit]

n. 모포, 이불, 두터운 층

They spent their long winters under a deep **blanket** of snow.
그들은 두껍게 쌓인 눈 속에서 긴 겨울을 보냈다.

1317. solution

[səlú:ʃən]

n. 해결책, 대책 = **answer**

A dentist could put in a temporary filling, but that's not the perfect **solution.** 치과에 가서 임시로 이를 때울 수는 있겠지만 그것은 완전한 해결책이 아니다.

1318. extent

[ikstént]

n. 정도 = **degree**, 규모

Considering the **extent** of his injuries, he's lucky to be alive.
그가 부상당한 정도를 생각하면 살아 있는 게 용하다.

1319. contrast

n.[kántræst] *v.*[kəntrǽst]

n. 대조 *v.* 대조하다

The book compares and **contrasts** the various methods used in language teaching. 그 책은 어학 교육에 사용되는 다양한 방법을 비교하고 대조해 놓았다.

☐ response ☐ particular ☐ blanket ☐ solution ☐ extent ☐ contrast ☐ considerable

1320. # considerable

[kənsídərəbəl]

considerably *ad.* 상당히

a. 상당한, 꽤 많은[큰] = **significant**

Attracting tourists to the area is going to take **considerable** effort.
그 지역에 관광객을 불러모으려면 상당한 노력이 필요할 것이다.

Day 44 — EXERCISE

A 영어는 우리말로, 우리말은 영어로 쓰시오.

1 requisition	__________	11 조사하다	__________
2 divine	__________	12 목표	__________
3 instruction	__________	13 숨기다	__________
4 defect	__________	14 후원사	__________
5 fertile	__________	15 찡그리다	__________
6 innovate	__________	16 합법적인	__________
7 hike	__________	17 무시하다	__________
8 sue	__________	18 접다	__________
9 response	__________	19 특별한	__________
10 solution	__________	20 대조하다	__________

B 빈칸에 알맞은 것을 보기에서 고르시오.

보기   ⓐ abdicate   ⓑ considerate   ⓒ yield   ⓓ frozen

1 Each of these fields could __________ billions of barrels of oil.
이 유전 한 곳마다 수십억 배럴의 석유를 산출할 수 있다.

2 Children must learn to be __________ to others, and to be responsible to themselves.
아이들은 다른 사람들을 배려하는 법과 자신을 책임지는 법을 배워야 한다.

3 All government employees have had their salaries __________ at last year's levels.
공무원 전원의 임금이 작년 수준으로 동결되었다.

정답 **A** 1. 요구 2. 신적인 3. 교육 4. 결함 5. 비옥한 6. 혁신하다 7. 증가 8. 소송을 걸다 9. 반응 10. 해결책 11. investigate 12. objective 13. conceal 14. sponsor 15. frown 16. legitimate 17. ignore 18. fold 19. particular 20. contrast
B 1. ⓒ 2. ⓑ 3. ⓓ

월   일

1321. prevention

[privénʃən]

prevent *v.* 못 하게 하다
preventive *a.* 예방하는

n. 방지, 예방

As far as health is concerned, it is often said that **prevention** is better than cure.
건강과 관련하여 흔히 하는 말로 예방이 치료보다 낫다는 말이 있다.

1322. virtually

[vɔ́ːrtʃuəli]

virtual *a.* 거의 근접한

ad. 거의 = **almost**, **practically**

Virtually everyone expects Monica to succeed.
거의 모든 이들이 모니카가 성공하리라 생각한다.

1323. dependent

[dipéndənt]

dependence *n.* 의존

a. 의존하는 = **contingent** ↔ **independent**, ~에 좌우되는

About 10% of the population is **dependent** on some form of drug.
약 10%의 사람들이 어떤 형태이건 약물에 의존한다.

1324. definition

[dèfəníʃən]

define *v.* 정의를 내리다

n. 뜻, 정의, 해상도

Obviously your **definition** of "rich" is very different from mine.
네가 생각하는 '부자'의 정의는 확실히 내 생각과 많이 다르구나.

1325. lap

[læp]

n. 무릎, (트랙의) 한 바퀴

The little girl sat on her mother's **lap** and smiled for the camera.
꼬마 여자아이가 어머니의 무릎에 앉아 카메라를 보고 웃었다.

TEPS tips **lap** : 앉았을 때 허벅지 윗부분 / **knee** : 무릎 관절

☐ prevention ☐ virtually ☐ dependent ☐ definition ☐ lap

1326. **lid**
[lid]

n. 뚜껑, 마개 = **cap**

Do you know where the **lid** for the garbage can is?
쓰레기통 뚜껑이 어디 있는지 아니?

1327. **rid**
[rid]

v. 제거하다 = **remove**

Scientists hope to one day **rid** the world of this terrible disease.
과학자들은 언젠가 이 끔찍한 질병을 물리칠 것이라 기대하고 있다.

1328. **limb**
[lim]

v. 팔다리, 가지 = **branch, bough**

The calf stood up slowly with trembling **limbs** and took its first, uncertain steps. 송아지는 덜덜 떨리는 다리를 딛고 천천히 일어서서 불안한 첫걸음을 내디뎠다.

1329. **rim**
[rim]

n. 가장자리, 테 = **edge**, **margin**

John's glasses had small lenses and steel **rims.**
존의 안경 렌즈는 조그마했고 테는 강철로 되어 있었다.

1330. **bloom**
[blu:m]

n. 꽃 = **blossom**
v. 꽃 피다 = **blossom**, 확연히 좋아지다

The experiment **bloomed** into a $50 million business. 그 실험이 발전해서 5백만 달러 규모의 사업이 되었다.

1331. **bleed**
[bli:d]

v. 피를 흘리다

A deep cut on her wrist was **bleeding** profusely.
그녀의 손목이 깊이 베여 많은 피가 났다.

☐ lid ☐ rid ☐ limb ☐ rim ☐ bloom ☐ bleed

1332. breed
[briːd]

v. 번식하다 = **multiply**, **reproduce**, 키우다
n. 품종

Only some endangered animals can be **bred** in zoos.
멸종 위기에 처한 몇몇 종만을 동물원에서 번식시킬 수 있다.

1333. literally
[lítərəli]

literal *a.* 글자 그대로의

ad. 글자 그대로, 정말로
= **exactly**, **verbatim**, **word for word**

Jan and I have **literally** nothing in common.
잰과 나는 공통점이 정말로 전혀 없다.

1334. youth
[juːθ]

youthful *a.* 젊은

n. 젊음, 청년 = **adolescence** ↔ **adult**

Caroline had been a ballet dancer in her **youth.**
캐롤라인은 젊었을 때 발레리나였다.

1335. faith
[feiθ]

faithful *a.* 믿을 수 있는

n. 신뢰 = **confidence**, **reliance**

After what she's been through, I can understand why she's lost **faith** in the legal system. 그녀가 그런 일을 겪은 뒤로 법조계에 대한 신뢰를 잃은 것도 이해가 간다.

1336. path
[pæθ]

n. 오솔길, 작은 길 = **trail**

He lead me down a **path** to a farmhouse.
그는 나를 데리고 오솔길을 따라 농가에 갔다.

1337. sin
[sin]

sinner *n.* 죄인
sinful *a.* 죄를 지은

n. (윤리적) 죄 = **offense**

The Bible says adultery is a **sin.**
성경에서는 간통이 죄라고 말한다.

☐ breed ☐ literally ☐ youth ☐ faith ☐ path ☐ sin

1338. imaginary

[imǽdʒənèri / -nəri]

imagine *v.* 상상하다
imagination *n.* 상상

a. 상상 속의

He pointed an **imaginary** gun at me and pretended to shoot.
그는 있지도 않은 총을 내게 겨누며 쏘는 시늉을 했다.

1339. soak

[souk]

v. 적시다 = **drench**, 담그다, 젖다

Soak the beans overnight before cooking.
요리하기 전에 콩을 하룻밤 물에 담가 두세요.

1340. worth

[wəːrθ]

worthy *a.* 가치가 있는

a. ~의 가치가 있는 = **deserving** ↔ **worthless**
n. 가치 = **value**

What's the current **worth** of the company?
그 회사의 현재 가치가 얼마인가요?

1341. sigh

[sai]

n. v. 한숨(을 쉬다)

Sighing wearily, she began her routine of getting ready for bed.
그녀는 피곤한 듯 한숨을 쉬며 언제나처럼 잘 준비를 했다.

1342. shave

[ʃeiv]

n. v. 면도(하다)

I didn't have time to **shave** my legs.
나는 다리털을 밀 시간이 없었다.

1343. ship

[ʃip]

shipment *n.* 배송

v. 보내다, 배송하다 = **send**, **transport**

We can **ship** a replacement to you within 24 hours.
교환한 물건을 24시간 내로 배송해 드릴 수 있습니다.

□ imaginary □ soak □ worth □ sigh □ shave □ ship

1344. siege
[siːdʒ]
besiege v. 포위하다

n. 포위(공격) = **blockade**

The rebel troops have ended **siege** of Manila area.
반란군이 마닐라 일대의 포위를 해제했다.

1345. cease
[siːs]
cessation n. 중지
ceaseless a. 끊임없는

v. 중지하다 = **terminate**, **discontinue**

All conversation **ceased** as the two police officers entered. 경찰관 두 명이 들어오자 모든 대화가 중단되었다.

1346. seize
[siːz]
seizure n. 장악, 압수

v. 쥐다 = **grasp**, **grab**, 체포하다 = **capture**, **arrest**, 압수하다

Authorities have **seized** over 200 pounds of marijuana since March 1.
당국은 3월 1일부터 지금까지 2백 파운드가 넘는 마리화나를 압수했다.

1347. vanish
[vǽniʃ]

v. 사라지다 = **disappear** ↔ **appear**, **emerge**

Before she could scream, the man had **vanished** into the night.
그녀가 미처 소리를 지르기도 전에 남자는 밤의 어둠 속으로 사라졌다.

1348. breathe
[briːð]
breath n. 숨

v. 숨 쉬다

It was cold, and everyone **breathed** clouds of vapor.
날이 추워서 모두들 입김을 내뿜었다.

1349. exhausted
[igzɔ́ːstid]
exhaust v. 무척 지치게 하다, 다 쓰다
exhaustion n. 지침, 고갈

a. 무척 지친 = **fatigued**, 다 써 버린

I was **exhausted** every day when I first started teaching, but I'm used to it now. 나는 처음에 교사 일을 시작했을 때는 매일 녹초가 되었지만 이제는 익숙해졌다.

☐ siege ☐ cease ☐ seize ☐ vanish ☐ breathe ☐ exhausted ☐ architect

1350. architect

[á:*r*kitèkt]

architecture *n.* 건축설계

n. 설계사, 기획자

We're working with a team of **architects** on the plans for the new building.
우리는 건축 설계사 팀과 함께 새로 지을 건물의 건축 계획을 세우고 있다.

Day 45   EXERCISE

A 영어는 우리말로, 우리말은 영어로 쓰시오.

1	prevention	_______	11	의존하는 _______
2	definition	_______	12	무릎 _______
3	lid	_______	13	가장자리 _______
4	bloom	_______	14	피를 흘리다 _______
5	literally	_______	15	번식하다 _______
6	faith	_______	16	젊음 _______
7	soak	_______	17	오솔길 _______
8	ship	_______	18	~의 가치가 있는 _______
9	vanish	_______	19	중지하다 _______
10	architect	_______	20	숨 쉬다 _______

B 빈칸에 알맞은 것을 보기에서 고르시오.

보기   ⓐ seized   ⓑ limbs   ⓒ arrested   ⓓ rid

1 Authorities have __________ over 200 pounds of marijuana since March 1.
당국은 3월 1일부터 지금까지 2백 파운드가 넘는 마리화나를 압수했다.

2 The calf stood up slowly with trembling __________ and took its first, uncertain steps.
송아지는 덜덜 떨리는 다리를 딛고 천천히 일어서서 불안한 첫걸음을 내디뎠다.

3 Scientists hope to one day __________ the world of this terrible disease.
과학자들은 언젠가 이 끔찍한 질병을 물리칠 것이라 기대하고 있다.

정답   A 1. 방지 2. 정의 3. 뚜껑 4. 꽃 피다 5. 글자 그대로 6. 신뢰 7. 적시다 8. 배송하다 9. 사라지다 10. 설계사
11. dependent 12. lap 13. rim 14. bleed 15. breed 16. youth 17. path 18. worth 19. cease 20. breathe
B 1. ⓐ 2. ⓑ 3. ⓓ

Day46

월   일

1351. evident
[évidənt]

a. 명백한, 분명한 = **clear, obvious** ↔ **obscure**

Carlos' frustration was **evident** in his comments.
카를로스의 좌절감이 그의 말에서 확실히 드러났다.

1352. artistic
[ɑːrtístik]

artist *n.* 예술가

a. 예술적인, 예술가의

The chef is known for the **artistic** presentation of his dishes.   그 요리사는 자신이 만든 요리를 예술적으로 꾸며 내놓는 것으로 유명하다.

1353. flexible
[fléksəbl]

flexibility *n.* 유연함
flexibly *ad.* 유연하게

a. 유연한, 융통성 있는 ↔ **inflexible**

Designers have come up with a technique for making skis more **flexible.**
설계사들은 스키 장비의 유연성을 높일 수 있는 기술을 개발해 냈다.

1354. feasible
[fíːzəbəl]

feasibility *n.* 가능함

a. 가능한, 효과를 거둘 수 있는

It is not **feasible** to have security cameras in every part of the building.
건물의 구석구석에 보안 카메라를 설치하는 것은 불가능한 일이다.

1355. cough
[kɔ(ː)f]

n. v. 기침(하다)

The old car **coughed** and sputtered before starting.
낡은 차는 켁켁거리고 털털거리다가 시동이 걸렸다.

☐ evident ☐ artistic ☐ flexible ☐ feasible ☐ cough

1356. isolation

[àisəléiʃən]

isolate *v.* 따돌리다

n. 고립, 소외 = **separation**

First-year college students often experience feelings of **isolation.** 대학 1학년생은 소외감을 느끼는 경우가 자주 있다.

1357. volunteer

[vàləntíər]

voluntary *a.* 자원하는

n. 지원자, 자원봉사자 *v.* 자진해서 하다

Andy didn't wait to be drafted – he **volunteered.** 앤디는 군대에 징집될 때까지 기다리지 않고 자원했다.

1358. imply

[implái]

implication *n.* 암시

v. 내포하다, 넌지시 비치다 = **hint, suggest**

His criticisms **implied** a lack of confidence in my work. 그의 비난에는 내 일에 대한 신뢰가 없다는 것이 내포되어 있었다.

1359. enthusiastic

[enθùːziǽstik]

enthusiasm *n.* 열정
enthusiast *n.* 열렬히 좋아하는 사람

a. 열렬한 = **eager, passionate**

A small but **enthusiastic** crowd cheered as the players ran onto the field. 선수들이 경기장을 뛰어다니는 동안 수는 적지만 열성적인 관중들이 응원을 했다.

1360. endurance

[indjú(ː)ərəns]

endure *v.* 견디다
endurable *a.* 참을 만한

n. 참을성, 지구력 = **tolerance**

Swimming helps to increase your strength and **endurance.** 수영은 근력과 지구력을 키우는 데 도움이 된다.

1361. insight

[ínsàit]

insightful *a.* 통찰력 있는

n. 통찰력, 이해 = **wisdom**

We help troubled teenagers gain some **insight** into their own problems. 우리는 힘들어하는 청소년들이 자신의 문제에 대한 통찰을 얻도록 도와 드립니다.

☐ isolation ☐ volunteer ☑ imply ☐ enthusiastic ☐ endurance ☐ insight

1362. drought
[draut]

n. 가뭄

A severe **drought** has caused most of the corn crop to fail.
극심한 가뭄으로 재배하던 옥수수 대부분이 수확을 못 하게 되었다.

1363. supervise
[sjú:pərvàiz]

supervision *n.* 관리
supervisor *n.* 관리자

v. 감독하다

At work, she **supervises** a production team of fifteen.
그녀는 직장에서 15명으로 구성된 생산팀을 관리한다.

1364. librarian
[laibré(:)əriən]

library *n.* 도서관

n. 사서, 도서관원

She became school **librarian**, and always seemed to have a book in her hand. 그녀는 학교 도서관의 사서가 되고는 언제나 손에 책을 들고 있는 것 같았다.

1365. vicious
[víʃəs]

vice *n.* 악덕

a. 나쁜, 악랄한 = **brutal** ↔ **virtuous**

John gets pretty **vicious** when he's drunk.
존은 술이 취하면 무척 포악스러워진다.

1366. resident
[rézidənt]

residence *n.* 거주
reside *v.* 거주하다

n. 거주자, 주민 = **inhabitant**

Residents of Glacier Bay are complaining about the pollution caused by cruise ships.
글레이셔 만의 주민들이 유람선으로 발생하는 오염 때문에 피해를 본다고 항의하고 있다.

1367. cafeteria
[kæfití(:)əriə]

n. 구내식당

Students complained about the **cafeteria** food.
학생들이 구내식당 음식이 형편없다고 불평했다.

□ drought □ supervise □ librarian □ vicious □ resident □ cafeteria

1368. inheritance

[inhéritəns]

inherit *v.* 물려받다

n. 상속, 물려받음 = **legacy**

Vincent doesn't work; he just lives off his **inheritance.**
빈센트는 일하지 않는다. 물려받은 재산만 까먹고 산다.

1369. diminish

[dimíniʃ]

diminution *n.* 감소
diminutive *a.* 감소하는

v. 줄다, 줄이다 = **lessen, decrease**

The time Foreman spent with his children gradually **diminished.**
포먼이 자식들과 보내는 시간이 점점 줄어들었다.

1370. hatch

[hætʃ]

hatchery *n.* 부화장

v. 알을 까다, 부화하다

Millions of mosquito eggs will have **hatched** out by May. 5월경에 수백만 개의 모기 알이 부화할 것이다.

1371. inconvenience

[ìnkənví:njəns]

inconvenient *a.* 불편한

n. 불편, 성가신 것 = **nuisance** ↔ **convenience**

We apologize for any **inconvenience** the strike has caused to our customers.
파업으로 고객 여러분께 불편을 끼쳐 드려 죄송합니다.

1372. donor

[dóunər]

donate *v.* 기증하다
donation *n.* 기증

n. 기증자, 제공자

Money for the new health center has come mostly from private **donors.** 새로 설립된 보건소의 운영 자금은 대부분 개인 기증자들이 낸 돈이다.

1373. peep

[pí:p]

v. 몰래 들여다보다

Bobby **peeped** around the corner to see if anyone was coming.
바비는 누가 오는지 보려고 구석을 슬쩍 둘러보았다.

☐ inheritance ☐ diminish ☐ hatch ☐ inconvenience ☐ donor ☐ peep

1374. **gloomy**
[glú:mi]

gloom *n.* 암울

a. 컴컴한, 암울한 = **depressing**, **glum**

A year ago it seemed that a peace treaty looked possible, but now the outlook is much **gloomier.**
1년 전에는 평화 협정이 가능할 것으로 보였으나 지금은 그럴 가망이 훨씬 적어졌다.

1375. **priority**
[praió(:)rəti]

prior *a.* 우선하는
prioritize *v.* 우선하다

n. 우선하는 것, 우선순위

First, let's decide what our **priorities** are.
먼저 우선 해야 할 일을 정합시다.

1376. **arithmetic**
[əríθmətik]

n. 산수, 계산

All that most businesspeople need to know of mathematics is **arithmetic.**
대부분의 사업가들이 수학에서 알아야 할 것은 산수 하나뿐이다.

1377. **thermometer**
[θərmámitər]

n. 온도계, 체온계

On my way to the outbuilding I read the outside **thermometer.**
나는 헛간으로 가는 길에 밖에 놓아 둔 온도계로 온도를 확인했다.

1378. **agriculture**
[ǽgrikʌltʃər]

agricultural *a.* 농업의

n. 농업, 농학

Its was an area of intensive **agriculture**, predominantly sheep breeding. 그곳은 집약적 농업 지대로서, 주로 양을 키웠다.

1379. **convert**
[kənvə́:rt]

convertible *a.* 바꿀 수 있는 *n.* 오픈카
conversion *n.* 개조

v. 개조하다, 바꾸다

The company has found a way to **convert** animal waste into fuel.
그 회사는 동물의 배설물을 연료로 바꾸는 방법을 찾아냈다.

☐ gloomy ☐ priority ☐ arithmetic ☐ thermometer ☐ agriculture ☐ convert ☐ policy

1380. **policy**
[pάləsi / pɔ́l-]

n. 정책, 보험 증권

She was planning to cash in on Rupert's insurance policies. 그녀는 루퍼트가 가입한 보험으로 돈을 챙기려는 속셈을 꾸미고 있었다.

Day 46   EXERCISE

A 영어는 우리말로, 우리말은 영어로 쓰시오.

1	evident		11 예술적인	
2	cough		12 지원자	
3	imply		13 지구력	
4	insight		14 가뭄	
5	supervise		15 악랄한	
6	resident		16 구내식당	
7	diminish		17 기증자	
8	peep		18 컴컴한	
9	priority		19 산수	
10	convert		20 정책	

B 빈칸에 알맞은 것을 보기에서 고르시오.

보기 ⓐ seized ⓑ flexible ⓒ feasible ⓓ isolation

1 First-year college students often experience feelings of __________ .
대학 1학년생은 소외감을 느끼는 경우가 자주 있다.

2 Designers have come up with a technique for making skis more __________ .
설계사들은 스키 장비의 유연성을 높일 수 있는 기술을 개발해 냈다.

3 It is not __________ to have security cameras in every part of the building.
건물의 구석구석에 보안 카메라를 설치하는 것은 불가능한 일이다.

정답 A 1. 명백한 2. 기침(하다) 3. 내포하다 4. 통찰력 5. 감독하다 6. 거주자 7. 줄다 8. 몰래 들여다보다 9. 우선순위
10. 개조하다 11. artistic 12. volunteer 13. endurance 14. drought 15. vicious 16. cafeteria 17. donor 18. gloomy
19. arithmetic 20. policy B 1. ⓓ 2. ⓑ 3. ⓒ

Day47

월   일

1381. peninsula
[pinínsələ / -sjə-]
peninsular *a.* 반도의

n. 반도

The United States has 37,000 troops based in the southern half of the divided **peninsula.**
미국은 분단된 반도의 남쪽 지역에 3만 7천 명의 병력을 주둔시키고 있다.

1382. formal
[fɔ́ːrməl]
formality *n.* 격식

a. 형식을 갖춘, 격식을 차린 ↔ **informal**

A **formal** agreement between the two countries was signed in 1999.
두 국가 간의 정식 협정이 1999년에 체결되었다.

1383. protein
[próutiːn]

n. 단백질

Mounting evidence shows diets high in animal **protein** trigger calcium loss from bones.
동물성 단백질이 많이 함유된 식생활이 뼈에서 칼슘이 빠져나가는 것을 촉진한다는 증거가 계속 나오고 있다.

1384. adopt
[ədápt / ədɔ́pt]
adoption *n.* 채택, 입양

v. 채택하다, 입양하다

She had hoped to get pregnant, but when she failed, she and her husband decided to **adopt** a child. 그녀는 임신하기를 바랐지만 실패하자 남편과 동의하여 아이를 입양하기로 결정했다.

1385. secretary
[sékrətèri / -tri]
secretarial *a.* 비서의

n. 비서, 서기

He is a cost accountant and also acts as company **secretary** in respect of share issues and the like.
그는 비용 처리 회계사이면서 주식 문제 같은 업무에서 회사 비서 역할도 한다.

☐ peninsula ☐ formal ☐ protein ☐ adopt ☐ secretary

1386. **swell** [swel]	*v.* 부풀다, 부풀리다 ↔ **shrink** Put some ice on your knee before it **swells** up. 무릎이 부어오르기 전에 무릎 위에 얼음을 대고 있어.

1387. **efficient** [ifíʃənt] **efficiency** *n.* 효율	*a.* 능률적인 For a successful business, friendly and **efficient** staff are essential. 사업에 성공하려면 다정하면서도 능률적인 직원이 꼭 필요하다.

1388. **assemble** [əsémbl] **assembly** *n.* 모임, 조립	*v.* 모으다, 조립하다, 모이다 = **gather** I looked down onto the square, where a large crowd had **assembled.** 내가 광장을 내려다보니 수많은 군중이 모여 있었다.

1389. **assure** [əʃúər] **assurance** *n.* 보증	*v.* 보증하다, 장담하다 = **guarantee** The airline has **assured** travelers there will be no further delays. 그 항공사는 더 이상 연착은 없을 것이라고 여행객들에게 장담했다.

1390. **cure** [kjuər]	*n.* 치료, 해결책 *v.* 치료하다 = **heal** Adding a little oil into the mechanism is one of the best **cures** for a noisy engine. 기계에 윤활유를 약간 칠하는 것이 시끄러운 엔진을 고치는 최고의 방법 중 하나이다.

1391. **smash** [smæʃ]	*v.* 산산이 부수다, 후려치다 = **shatter, slam** Firefighters **smashed** a bedroom window and rescued a two-year-old girl. 소방관들이 침실 창문을 부수고 두 살짜리 여자아이를 구출했다.

☐ swell ☐ efficient ☐ assemble ☐ assure ☐ cure ☐ smash

1392. suspect

v. [səspékt] n. [sʌ́spekt]

suspicion n. 의심
suspicious a. 미심쩍은

v. ~일 거라고 의심하다, 수상히 여기다 n. 용의자

Act naturally and no one will **suspect** you.
자연스럽게 행동하면 아무도 널 의심하지 않을 거야.
TEPS tips doubt : ~이 아닐 거라고 의심하다

1393. internal

[intə́ːrnl]

internally ad. 내부로

a. 내부의 ↔ **external**, 국내의 = **domestic**

After the accident, NASA conducted an **internal** investigation.
그 사고가 발생한 뒤 나사는 내부 조사에 들어갔다.

1394. impulse

[ímpʌls]

impulsive a. 충동적인

n. 충동

He has to learn to control his violent **impulses**.
그는 폭력적인 충동을 억제하는 법을 배워야 한다.

1395. contractor

[kəntrǽktər]

contract n. v. 계약(하다)

n. 계약자, 도급업자

You will have to co-ordinate with interior designers, architects and **contractors**. 당신은 인테리어 디자이너,
건축설계사, 그리고 도급업자들과 업무를 조정해야 할 것입니다.

1396. magnificent

[mægnífisənt]

magnificence n. 웅장함

a. 웅장한, 굉장한 = **splendid**

The location of the town along the river is **magnificent**.
강변에 자리 잡은 도시의 경관이 정말 멋지다.

1397. output

[áutpùt]

n. 출력 ↔ **input**, 생산량

The automaker plans to increase its car **output** next year. 그 자동차 회사는 내년 승용차 생산량을 늘릴 계획이다.

□ suspect □ internal □ impulse □ contractor □ magnificent □ output

1398. rectangle

[réktæŋgəl]

rectangular *a.* 직사각형의

n. 직사각형

The plate itself is a small **rectangle** of metallic material. 그 판은 조그마한 직사각형의 금속 물질이다.

1399. welfare

[wélfɛəːr]

n. 복지

Annabelle stopped getting **welfare** benefits when her husband landed a minimum-wage job. 애너벨은 남편이 최소 임금을 받는 직장에 간신히 취직하자 복지 급여 받는 것을 중단했다.

1400. calculate

[kǽlkjəlèit]

calculation *n.* 계산
calculator *n.* 계산기

v. 계산하다 = **work out**

I began **calculating** how long it would take to get to the airport if I left at 4:00. 나는 4시에 출발하면 공항까지 가는 데 얼마나 걸릴지 계산하기 시작했다.

1401. judgment

[dʒʌ́dʒmənt]

judge *v.* 판단하다 *n.* 판사
judgmental *a.* 판단하는

n. 판단, 판결

The court did not alter the $3,800 **judgment.** 법원은 3800달러를 배상하라는 판결을 번복하지 않았다.

1402. dimension

[diménʃən]

dimensional *a.* 차원의

n. 차원, 측면 = **aspect**, 치수

The new art gallery is impressive, but I felt the human **dimension** had been lost. 새로 생긴 미술관은 멋있기는 하지만 인간적인 면이 없다는 느낌이 들었다.

1403. democracy

[dimákrəsi / -mɔ́k-]

democratic *a.* 민주적인

n. 민주주의

In 1974, **democracy** returned to Greece after seven years of military rule. 1974년 그리스는 7년 동안의 군부 통치를 종식하고 민주주의로 복귀했다.

□ rectangle □ welfare □ calculate □ judgment □ dimension □ democracy

1404. chemistry
[kémistri]

chemist *n.* 화학자
chemical *a.* 화학의 *n.* 화학 물질

n. 화학

The drug may cause changes in a person's body **chemistry.**
그 약은 인체의 화학 작용에 변화를 일으킬 수 있다.

1405. guarantee
[gæ̀rəntíː]

n. 보증 = **assurance, warranty**
v. 보증하다 = **assure**

A good education doesn't **guarantee** a good job. 좋은 교육이 좋은 직장을 보장해 주지는 않는다.

1406. gauge
[geidʒ]

n. 측정기 *v.* 측정하다 = **measure**, 가늠하다

Recent polls have **gauged** the president's support at 85% or more.
최근 여론 조사 결과 대통령의 지지율이 85% 이상으로 나타났다.

1407. neutral
[njúːtrəl]

neutrality *n.* 중립
neutralize *v.* 중성화하다

a. 중립적인 = **impartial, unbiased**

Civil servants are supposed to be politically **neutral.**
공무원은 정치적 중립을 지켜야 한다.

1408. reform
[rifɔ́ːrm]

reformation *n.* 개혁

n. 개혁 *v.* 개혁하다 = **amend**

Plans to **reform** the health care system have failed more than once.
보건 체계를 개혁하려는 계획은 이미 한 번 이상 실패를 보았다.

1409. deadly
[dédli]

a. 치명적인 = **lethal**, 완전한 = **extreme**

In the First World War pneumonia was as **deadly** as bullets and shells.
1차 세계대전 당시에는 폐렴이 총알이나 폭탄 못지않게 치명적이었다.

☐ chemistry ☐ guarantee ☐ gauge ☐ neutral ☐ reform ☐ deadly ☐ decay

1410. **decay**

[dikéi]

v. 썩다 = **rot, decompose** *n.* 부패

Brushing your teeth regularly helps to fight against tooth decay.
규칙적으로 이를 닦으면 충치를 막는 데 도움이 된다.

Day 47 EXERCISE

A 영어는 우리말로, 우리말은 영어로 쓰시오.

1	formal	________	11	반도	________
2	swell	________	12	단백질	________
3	efficient	________	13	비서	________
4	assure	________	14	내부의	________
5	smash	________	15	충동	________
6	contractor	________	16	출력	________
7	welfare	________	17	직사각형	________
8	calculate	________	18	민주주의	________
9	judgment	________	19	화학	________
10	neutral	________	20	개혁	________

B 빈칸에 알맞은 것을 보기에서 고르시오.

보기 ⓐ cures ⓑ adjust ⓒ adopt ⓓ assembled

1 She had hoped to get pregnant, but when she failed, she and her husband decided to __________ a child.
그녀는 임신하기를 바랐지만 실패하자 남편과 동의하여 아이를 입양하기로 결정했다.

2 Adding a little oil into the mechanism is one of the best __________ for a noisy engine.
기계에 윤활유를 약간 칠하는 것이 시끄러운 엔진을 고치는 최고의 방법 중 하나이다.

3 I looked down onto the square, where a large crowd had __________ .
내가 광장을 내려다보니 수많은 군중이 모여 있었다.

정답 **A** 1. 격식을 차린 2. 부풀다 3. 능률적인 4. 보증하다 5. 산산이 부수다 6. 계약자 7. 복지 8. 계산하다 9. 판결 10. 중립적인 11. peninsula 12. protein 13. secretary 14. internal 15. impulse 16. output 17. rectangle 18. democracy 19. chemistry 20. reform **B** 1. ⓒ 2. ⓐ 3. ⓓ

Day48

월   일

1411. conscience

[kánʃəns / kɔ́n-]

conscientious *a.* 성실한, 양심적인

n. 양심, 자제심, 분별

He was a man of strong social **conscience**, who actively campaigned against poverty in all its forms. 그는 굳은 사회적 양심을 지닌 사람으로서 모든 형태의 빈곤을 퇴치하자는 운동을 활발히 벌였다.

1412. institute

[ínstətjùːt]

n. (학문, 연구) 기관

My colleague is a scientist at the Massachusetts **Institute** of Technology.
내 동료는 매사추세츠 공과대학 소속의 과학자이다.

1413. dedicate

[dédikèit]

dedication *n.* 헌신
dedicated *a.* 헌신적인

v. 바치다, 헌신하다 = **devote**

A group **dedicated** to saving nature celebrated by planting an oak tree.
자연 보호에 헌신하는 단체가 떡갈나무 한 그루를 기념으로 심었다.

1414. accuse

[əkjúːz]

accusation *n.* 고발, 비난

v. 고발하다 = **charge**, 비난하다 = **blame**

A former businessman has gone on trial **accused** of a two million dollar investment fraud.
사업가로 일했던 사람이 2백만 달러 규모의 투자 사기사건으로 고발을 당해 재판을 받았다.

1415. square

[skwɛəːr]

n. 정사각형, 제곱, 광장

Have you ever been to the bank on the **square?**
광장에 있는 그 은행에 가 봤니?

☐ conscience ☐ institute ☐ dedicate ☐ accuse ☐ square

1416. **circulation**
[sə̀ːrkjəléiʃən]
circulate *v.* 순환시키다

n. 순환, 유통, 판매부수

It is a specialist journal with a relatively small **circulation.**
그것은 판매부수가 비교적 적은 전문가를 위한 잡지이다.

1417. **reproduction**
[rìːprədʌ́kʃən]
reproduce *v.* 복사하다, 번식하다

n. 복사, 번식, 재생

Dr. Schultz's research has focused mostly on human **reproduction.**
슐츠 박사의 연구는 대부분 인간의 복제에 집중되었다.

1418. **energetic**
[ènərdʒétik]
energy *n.* 정력

a. 정력적인, 강력한 = **vigorous**

If you're feeling **energetic**, we could go out for a run. 몸에 기운이 난다면 나가서 달리기라도 하지요.

1419. **bruise**
[bruːz]

n. 멍, 타박상 *v.* 멍들게 하다

I banged into the shelf so hard that I got an ugly purple **bruise** on my hip.
나는 선반에 하도 세게 부딪혀서 엉덩이에 흉한 자주색 멍이 들었다.

1420. **suspense**
[səspéns]

n. 긴장, 불안 = **tension**

The audience is kept in **suspense** to the very end of the play.
관객은 연극이 끝나는 순간까지 긴장을 늦출 수가 없다.

1421. **designate**
[dézignèit]
designation *n.* 임명

v. 지정하다, 임명하다 = **appoint**

Designate a driver who won't be drinking before going to a party or club. 파티나 클럽에 가기 전에 술을 마시지 않고 나중에 운전해 줄 사람을 정해 둬요.

☐ circulation ☐ reproduction ☐ energetic ☐ bruise ☐ suspense ☐ designate

1422. **evaporate**
[ivǽpərèit]

evaporation *n.* 증발

v. 증발하다, 증발시키다 = **vaporize**, 점차 사라지다

Support for the idea had **evaporated** by that time. 그 생각에 대한 지지가 그 즈음에는 사라져 버렸다.

1423. **conceive**
[kənsíːv]

conception *n.* 생각, 임신
conceivable *a.* 상상할 수 있는

v. 마음에 품다, 임신하다

I don't believe an author could have **conceived** a more romantic first meeting.
이보다 더 낭만적인 첫 만남을 생각해 낼 수 있는 작가는 없을 것 같다.

1424. **survey**
v. [səːrvéi] *n.* [sə́ːrvei]

n. 설문 조사 = **poll**
v. 조사하다 = **inspect**, 살펴보다

A large segment of the population that was **surveyed** was taking vitamin supplements.
설문 조사에 응한 사람들 중 다수가 비타민 보충제를 복용하고 있었다.

1425. **sink**
[siŋk]

n. 싱크대, 세면대 = **washbasin**   *v.* 가라앉다

As the sun **sank** lower and lower, the sky first turned pink and then orange. 해가 뉘엿뉘엿 지면서 하늘이 처음에는 분홍색으로 변했다가 주황색으로 바뀌었다.

1426. **tow**
[tou]

v. 끌고 가다   *n.* 차 견인

The damaged ship was **towed** to the nearest port.
파손된 선박이 가장 가까이 있는 항구로 견인되었다.

1427. **theme**
[θiːm]

n. 주제 = **subject**

I really like the **theme** song to the sitcom.
나는 그 시트콤의 주제곡을 정말 좋아한다.

☐ evaporate ☐ conceive ☐ survey ☐ sink ☐ tow ☐ theme

1428. memo

[mémou]

n. 회람 = **memorandum**

A **memo** went around the office, reminding staff of the new dress code.
직원들에게 새로운 복장 규정을 알려 주는 회람이 사내에 돌았다.

1429. lifetime

[láiftàim]

n. 평생, 살아 있는 동안

A good tool should last a **lifetime.**
좋은 도구는 평생 쓸 수 있어야 한다.

1430. extension

[iksténʃən]

extend v. 늘리다

n. 연장, 늘임, (전화) 교환

Hello, I'd like **extension** 2807, please.
여보세요. 교환 2807번 부탁합니다.

1431. alarm

[əláːrm]

n. 경보 v. 걱정시키다 = **worry**

Many women are **alarmed** by suggestions of a link between the contraceptive pill and breast cancer. 피임약과 유방암 사이에 연관이 있을 수 있다는 말을 들으면 많은 여자들이 걱정한다.

1432. auction

[ɔ́ːkʃən]

n. v. 경매(에 부치다)

The contents of the house were **auctioned** to pay off the family's debts.
그 가족의 빚을 갚기 위해 그 집에 있던 물건들이 경매에 붙여졌다.

1433. vacancy

[véikənsi]

vacant a. 비어 있는

n. 빈 방, 일자리 = **opening**

A **vacancy** exists for an import/export sales manager at our Paris office.
저희 회사 파리 지사의 수출입 영업부장 직책이 현재 공석입니다.

☐ memo ☐ lifetime ☐ extension ☐ alarm ☐ auction ☐ vacancy

1434. opportunity
[àpərtjúːnəti / ɔ̀pər-]

n. 기회

All over the world women are demanding equal **opportunities.**
전 세계에서 여성들이 평등한 기회를 달라고 요구하고 있다.

1435. downturn
[daúntə̀ːrn]

n. 경기 침체, 부진 ↔ **upturn**

A **downturn** in one part of the world has always been partly offset by growth elsewhere.
세계 일부 지역의 경기 침체가 있을 때마다 다른 지역의 경제 성장으로 어느 정도 상쇄되어 왔다.

1436. suburb
[sʌ́bəːrb]

suburban *a.* 교외의

n. 교외, 변두리 = **outskirts**

Amy teaches at a primary school in a **suburb** of Atlanta.
에이미는 애틀랜타 교외에 있는 초등학교에서 교사로 일한다.

1437. personality
[pə̀ːrsənǽləti]

n. 성격, 개성 = **character**, 유명인사 = **celebrity**

Donna was a smart, good-looking 17-year-old with a lively **personality.**
다나는 영리하고 예쁘고 성격이 활달한 17세 소녀였다.

1438. primary
[práimeri / -məri]

primarily *ad.* 주로

a. 가장 중요한, 근본적인 = **prime, fundamental**

As always, security is our **primary** concern.
언제나 그랬듯이, 우리의 1차 관심사는 보안입니다.

1439. checkup
[tʃékʌ̀p]

n. 검사, 건강검진 = **physical**

It's been a couple of years since I had my last **checkup.** 내가 건강검진을 받은 지 2년 정도 되었다.

☐ opportunit ☐ downturn ☐ suburb ☐ personality ☐ primary ☐ checkup ☐ cashier

1440. **cashier**

[kǽʃíər]

n. 계산원, 현금출납계

You hand your smart card to the **cashier** at a restaurant and she runs it through a scanner.
레스토랑에서 계산원에게 적립 카드를 건네주면 스캐너에 카드를 통과시킨다.

Day 48   EXERCISE

A 영어는 우리말로, 우리말은 영어로 쓰시오.

1 institute	__________	11 헌신하다	__________
2 accuse	__________	12 정사각형	__________
3 suspense	__________	13 정력적인	__________
4 designate	__________	14 증발하다	__________
5 survey	__________	15 주제	__________
6 tow	__________	16 평생	__________
7 extension	__________	17 경매	__________
8 suburb	__________	18 기회	__________
9 personality	__________	19 검사	__________
10 primary	__________	20 계산원	__________

B 빈칸에 알맞은 것을 보기에서 고르시오.

보기　ⓐ circulation　ⓑ downturn　ⓒ bruise　ⓓ suburb

1 It is a specialist journal with a relatively small __________ .
그것은 판매부수가 비교적 적은 전문가를 위한 잡지이다.

2 I banged into the shelf so hard that I got an ugly purple __________ on my hip.
나는 선반에 하도 세게 부딪혀서 엉덩이에 흉한 자주색 멍이 들었다.

3 A __________ in one part of the world has always been partly offset by growth elsewhere.
세계 일부 지역의 경기 침체가 있을 때마다 다른 지역의 경제 성장으로 어느 정도 상쇄되어 왔다.

정답　**A** 1. 기관　2. 고발하다　3. 긴장　4. 지정하다　5. 설문 조사　6. 끌고 가다　7. 연장　8. 교외　9. 성격　10. 가장 중요한　11. dedicate　12. square　13. energetic　14. evaporate　15. theme　16. lifetime　17. auction　18. opportunity　19. checkup　20. cashier　**B** 1. ⓐ　2. ⓒ　3. ⓑ

월   일

1441. variety
[vəráiəti]
various *a.* 다양한
vary *v.* 다양하다

n. 다양함

She's always complaining that her job doesn't have enough **variety.**
그녀는 자기 직업에 다양성이 부족하다고 틈만 나면 불평을 한다.

1442. disorder
[disɔ́:rdər]
disorderly *a.* 엉망인

n. 무질서 = **chaos, mess** ↔ **order,** (신체, 정신) 장애

After two years of therapy, Erika was able to conquer her eating **disorder.** 에리카는 두 시간 동안 치료 요법을 받고 나서 식생활 장애를 극복할 수 있었다.

1443. assume
[əsjúːm]
assumption *n.* 추측

v. 가정하다 = **suppose, presume,** 가장하다, 떠맡다

Assuming a carefree air, Luke picked up his jacket and walked to the door.
루크는 태연한 척하면서 재킷을 집어 들고 문 쪽으로 걸어갔다.

1444. ache
[eik]

v. 아프다 = **hurt**   *n.* 아픔 = **pain**

Lisa felt a dull **ache** spreading up her arm.
리사는 은근한 통증이 팔을 타고 올라오는 것을 느꼈다.

1445. mend
[mend]

v. 고치다, 수선하다 = **repair, fix**

Mending this problem will take more than money.
이 문제를 해결하는 데는 돈 말고 다른 것도 필요할 것이다.

☐ variety　☐ disorder　☐ assume　☐ ache　☐ mend

1446. **fit**
[fit]

n. 경련 = **convulsion**, 발작 = **bout**

He had the entire audience in **fits** of laughter.
그는 모든 관객이 미친 듯이 웃게 만들었다.

1447. **barely**
[bέərli]

ad. 간신히, 거의 ~ 아닌 = **hardly**

He had **barely** a mile to go before finishing the race.
그는 완주하기까지 1마일도 채 남지 않은 상태였다.

1448. **recommendation**
[rèkəmendéiʃən]

recommend *v.* 추천하다

n. 추천, 권유 = **advocacy, endorsement**

I bought the house on the realtor's **recommendation** and have regretted it ever since.
나는 부동산 중개업자의 권유로 그 집을 사고는 계속 후회했다.

1449. **bark**
[ba:rk]

v. 짖다   *n.* 나무껍질

The tree's inner **bark** was used to cure frostbite.
그 나무의 안쪽 껍질은 동상을 치료하는 데 쓰였다.

1450. **rub**
[rʌb]

v. 문지르다, 비비다

About once a month I **rub** wax into the table to keep it in good condition.
나는 탁자를 좋은 상태로 유지하려고 한 달에 한 번씩 탁자에 왁스칠을 한다.

1451. **urban**
[ə́:rbən]

urbanized *a.* 도시화된

a. 도시의 ↔ **rural**

The problem of air pollution is especially serious in **urban** areas.
대기 오염의 문제는 도시 지역에서 특히 심각하다.

☐ fit ☐ barely ☐ recommendation ☐ bark ☐ rub ☐ urban

1452. **shelf**

[ʃelf]

n. 선반 (*pl.* **shelves**)

Put it back on the top **shelf.**
맨 위쪽 선반에 도로 올려놔라.

1453. **remote**

[rimóut]

a. 멀리 떨어진, 외딴 곳에 있는
= **isolated** ↔ **nearby**

Space probes operate in dark, cold, **remote** parts of the solar system.
우주 탐사선은 태양계의 어둡고 춥고 먼 곳에서 활동을 벌인다.

1454. **previous**

[príːviəs]

previously *ad.* 이전에

a. 이전의, 앞선 = **prior**

Andy has two children from a **previous** marriage.
앤디는 이혼한 전 부인과 낳은 자식이 둘 있다.

1455. **deposit**

[dipázit / -pɔ́z-]

depository *n.* 창고

v. 예금하다 = **save** ↔ **withdraw**, 맡겨두다
n. 보증금

I'd like to **deposit** this in my checking account.
이것을 제 당좌 예금 계좌에 입금하려고 합니다.

1456. **laboratory**

[lǽbrətɔ̀ːri]

n. 실험실, 실습실 = **lab**

The facility uses animals in **laboratory** tests for some of its drugs.
그 연구실에서는 실험실의 동물을 약품 개발을 위한 실험에 사용한다.

1457. **satisfy**

[sǽtisfài]

satisfied *a.* 만족한
satisfactory *a.* 만족스러운
satisfaction *n.* 만족

v. 만족시키다, 충족시키다 = **meet**

95% of passengers say they are **satisfied** with the bus service.
승객들 중 95%가 버스 운행 서비스에 만족한다고 말한다.

☐ shelf ☐ remote ☐ previous ☐ deposit ☐ laboratory ☐ satisfy

1458. contribute

[kəntríbjuːt]

contribution *n.* 기부, 공헌
contributor *n.* 기부인

v. 기부하다 = **donate**, 기여하다

During the discussions Max seemed to be listening, but he had nothing to **contribute.**
토론이 진행되는 동안 맥스는 열심히 듣는 것 같기는 했으나 제시할 자기 의견이 없었다.

1459. procedure

[prəsíːdʒər]

n. 절차, 진행

Always observe the correct **procedure** for the use of ski-lifts.
스키장 리프트를 사용할 때는 반드시 올바른 절차를 따르세요.

1460. sustain

[səstéin]

v. 유지하다 = **maintain**, 뒷받침하다 = **uphold**

The floor cannot **sustain** the weight of a piano.
그 바닥은 피아노의 무게를 지탱할 수 없다.

1461. attractive

[ətræktiv]

attract *v.* 끌어들이다
attraction *n.* 끌어들임, 매력

a. 매력적인 = **charming**, **appealing**

He was a tall **attractive** man in his mid-forties.
그는 40대 중반의 키가 훤칠하고 매력적인 남자였다.

1462. fascinating

[fǽsənèitiŋ]

fascinate *v.* 매혹시키다
fascination *n.* 매혹

a. 매혹적인 = **enchanting**

It was a **fascinating** painting, with clever use of color and light.
그것은 색깔과 명암을 교묘하게 사용한 매혹적인 그림이었다.

1463. significant

[signífikənt]

significance *n.* 중대함

a. 중대한 = **crucial**, 꽤 많은 = **considerable**, 의미심장한 = **meaningful** ↔ **insignificant**

A **significant** number of drivers still refuse to wear seat belts.
상당히 많은 운전자들이 아직도 안전띠 매기를 거부한다.

☐ contribute　☐ procedure　☐ sustain　☐ attractive　☐ fascinating　☐ significant

1464. **concentrate**

[kánsəntrèit / kɔn-]

concentration *n.* 집중

v. 집중하다 = **focus**, 농축하다 = **condense**

I tried to read a few pages, but I found it hard to **concentrate.**
나는 책을 몇 장 읽으려고 했지만 집중하기가 힘들었다.

1465. **terrific**

[tərífik]

a. 대단한, 엄청난 = **marvelous, awesome**

The special effects in the movie were just **terrific.**
그 영화의 특수 효과는 정말 대단했다.

1466. **barren**

[bǽrən]

a. 생물이 못 사는,
　임신을 못 하는 = **infertile** ↔ **fertile**

Intense heat had created a completely **barren** landscape, almost like the moon.
극심한 더위 때문에 마치 달과 비슷한 극도로 황량한 광경이 생겨났다.

1467. **assignment**

[əsáinmənt]

assign *v.* 할당하다, 임명하다

n. 임명 = **appointment**, 과제

Bart's first **assignment** for the newspaper was to report on the French elections.
바트가 신문사에서 맨 처음 맡은 일은 프랑스의 선거를 보도하는 것이었다.

1468. **semester**

[siméstər]

n. 학기 = **term**

Fall **semester** starts the 28th of August.
가을 학기는 8월 28일에 개강한다.

1469. **ideal**

[aidí(ː)əl]

idealize *v.* 이상적이라 여기다

n. 이상형 = **optimum**　*a.* 이상적인 = **perfect**

It is a religious and social **ideal** which is achieved relatively infrequently in practice.
그것은 실제로는 실현되는 경우가 비교적 적은 종교적, 사회적 이상이다.

☐ concentrate ☐ terrific ☐ barren ☐ assignment ☐ semester ☐ ideal ☐ principal

1470. **principal**

[prínsəpəl]

principally *ad.* 주로

a. 주된 = **prime**, **chief** *n.* 교장, 원금

Oil is the country's **principal** source of income.
그 나라의 주요 수입원은 석유이다.

Day 49 — EXERCISE

A 영어는 우리말로, 우리말은 영어로 쓰시오.

1	variety	__________	11 아프다	__________
2	mend	__________	12 짖다	__________
3	rub	__________	13 도시의	__________
4	remote	__________	14 예금하다	__________
5	previous	__________	15 실험실	__________
6	satisfy	__________	16 기부하다	__________
7	procedure	__________	17 유지하다	__________
8	attractive	__________	18 집중하다	__________
9	terrific	__________	19 임명	__________
10	principal	__________	20 학기	__________

B 빈칸에 알맞은 것을 보기에서 고르시오.

보 기 ⓐ bark ⓑ disorder ⓒ Assuming ⓓ fits

1 He had the entire audience in __________ of laughter.
그는 모든 관객이 미친 듯이 웃게 만들었다.

2 __________ a carefree air, Luke picked up his jacket and walked to the door.
루크는 태연한 척하면서 재킷을 집어 들고 문 쪽으로 걸어갔다.

3 After two years of therapy, Erika was able to conquer her eating __________ .
에리카는 두 시간 동안 치료 요법을 받고 나서 식생활 장애를 극복할 수 있었다.

정답 **A** 1. 다양함 2. 고치다 3. 문지르다 4. 멀리 떨어진 5. 이전의 6. 만족시키다 7. 절차 8. 매력적인 9. 엄청난 10. 주된 11. ache 12. bark 13. urban 14. deposit 15. laboratory 16. contribute 17. sustain 18. concentrate 19. assignment 20. semester **B** 1. ⓓ 2. ⓒ 3. ⓑ

Day50

월   일

1471. **monument**

[mánjəmənt / mɔ́n-]

monumental *a.* 기념비적인

n. 기념관, 기념물 = **memorial**

The keep's remains will be preserved as a historic **monument**.
그 성채의 유물은 역사적 기념물로 보존될 것이다.

1472. **descend**

[disénd]

descent *n.* 하강

v. 내려가다, 줄어들다 = **fall** ↔ **ascend**

Several climbers were **descending** the mountain.
등반가 몇 명이 산에서 내려오고 있었다.

1473. **various**

[vέəriəs]

variety *n.* 다양함
vary *v.* 다양하다

a. 많은, 다양한 = **diverse**

I had to sign **various** documents before they would let me into the country.
나는 그 나라에 입국 허가를 받기 전에 여러 가지 서류에 서명을 해야 했다.

1474. **heir**

[ɛər]

n. 상속인, 후계자 = **inheritor**

Henry died a year ago, and his **heirs** sold the ranch.
헨리는 1년 전에 죽었고 그의 상속인들은 목장을 팔았다.

1475. **plain**

[plein]

a. 명백한 = **apparent**, **obvious**, 쉬운, 평범한
n. 평야

Catherine, who had been rather **plain** as a child, was now an attractive young woman.
캐서린은 어렸을 때는 다소 평범했는데 지금은 매력적인 아가씨가 되었다.

☐ monument ☐ descend ☐ various ☐ heir ☐ plain

1476. dub
[dʌb]

v. 별명을 붙이다 = **nickname**, 외국어로 더빙하다

Johnson was **dubbed** "Magic" while playing high school basketball.
존슨은 고등학교에서 농구선수를 할 때 '매직'이라는 별명이 붙었다.

1477. raise
[reiz]

v. 올리다 = **increase**, 키우다, 모금하다 = **collect** 거론하다 = **broach** *n.* 봉급 인상

Library employees have not received a **raise** for six years. 도서관 직원들은 6년째 봉급 인상을 받지 못했다.

1478. florist
[flɔ́(ː)rist / flɑ́r-]

n. 꽃집 주인, 꽃가게

Dean stopped at the **florist** on the way home.
딘은 집에 오는 길에 꽃가게에 들렀다.

1479. dye
[dai]

v. 염색하다, 물들이다 = **tint**

I'm bored with this skirt. I'm going to **dye** it.
이 치마는 이제 질렸어. 염색을 해야겠어.

1480. largely
[lɑ́ːrdʒli]

ad. 주로 = **mainly**, **chiefly**

Most of the cities depend **largely** on hydroelectric power.
대부분의 도시들이 수력 발전에 주로 의존한다.

1481. tale
[teil]

n. 이야기 = **story**

'Treasure Island' is a **tale** of pirates and adventure.
'보물섬'은 해적들과 모험이 등장하는 이야기이다.

☐ dub ☐ raise ☐ florist ☐ dye ☐ largely ☐ tale

1482. **seed**
[si:d]

n. 씨앗

The produce is grown from **seeds** chosen for flavor.
그 농작물은 맛을 기준으로 선택된 씨앗을 뿌려 키운다.

1483. **desert**
[dizə́:rt]
desertion *n.* 버림

v. 저버리다, 버리고 떠나다 = **abandon**

Gordon has found a house in the woods that seems to have been **deserted** by its owners.
고든은 주인이 버리고 간 듯한 집 한 채를 숲 속에서 발견했다.

1484. **cell**
[sel]

n. 작은 방, 세포, 전지

The new treatment effectively kills cancer **cells.**
새로 나온 치료법은 암 세포를 효과적으로 죽인다.

1485. **stare**
[stɛə:r]

v. 빤히 보다, 멍하니 보다 = **gaze**

Donna **stared** in horror as the man fell to the floor.
다나는 그 남자가 바닥에 떨어진 것을 겁에 질려 바라보았다.

1486. **route**
[ru:t / raut]

n. 길, 노선

I try to vary my **route** to and from work a little.
나는 출퇴근하는 길을 조금씩 바꿔 보려고 이리저리 다닌다.

1487. **bury**
[béri]
burial *n.* 매장

v. 파묻다

People may **bury** painful childhood memories to protect themselves.
사람은 자신을 보호하기 위해 어린 시절의 고통스러운 기억을 묻어두는 경우가 있다.

☐ seed ☐ desert ☐ cell ☐ stare ☐ route ☐ bury

1488. male
[meil]

maleness *n.* 남성성

n. a. 남성, 수컷 ↔ **female**

More women are entering traditionally **male** jobs like engineering. 점점 더 많은 여성들이 공학과 같이 전통적인 남성의 일에 진출하고 있다.

1489. heal
[hi:l]

v. 아물다, 치료하다 = **cure**

A sprain usually takes longer to **heal** than a broken bone.
관절을 삔 부상은 대부분 골절보다 치료 기간이 더 길다.

1490. sole
[soul]

solely *ad.* 오로지

a. 유일한 = **single, only** *n.* 발바닥, 밑창

Arthur will retain **sole** ownership of the company.
아더가 그 회사의 단독 소유권을 보유할 것이다.

1491. vain
[vein]

vanity *n.* 허영

a. 헛된 = **useless**, 허영심이 강한 = **conceited**

He stretched up his arms in a **vain** effort to reach the top of the embankment.
그는 제방의 가장 위쪽으로 올라가려고 팔을 뻗었지만 허사였다.

1492. alter
[ɔ́ːltər]

alteration *n.* 바꿈

v. 바꾸다, 바뀌다 = **modify, amend**

His mood suddenly **altered** and he seemed a little annoyed.
그의 기분이 갑자기 바뀌어 약간 짜증이 난 것 같았다.

1493. aisle
[ail]

n. (차 안의) 통로

He slipped out of the pew and hurried back down the **aisle.**
그는 교회 의자에서 슬그머니 빠져나와 통로를 서둘러 걸어갔다.

☐ male ☐ heal ☐ sole ☐ vain ☐ alter ☐ aisle

1494. **complement**

[kámpləmènt / kóm-]

complementary *a.* 보완하는

v. 보충하다, 보완하다 = **support**

Buy a scarf that **complements** your shirt or dress.
셔츠나 드레스를 잘 받쳐 주는 스카프를 사세요.

1495. **foul**

[faul]

a. 고약한 = **abominable**, 모욕적인 = **offensive**

The boss has a **foul** temper.
그 사장은 성질이 더럽다.

1496. **idle**

[áidl]

a. 게으른 = **lazy**, 일이 없는 = **unemployed**
v. 빈둥거리다, 공회전하다 = **tick over**

Almost half the skilled workers in this country are now **idle**.
이 나라에 있는 숙련 노동자들 중 절반 가량이 현재 실업자이다.

1497. **tension**

[ténʃən]

tense *a.* 긴장한

n. 긴장 = **nervousness**

A crowd gathered and **tension** mounted till the riot broke out.
군중이 모여들었고 긴장이 고조되다가 마침내 폭동이 벌어졌다.

1498. **martial**

[máːrʃəl]

a. 전쟁의, 전투의

The President declared **martial** law.
대통령은 계엄령을 선포했다.

1499. **row**

[rou]

n. 줄, 열 *v.* (배를) 젓다

Gabrielle found a seat in the front **row.**
가브리엘은 맨 앞줄에 있는 한 자리를 발견했다.

□ complement □ foul □ idle □ tension □ martial □ row □ graduate

1500. **graduate**

[grǽʤuèit / -it]

graduation *n.* 졸업

v. 졸업하다 *n.* 졸업생, 학사

She graduated in modern languages and now works as an interpreter.
그녀는 현대 언어학과를 졸업하고 지금은 통역사로 일하고 있다.

Day 50 — EXERCISE

A 영어는 우리말로, 우리말은 영어로 쓰시오.

1 descend	__________	11 명백한	__________
2 various	__________	12 꽃가게	__________
3 dye	__________	13 이야기	__________
4 desert	__________	14 씨앗	__________
5 route	__________	15 세포	__________
6 male	__________	16 파묻다	__________
7 vain	__________	17 아물다	__________
8 alter	__________	18 보충하다	__________
9 foul	__________	19 게으른	__________
10 graduate	__________	20 긴장	__________

B 빈칸에 알맞은 것을 보기에서 고르시오.

보기　ⓐ raise　ⓑ monument　ⓒ heir　ⓓ lift

1 Henry died a year ago, and his __________s sold the ranch.
헨리는 1년 전에 죽었고 그의 상속인들은 목장을 팔았다.

2 Library employees have not received a(n) __________ for six years.
도서관 직원들은 6년째 봉급 인상을 받지 못했다.

3 The keep's remains will be preserved as a historic __________ .
그 성채의 유물은 역사적 기념물로 보존될 것이다.

정답　**A** 1. 내려가다　2. 다양한　3. 염색하다　4. 저버리다　5. 노선　6. 수컷　7. 헛된　8. 바꾸다　9. 고약한　10. 졸업하다　11. plain　12. florist　13. tale　14. seed　15. cell　16. bury　17. heal　18. complement　19. idle　20. tension
B 1. ⓒ　2. ⓐ　3. ⓑ

Day 51

월   일

1501. major
[méidʒəːr]

n. 전공, 전공 학생 *v.* 전공하다

I'm changing my **major** to political science.
나는 정치학으로 전공을 바꾸려 한다.

1502. tax
[tæks]

n. 세금 *v.* 세금을 부과하다

Consumers are angry that the **tax** on gasoline has gone up yet again.
소비자들은 휘발유 세금이 또다시 인상되자 화가 났다.

1503. characterize
[kǽriktəràiz]

characterization *n.* 특징지음

v. 특징짓다

He has the confidence that **characterizes** successful businessmen.
그는 성공한 사업가 특유의 자신감을 가지고 있다.

1504. post
[poust]

n. 직책 = **position**
v. 일자리에 배치하다, 게시하다 = **display**

When he took up his present **post** at the BBC he was only 23.
그가 현재 BBC에서 맡고 있는 직책을 맡았을 때 그는 겨우 23세였다.

1505. tide
[taid]

tidal *a.* 조수의

n. 조수, 밀물과 썰물

Driftwood on the beach was brought in by the **tide.** 나무가 조수에 밀려 바닷가로 떠밀려 왔다.

☐ major ☐ tax ☐ characterize ☐ post ☐ tide

1506. **department**
[dipá:rtmənt]

n. 부서, 학과

Melissa is in charge of the Marketing **Department.**
멜리사는 마케팅부의 부장을 맡고 있다.

1507. **faint**
[feint]

a. 희미한 = **faded, dim** *v.* 기절하다 = **pass out**

I must have **fainted**, and when I came to I didn't know where I was. 나는 분명 기절한 것 같았는데 정신을 차려 보니 처음 보는 곳에 있었다.

1508. **spark**
[spɑ:rk]

n. 불꽃 *v.* 갑자기 일으키다 = **trigger, provoke**

Faulty wiring could have **sparked** the explosion.
배선 불량이 그 폭발사고의 원인이었을 가능성이 있다.

1509. **plot**
[plɑt / plɔt]

n. (작은) 땅, 줄거리, 음모 = **conspiracy**

The **plot** was boring, but the special effects were good. 줄거리는 지루했지만 특수 효과는 훌륭했다.

1510. **hot**
[hɑt / hɔt]

a. 인기 있는 = **popular**, 유행하는 = **fashionable**

The idol group is supposed to be the **hottest** thing since the Beatles.
그 아이돌 그룹은 비틀즈 이후 최고의 인기를 누리고 있다고 한다.

1511. **ongoing**
[ángòuiŋ / ɔ́(:)n-]

a. 계속되는 = **continuing**

The natural change in sleep length and quality from infancy to old age is a gradual, **ongoing** process. 유아기부터 노년기까지 수면 시간과 수면의 질이 자연스럽게 변하는 것은 점진적이며 계속 진행되는 과정이다.

☐ department ☐ faint ☐ spark ☐ plot ☐ hot ☐ ongoing

1512. **pickpocket**
[píkpàkit]

n. 소매치기

There are a lot of **pickpockets** in crowded tourist areas, so look after your belongings.
사람이 많은 관광지에는 소매치기가 많으니 소지품을 잘 간수하세요.
TEPS tips pick one's pocket ~을 상대로 소매치기를 하다

1513. **bad-off**
[bæd ɔːf]

a. 가난한, 돈이 없는
= **badly-off, poor** ↔ **well-off**

She was quite **bad-off** for a while after her husband died.
그녀는 남편이 죽은 뒤로 돈이 없어서 무척 쪼들렸다.

1514. **engrave**
[ingréiv]

v. 새기다

The 50 names are **engraved** on three granite tablets.
50명의 이름이 화강암으로 만든 세 개의 위패에 새겨져 있다.

1515. **fatality**
[feitǽləti / fət-]

fatal *a.* 치명적인

n. 사망 = **mortality**,
(사고로 인한) 사망자 = **casualty**

This year there have been 15% fewer traffic **fatalities.**
올해는 교통사고로 인한 사망자 수가 15% 감소했다.

1516. **womb**
[wuːm]

n. 자궁 = **uterus**

For thirty years feminists have struggled to develop a positive imagery of the **womb** and **ovaries.** 30년 동안 페미니스트들은 자궁과 난소에 대한 긍정적인 이미지를 만들려고 노력해 왔다.

1517. **attitude**
[ǽtitjùːd]

n. 태도, 마음가짐

His **attitude** to his new job seemed to be very negative.
새로 취직한 직장에 대한 그의 태도는 매우 부정적인 듯했다.

□ pickpocket □ bad-off □ engrave □ fatality □ womb □ attitude

1518. **possess**

[pəzés]

possession *n.* 소유
possessive *a.* 소유욕이 강한

v. 갖고 있다, 소유하다

Because of his gambling, he lost everything he **possessed.** 그는 도박을 하다가 가지고 있던 것을 모두 잃었다.

1519. **sidestep**

[saidstèp]

v. 회피하다, 옆으로 피하다 = **avoid**

Embryo screening has made it possible for families to **sidestep** their genetic fates. 태아 검사 덕분에 태아의 가족은 유전자가 부과하는 운명을 피할 수 있게 되었다.

1520. **startle**

[stá:rtl]

v. 무척 놀라게 하다 = **astonish, astound, amaze**

The programme documents **startling** new theories about the way the universe began. 그 프로그램은 우주의 기원에 대한 새롭고 경이로운 이론을 제시한다.

1521. **enchanting**

[intʃǽntiŋ / -tʃá:nt-]

enchant *v.* 매혹시키다

a. 매혹적인 = **fascinating**

Sirens, sea nymphs in Greek mythology, had **enchanting** voices and their singing lured sailors to their death. 그리스 신화에 나오는 바다의 정령인 세이렌은 매혹적인 목소리로 노래를 불러 뱃사람들을 홀려서 물에 빠져 죽게 만들었다.

1522. **sanity**

[sǽnəti]

sane *a.* 제정신인

n. 제정신, 말짱한 정신 ↔ **insanity**

I began to doubt Donald's **sanity** as his story got stranger and stranger. 도널드의 이야기가 점점 이상해지면서 나는 그가 제정신인지 의심이 들었다.

1523. **dishonor**

[disánər / -ón-]

v. 망신을 주다, 수표를 부도내다 = **bounce**
n. 망신, 불명예 = **disgrace** ↔ **honor**

In the first three months of the year a number of the company's checks were **dishonored** on presentation. 그 해 초 3개월 동안 그 회사의 수표 몇 장이 부도가 났다.

☐ possess ☐ sidestep ☐ startle ☐ enchanting ☐ sanity ☐ dishonor

Advanced Stage

1524. rekindle
[riːkíndl]

v. 다시 일깨우다, 다시 상기시키다 = **reawaken**

His recent move to Utah **rekindled** Jack's interest in skiing. 잭은 최근에 유타로 이사하면서 다시 스키에 흥미를 갖게 되었다.
TEPS tips re(다시) + kindle(불붙이다) ➔ 흥미, 기억에 다시 불붙이다

1525. embody
[imbádi / -bɔ́di]

embodiment *n.* 구현

v. 구현하다 = **represent**, 포함하다 = **include**

The limits on nuclear weapons are **embodied** in two treaties from the 1970s.
핵무기의 범위는 1970년대부터 두 조약에 구체적으로 규정되어 있다.

1526. oriented
[ɔ́ːriəntid]

orientation *n.* 지향

a. 지향하는, 집중하는

Loans have more recently been extended to finance education and other socially **oriented** projects.
최근 금융 교육을 비롯한 사회 지향적 사업에 대한 대출이 증가했다.

1527. standardize
[stǽndəːrdàiz]

standardization *n.* 표준화

v. 표준화하다

At first there were several competing designs of electric plug-sockets, but these were **standardized** in the 1920s. 처음에는 전기 플러그 소켓의 설계를 놓고 몇 가지 제품들이 경합을 벌였지만 1920년대에 표준화되었다.

1528. tumble
[tʌ́mbəl]

v. 떨어지다, 폭락하다 = **nosedive**

A bus veered off the road and **tumbled** down the hill into the river below.
버스가 도로를 벗어나 언덕 아래로 굴러 강 속으로 빠졌다.

1529. uproar
[ʌ́prɔ̀ːr]

uproarious *a.* 법석을 떠는

n. 소동, 야단법석

The court's decision set off an **uproar** among religious activists.
법원의 판결은 종교 활동가들 사이에서 커다란 반향을 일으켰다.

☐ rekindle ☐ embody ☐ oriented ☐ standardize ☐ tumble ☐ uproar ☐ whine

1530. **whine**

[*h*wain]

v. 푸념하다 = **moan**, 낑낑거리다

For heaven's sake stop **whining.** Nobody has touched your precious records.
제발 그만 징징거려. 네 귀한 음반들을 아무도 건드리지 않았다니까.

Day 51   EXERCISE

A 영어는 우리말로, 우리말은 영어로 쓰시오.

1	characterize		11	전공
2	post		12	세금
3	department		13	밀물과 썰물
4	engrave		14	불꽃
5	fatality		15	소매치기
6	attitude		16	회피하다
7	possess		17	제정신
8	oriented		18	구현하다
9	tumble		19	표준화하다
10	whine		20	야단법석

B 빈칸에 알맞은 것을 보기에서 고르시오.

보기   ⓐ fainted   ⓑ characterize   ⓒ ongoing   ⓓ rekindled

1 His recent move to Utah __________ Jack's interest in skiing.
잭은 최근에 유타로 이사하면서 다시 스키에 흥미를 갖게 되었다.

2 The natural change in sleep length and quality from infancy to old age is a gradual, __________ process.
유아기부터 노년기까지 수면 시간과 수면의 질이 자연스럽게 변하는 것은 점진적이며 계속 진행되는 과정이다.

3 I must have __________ , and when I came to I didn't know where I was.
나는 분명 기절한 것 같았는데 정신을 차려 보니 처음 보는 곳에 있었다.

정답 **A** 1. 특징짓다   2. 직책   3. 부서   4. 새기다   5. 사망   6. 태도   7. 소유하다   8. 지향하는   9. 떨어지다   10. 푸념하다   11. major
12. tax   13. tide   14. spark   15. pickpocket   16. sidestep   17. sanity   18. embody   19. standardize   20. uproar
B 1. ⓓ   2. ⓒ   3. ⓐ

☐	joint account	공동 예금 계좌
☐	juvenile delinquency	청소년 비행
☐	keep a diary	일기를 쓰다
☐	lame excuse	구차한 변명
☐	last name	성씨 = family name, surname
☐	first name	(성을 뺀) 이름 = given name
☐	full name	성명
☐	law court	법정
☐	law enforcement	법 시행
☐	life sentence	무기징역 선고
☐	life imprisonment	무기징역
☐	life span	수명
☐	life vest	구명조끼 = life jacket
☐	local time	현지 시간
☐	look back on	~을 돌이켜 생각하다
☐	win a case	승소하다
☐	lose a case	패소하다
☐	lowbrow	저급한
☐	highbrow	고급의
☐	lunar eclipse	월식
☐	major	전공
☐	major subject	전공과목
☐	make a choice	선택하다
☐	make a courtesy call	의례적으로 방문하다, 예방하다
☐	make a detour	우회하다
☐	make a guess	짐작해 보다
☐	make a profit	수익을 거두다
☐	move over	(남을 위해) 비켜 주다
☐	manage to-v	간신히 ~하다
☐	meet specification	규격에 맞추다
☐	meet the needs	요구를 들어주다
☐	minimum temperature	최저 기온 = low
☐	maximum temperature	최고 기온 = high
☐	minor offense	경범죄 = misdemeanor
☐	mobile communication	이동 통신

☐	money talks	돈이면 안 되는 게 없다
☐	motion sickness	멀미 = travel sickness
☐	carsickness	차멀미
☐	seasickness	뱃멀미
☐	nonsmoking area	금연 구역
☐	nuclear fusion	핵융합
☐	nuclear war	핵전쟁
☐	obituary section	부고란
☐	be on a diet	식사 조절 중이다
☐	on duty	근무 중인
☐	off duty	비번인
☐	on strike	파업 중인
☐	on the[one's] way	가는 도중인
☐	one-way ticket	편도 차표
☐	round-trip ticket	왕복 차표
☐	opening address	개회사
☐	ruling party	여당
☐	opposition (party)	야당
☐	optical illusion	착시 현상
☐	out of town	다른 도시에 나가 있는
☐	outer space	지구 밖의 우주
☐	overhead costs	간접비(임대료, 보험, 전기요금 등 사업 운영에 드는 일반적 비용)
☐	over-the-counter drugs	처방전 없이 살 수 있는 약
☐	ozone layer	오존층
☐	pain reliever	진통제 = painkiller
☐	parent company	모회사
☐	subsidiary company	자회사
☐	per capita income	1인당 평균 소득
☐	human resources	인사과 = personnel (department)
☐	phone courtesy	통화 예절
☐	photochemical smog	광화학 스모그
☐	physical education	체육 과목 = gym
☐	play a part[role]	역할을 하다
☐	plenary session	총회

텝스 초보 후다닥 어휘부터 따라잡기

Start!
텝스
보카
1500 +α

암기구
&
주제별어휘

LanCom
Language & Communication

Basic
Stage

Day 01

0001.	paint a **rosy** future of	~을 실제보다 **아름답게** 묘사하다
0002.	the **tourism** industry	관광 산업
0003.	**violent** crime	폭력 범죄
0004.	see no **virtue** in	~에서 **장점을** 보지 못하다
0005.	**visible** to the naked eye	육안으로 **보이는**
0006.	of **vital** importance	**엄청 중요한**
0007.	**vote** against	~에게 반대**표를 던지다**
0008.	earn a **wage**	**급여를** 받다
0009.	a **sense** of direction	방향 **감각**
0010.	for **sentimental** reasons	**감정적인** 이유로
0011.	**serious** injury	**심각한** 부상
0012.	increase in **value**	**가치가** 오르다
0013.	**vary** the pressure	압력을 **바꾸다**
0014.	a **vast** amount of information	**엄청난** 양의 정보
0015.	rows of parked **vehicles**	줄지어 주차된 **차들**
0016.	homes destroyed by the **tornado**	**토네이도로** 부서진 집
0017.	a **total** disaster	**완전** 대참사
0018.	be caught in a **traffic** jam	**교통체증에** 꼼짝도 못 하다
0019.	undergo a minor **operation**	간단한 **수술을** 받다
0020.	an **offer** of support	지원 **제안**
0021.	the top **executive**	고위 **간부**
0022.	cannot **recognize** people	사람을 못 **알아보다**
0023.	be **capable** of	**~할 수 있다**
0024.	a **legal** requirement	**법적** 요구사항
0025.	a **legend** in his own lifetime	생존 당시의 **전설**
0026.	**leisure** activities	**여가** 활동
0027.	**lift** the phone	수화기를 **들다**
0028.	like **lightning**	**번개처럼** 빨리
0029.	an **intern** at a law firm	법률회사의 **수습사원**
0030.	have a real **enthusiasm** for	~에 진짜 **열정을** 갖고 있다

Day 02

0031.	the genetic **blueprint**	유전자의 **구조**
0032.	**strict** regulations	**엄격한** 규정
0033.	go on **strike**	**파업**에 들어가다
0034.	a wooden **structure**	목조 **건물**
0035.	**pursue** an objective	목적을 **추구하다**
0036.	the second **quarter** of 2009	2009년 2**분기**
0037.	a **clash** of opinions	의견 **충돌**
0038.	the **interior** of a car	차 **안**
0039.	an **industrial** accident	**산업** 재해
0040.	an **enormous** house	**엄청 큰** 집
0041.	**universal** truths	**보편적인** 진실
0042.	an **appropriate** response	**적절한** 대답
0043.	be **splashed** with mud	흙탕물이 **튀다**
0044.	the conflict between science and **religion**	과학과 **종교**의 갈등
0045.	**harvest** time	**수확철**
0046.	**shield** the eyes against the glare	따가운 빛으로부터 눈을 **가리다**
0047.	water **shortages**	물 **부족**
0048.	take a **short-cut** home	**지름길**로 집에 가다
0049.	heavy **showers**	폭우성 **소나기**
0050.	three votes **shy** of a majority	과반수에서 세 표 **모자라는**
0051.	shovel the **sidewalk**	**인도**의 눈을 삽으로 치우다
0052.	go **sightseeing**	**관광** 다니다
0053.	**sincerely** yours	**진심으로** 안녕을 빕니다 (편지 맺음말)
0054.	a **remarkable** achievement	**놀라운** 성과
0055.	nerve **tissue**	신경 **조직**
0056.	in **proportion** to	~와 **비교**하여
0057.	turn off the **radiator**	**난방기**를 끄다
0058.	the **vibration** of the engine	엔진의 **진동**
0059.	on **numerous** occasions	**여러 번**에 걸쳐
0060.	a **combined** total	모두 **합친** 총계

Day 03

0061.	be **accompanied** by	~와 **같이하다**
0062.	a **mechanical** device	**기계** 장치
0063.	**garbage** collection	**쓰레기** 수거
0064.	**imitation** leather	**모조** 가죽
0065.	a quiet **neighborhood**	조용한 **동네**
0066.	slight **variations**	미세한 **변화**
0067.	meet **occasionally**	**가끔** 만나다
0068.	financial **ruin**	재정 **파탄**
0069.	the thing that **bothers** me	나를 **괴롭히는** 것
0070.	high school **freshmen**	고교 **1학년** 학생
0071.	high school **sophomores**	고교 **2학년** 학생
0072.	two years my **senior**	나보다 두 살 **연상**
0073.	a home **tutor**	**가정교사**
0074.	feel **ashamed** of	~을 **창피해하다**
0075.	**register** a trademark	상표를 **등록하다**
0076.	an **awful** smell	**지독한** 냄새
0077.	a **historical** drama	**사극**
0078.	an **illustrated** book	**그림이 들어간** 책
0079.	**originate** a theory	이론을 **내놓다**
0080.	a radioactive **substance**	방사능 **물질**
0081.	keep **livestock**	**가축**을 키우다
0082.	**uncomfortable** shoes	**불편한** 신발
0083.	bitterly **disappointed**	엄청 **실망한**
0084.	until **recently**	**최근**까지
0085.	take some **pills**	**알약**을 먹다
0086.	**suck** up juice through a straw	빨대로 주스를 **빨아먹다**
0087.	feel **flattered**	**우쭐**해하다
0088.	rose **buds**	장미 **봉오리**
0089.	a power **struggle**	권력 **투쟁**
0090.	**ordinary** people	**보통** 사람들

Day 04

0091.	**popular** music	대중음악
0092.	**unfortunately** for her	그녀로서는 **운 없게도**
0093.	behave **normally**	**평소대로** 행동하다
0094.	**fix** a car	차를 **고치다**
0095.	a **dumb** blonde	머리가 **모자라는** 금발 여자
0096.	**crushed** garlic	**빻은** 마늘
0097.	make steady **progress**	꾸준히 **발전하다**
0098.	a **positive** attitude	**긍정적인** 자세
0099.	a **cash** register	**금전** 등록기
0100.	have no **alternative** but to-v	~하는 것 말고는 **대안**이 없다
0101.	cooperate with **coworkers**	**동료**들과 협력하다
0102.	**refill** one's glass	~의 잔을 **다시 채우다**
0103.	an educational **institution**	교육 **기관**
0104.	**medical** facilities	**의료** 기관
0105.	**reward** for the performance	성과에 대한 **보상**
0106.	**nearly** always	**거의** 언제나
0107.	the **outer** edge	**맨 바깥쪽** 가장자리
0108.	make a **profit**	**수익**을 내다
0109.	natural **resources**	천연 **자원**
0110.	an art **gallery**	미술관
0111.	**sensitive** issues	**민감한** 문제
0112.	**conclude** A from B	B에서 A라는 **결론을 얻다**
0113.	an **accurate** calculation	**정확한** 계산
0114.	his immediate **reaction**	그의 즉각적인 **반응**
0115.	shorten the **length** of	~의 **기간**을 줄이다
0116.	the awards **ceremony**	시상식
0117.	vast **quantities** of food	엄청난 **양**의 음식
0118.	at a **rapid** rate	**빠른** 속도로
0119.	three **blocks** away from the gas station	주유소에서 세 **구역** 떨어진
0120.	a local **custom**	현지의 **관습**

Day 05

0121.	**customer** service	고객 서비스
0122.	a **talent** competition	장기 자랑 대회
0123.	conduct an **experiment**	**실험**을 실시하다
0124.	on **duty**	**근무** 중인
0125.	only **exist** in your head	네 머릿속에만 **있다**
0126.	**expand** the role of	~의 역할을 **늘리다**
0127.	a **minimum** charge	**최소** 요금
0128.	make a **rush** for the exits	출입구로 갑자기 **몰려들다**
0129.	it **annoys** me when	나는 ~할 때면 **짜증이 난다**
0130.	hospital **treatment**	통원 **치료**
0131.	in **principle**	**원칙**상으로는
0132.	the **capital** of Korea	한국의 **수도**
0133.	see the **sights**	**명소**를 구경하다
0134.	**dramatic** scenery	**멋진** 경치
0135.	be **aware** of	~을 **알고 있다**
0136.	**typical** symptoms	**전형적인** 증상
0137.	**circulate** warm air around the room	실내에 따뜻한 공기를 **순환시키다**
0138.	**lessen** the impact of	~의 영향력을 **줄이다**
0139.	make the supreme **sacrifice**	고귀한 **희생을 하다**
0140.	**violate** a taboo	금기를 **어기다**
0141.	**switch** tactics	전술을 **바꾸다**
0142.	a **mental** age of seven	**정신연령** 7세
0143.	**rescue** workers	**구조**대원들
0144.	bride and **groom**	**신랑** 신부
0145.	didn't **catch** what he said	그가 한 말을 못 **듣다**
0146.	aggressive **behavior**	공격적인 **행동**
0147.	an immensely **frustrating** experience	엄청난 **좌절감을 주는** 경험
0148.	**highlight** the need for	~의 필요성을 **강조하다**
0149.	a cookery **writer**	요리책 **저자**
0150.	**embezzle** funds	자금을 **횡령하다**

Day 06

0151.	**embrace** of modern technology	현대 기술의 **수용**
0152.	**emit** toxic gas	유독 가스를 **방출하다**
0153.	a senior government **aide**	고위급 정부 **참모**
0154.	suffer from a sense of **alienation**	**소외감**에 괴로워하다
0155.	assert **authority**	**권위**를 과시하다
0156.	grant **autonomy**	**자치권**을 인정하다
0157.	the weather **bureau**	**기상청**
0158.	excessive **bureaucracy**	과다한 **행정절차**
0159.	**profound** changes in the earth's climate	지구의 **심한** 기후 변화
0160.	a **cabinet** meeting	**내각** 회의
0161.	the election **campaign**	선거 **운동**
0162.	presidential **candidates**	대통령 **후보**
0163.	the council **chamber**	시의회 **회의실**
0164.	the **citizens** of Seoul	서울 **시민**
0165.	**civic** duties	**시민의** 의무
0166.	**civilian** life	**민간인의** 삶
0167.	the technology of modern **civilization**	현대 **문명의** 기술
0168.	a loose **coalition**	느슨한 **연합**
0169.	former French **colonies**	전 프랑스 **식민지**
0170.	atomic **bombs**	원자 **폭탄**
0171.	a lump of **coal**	**석탄** 한 덩이
0172.	kneel to **pray**	**기도하려고** 무릎 꿇다
0173.	a school **reunion**	**동창회**
0174.	**income** tax	**소득세**
0175.	**circumstantial** evidence	**정황** 증거
0176.	put **emphasis** on	～을 **강조하다**
0177.	a former **employee**	전 **직원**
0178.	a new train line to **enable** easier access to the stadium	경기장에 더 쉽게 갈 **수 있게 하는** 새 전철 노선
0179.	**encrypt** file directories	파일 디렉터리를 **암호화하다**
0180.	make every **endeavor** to-v	～하기 위해 모든 **노력을 하다**

Day 07

0181.	**endure** a long wait	오래 **참고** 기다리다
0182.	**engage** in criminal activities	범죄활동에 **관여하다**
0183.	**room** for a computer	컴퓨터가 들어갈 **공간**
0184.	the **scenic** route	**경치 좋은** 길
0185.	**serene** weather	**평온한** 날씨
0186.	a **souvenir** store	**기념품** 가게
0187.	**specialized** knowledge	**전문** 지식
0188.	endangered **species**	멸종 위기에 처한 **종**
0189.	be **specifically** designed for	**특별히** ~을 위해 설계되다
0190.	**speculate** about the reasons for	~의 이유를 **추측하다**
0191.	**spell** one's name wrong	이름 **철자를** 잘못 **쓰다**
0192.	**split** A down the middle	A를 **이등분하다**
0193.	a trip **spoiled** by bad weather	나쁜 날씨가 **망친** 여행
0194.	rust **spots**	녹슨 **얼룩**
0195.	the model role of a **spouse**	**배우자의** 모범
0196.	**squeeze** a tube of toothpaste	치약을 **짜다**
0197.	**stable** economic development	**안정적인** 경제 발전
0198.	a **standoff** in an argument	논란의 **교착상태**
0199.	be **starving**	무척 **배고프다**
0200.	an official **statement**	공식 **성명**
0201.	erect a **statue**	**상을** 세우다
0202.	be denied legal **status**	법적 **지위를** 상실하다
0203.	a **subsidiary** company	**자회사**
0204.	a **summit** meeting	**정상회담**
0205.	take a **recess**	**쉬는 시간을** 갖다
0206.	**tend** to think that	~라고 생각**하는 경향이 있다**
0207.	the **top-notch** restaurant	**최고의** 레스토랑
0208.	**tryouts** for the soccer team	축구팀 **선수 선발전**
0209.	turn **clockwise**	**시계방향으로** 돌리다
0210.	the user's **manual**	사용 **설명서**

Essential
Stage

Day 08

0211.	vitamin **supplement**	비타민 **보충**
0212.	weather **forecast**	일기 **예보**
0213.	weather **phenomena**	기상 **현상**
0214.	**available** free of charge	무료로 **이용할 수 있는**
0215.	a **loaf** of bread	식빵 한 **덩이**
0216.	**abnormal** levels of sugar in the blood	**비정상적인** 혈당 수치
0217.	**abolish** the tax	세금을 **폐지하다**
0218.	an **abrupt** halt	**갑작스러운** 중단
0219.	be **absent** from school	학교에 **결석하다**
0220.	think in **abstract** terms	**추상적인** 말로 생각하다
0221.	**abuse** of power	권력 **남용**
0222.	gain **access**	**진입로를** 확보하다
0223.	**accommodate** up to 500 guests	손님을 500명까지 **수용하다**
0224.	open an **account**	**계좌를** 개설하다
0225.	certified public **accountant**	공인 **회계사**
0226.	**acknowledge** financial support	재정적 지원에 **감사하다**
0227.	**acquire** foreign languages	외국어를 **익히다**
0228.	an international **congress** of trades unions	국제 노동조합 **회의**
0229.	an **Act** of Congress	의회 **조례**
0230.	my change of **address**	내 **주소의** 변경
0231.	**adjust** the volume	음량을 **조정하다**
0232.	**administration** of justice	법 **집행**
0233.	**admire** his enthusiasm	그의 열정을 **존경하다**
0234.	**admit** defeat	패배를 **인정하다**
0235.	from childhood to **adolescence**	유아기에서 **사춘기까지**
0236.	in **advance**	미리
0237.	put an **advertisement** on the Internet	인터넷에 **광고를** 내다
0238.	the Ministry of Foreign **Affairs**	**외무부**
0239.	high on the **agenda**	중요한 의견
0240.	reach an **agreement**	**합의에** 이르다

Day 09

0241.	an **airline** pilot	항공기 조종사
0242.	be **allergic** to cats	고양이 **알레르기가 있다**
0243.	an **all-time** high	**사상 최고의**
0244.	on **alternate** Saturdays	**격주** 토요일에
0245.	at an **altitude** of 5,000 meters	**고도** 5천 미터에서
0246.	vanish **altogether**	**완전히** 사라지다
0247.	a large **amount** of money	**거액**의 돈
0248.	to his **amusement**	그가 **즐겁게도**
0249.	a common **ancestor**	공통의 **조상**
0250.	the **anchorperson** for the headline news	헤드라인 뉴스 **앵커**
0251.	**apologize** to A for B	A에게 B에 대해 **사과하다**
0252.	for no **apparent** reason	**뚜렷한** 이유도 없이
0253.	a right of **appeal**	**항소권**
0254.	have one's **appendix** out	**맹장** 제거 수술을 받다
0255.	serve **appetizers**	**전채 요리**를 내 오다
0256.	warmly **applaud** his speech	그의 연설에 **박수치며** 호의적으로 반응하다
0257.	household **appliances**	가정**용품**
0258.	job **applications**	입사 **지원**
0259.	a dental **appointment**	치과 진료 **예약**
0260.	**appreciate** the significance of	~의 의의를 **알다**
0261.	**arrange** a meeting with the manager	팀장과 회의를 **잡아 두다**
0262.	the paper's leading **article**	그 신문의 주요 **기사**
0263.	affect all **aspects** of your life	삶의 모든 **면**에 영향을 주다
0264.	the net **asset** value of the company	그 회사의 순 **자산**가치
0265.	the **assistant** manager	**부팀장**
0266.	a relaxed **atmosphere**	편안한 **분위기**
0267.	a **pressure** cooker	**압력** 밥솥
0268.	an arson **attack**	방화 **시도**
0269.	make no **attempt** to-v	~하려는 **노력**을 전혀 안 **하다**
0270.	**attendance** figures	**참석자** 수

Day 10

0271.	a flight **attendant**	비행기 **승무원**
0272.	the island's main **attraction**	그 섬의 최고 **명소**
0273.	a promising **author**	유망한 **작가**
0274.	data **available** to everybody	모든 이들이 **이용할 수 있는** 자료
0275.	narrowly **avoid** an accident	간신히 사고를 **면하다**
0276.	receive an **award**	**상**을 받다
0277.	rotate on an **axis**	**축**을 중심으로 돌다
0278.	**baggage** claim	공항에서 **짐** 찾는 곳
0279.	the **balance** of nature	자연의 **균형**
0280.	be declared **bankrupt**	**파산** 선고를 받다
0281.	a real **bargain**	엄청 **싸게 산 것**
0282.	trade **barriers**	무역 **장벽**
0283.	be **addicted** to the Internet	인터넷에 **중독되다**
0284.	be **astonished** at the result	결과에 엄청 **놀라다**
0285.	**bear** the burden	부담을 **지다**
0286.	**beat** Japan	일본팀을 **이기다**
0287.	the gas **bill**	가스요금 **청구서**
0288.	an authorized **biography** of John Lennon	존 레넌 공인 **전기**
0289.	from **bitter** experience	**괴로운** 경험을 통해
0290.	deal a severe **blow** to	~에 심한 **타격**을 입히다
0291.	tears **blurring** my eyes	눈앞을 **흐리게 하는** 눈물
0292.	**board** the train for Busan	부산행 기차에 **타다**
0293.	**boast** of his success	그의 성공을 **자랑하다**
0294.	the **bond** market	**채권** 시장
0295.	be **booked** up	**예약**이 다 차다
0296.	a sudden **boom** in the housing market	갑작스런 주택시장의 **호황**
0297.	**boost** one's morale	사기를 **북돋우다**
0298.	a plane **bound** for Rome	로마**행** 비행기
0299.	**brag** about her success	그녀의 성공을 **뻐기다**
0300.	a **brand-new** car	**새** 차

Day 11

0301.	the **budget** deficit	**예산** 적자
0302.	a veteran **campaigner**	노련한 **운동가**
0303.	lung **cancer**	폐**암**
0304.	be under the **care** of a psychiatrist	정신과 의사에게 **치료**를 받다
0305.	a teaching **career**	교사**직**
0306.	a **carpenter** using a saw	톱을 쓰는 **목수**
0307.	an international **carrier**	국제 **운송 회사**
0308.	**cartoon** characters	**만화영화** 캐릭터
0309.	**cast** a vote	투표**하다**
0310.	**casual** clothes	**평상복**
0311.	a cigarette **smouldering** in the ashtray	재떨이에서 **타들어가는** 담배
0312.	a bowl of breakfast **cereal**	아침식사용 **시리얼** 한 그릇
0313.	a **challenging** job	**만만치 않은** 일
0314.	**champion** the cause of religious freedom	종교적 자유라는 명분을 **지지하다**
0315.	the main **character**	주요 **등장인물**
0316.	a distinguishing **characteristic**	뚜렷하게 구별되는 **특징**
0317.	**charge** for delivery	배송비를 **청구하다**
0318.	donate to **charity**	**자선단체**에 기부하다
0319.	**cheat** on the exam	시험에서 **부정행위를 하다**
0320.	**check** the growth of public spending	공공 지출의 증가를 **억제하다**
0321.	**chewing** gum	**씹는** 껌
0322.	as **chivalry** requires	**기사도 정신**이 요구하는 대로
0323.	under no **circumstances**	어떤 **경우**에도
0324.	be **cited** as the cause of the accident	사고 원인으로 **언급되다**
0325.	**claim** the price of the ticket back	표값의 환불을 **요구하다**
0326.	the **class** of 2009	2009년 **학번**
0327.	clear **customs**	**세관**을 통과하다
0328.	a **cloudless** sky	**구름 한 점 없는** 하늘
0329.	big **clumsy** hands	크고 **둔한** 손
0330.	a dress **code**	복장 **규정**

Day 12

0331.	**coin** the term	용어를 **만들어 내다**
0332.	catch **cold**	**감기**에 걸리다
0333.	in danger of **collapse**	**무너질** 위험에 처한
0334.	a **comfortable** position	**편한** 자세
0335.	**commit** arson	방화를 **저지르다**
0336.	the International **Committee** of the Red Cross	국제 적십자 **위원회**
0337.	**commodity** prices	**상품** 가격
0338.	**commute** to Manhattan every day	매일 맨해튼으로 **출근하다**
0339.	be expecting **company**	**손님**이 오기로 되어 있다
0340.	a first-class **compartment**	1등급 **객실**
0341.	be **compelled** to resign	**강제로** 사직하다
0342.	**compensate** victims of the flood	수재민에게 **보상을 해주다**
0343.	an intensely **competitive** business	**경쟁이 무척 심한** 사업
0344.	deal with customer **complaints**	고객의 **불만사항**을 처리하다
0345.	an apartment **complex**	아파트 **단지**
0346.	a **complicated** pattern	**복잡한** 유형
0347.	a piece **composed** by Schubert	슈베르트가 **작곡한** 곡
0348.	reach a **compromise**	**타협**에 이르다
0349.	**conduct** an experiment	실험을 **시행하다**
0350.	an annual **conference**	**연례회의**
0351.	keep the records **confidential**	기록을 **기밀로** 유지하다
0352.	**confirm** the reservation	예약을 **확인하다**
0353.	resolve the **conflict**	**갈등**을 해소하다
0354.	the causal **connection** between smoking and cancer	흡연과 암 간의 인과 **관계**
0355.	give one's **consent** to	~을 **허락**하다
0356.	**consistent** evidence	**일관된** 증거
0357.	**constantly** changing	**항상** 변하는
0358.	the **Constitution** of the Republic of Korea	대한민국 **헌법**
0359.	**consult** a dictionary	사전을 **참고하다**
0360.	**consumer** demand	**소비자** 수요

Day 13

0361.	get in **contact** with	～와 **연락하다**
0362.	a purse **containing** banknotes	지폐가 **들어 있는** 지갑
0363.	**contemplate** his future	그의 미래를 **심사숙고하다**
0364.	**contemporary** music	**현대** 음악
0365.	be quoted out of **context**	**맥락** 없이 인용되다
0366.	**contract** AIDS	에이즈에 **걸리다**
0367.	a regular **contributor** to the magazine	잡지 정기 **기고가**
0368.	a highly **controversial** issue	상당히 **논란의 소지가 많은** 문제
0369.	**convenient** to use	사용하기 **편한**
0370.	**convey** a message	메시지를 **전달하다**
0371.	lack **conviction**	**확신**이 없다
0372.	infringement of **copyright**	**저작권** 침해
0373.	the **cornerstone** of the President's plan	대통령의 구상의 **기반**
0374.	multinational **corporations**	다국적 **기업**
0375.	of **critical** importance	매우 **중대한**
0376.	a foreign **correspondent**	외신 **특파원**
0377.	**corrupt** practices	**타락한** 관행
0378.	**count** by twos	둘씩 **세다**
0379.	**counterfeit** currency	**위조** 화폐
0380.	hold talks with his Japanese **counterparts**	일본측과 회담을 벌이다
0381.	a **courteous** reply	**공손한** 대답
0382.	**cover** accidental damage	사고로 인한 피해를 **보상하다**
0383.	buy A on **credit**	A를 **외상으로** 사다
0384.	in talks with its **creditors**	**채권단**과 협의 중인
0385.	a **credulous** imbecile	**순진한** 바보
0386.	a **crew** member	**승무원** 한 명
0387.	a **criminal** court	**형사** 법원
0388.	a **crisp**, juicy apple	**단단하고** 즙이 많은 사과
0389.	a film **critic**	영화 **평론가**
0390.	the Earth's **crust**	지구의 **지각**

Day 14

0391.	Korean **cuisine**	한국 **요리**
0392.	**cultivate** vines	포도나무를 **재배하다**
0393.	**culture** of cotten	목화 **재배**
0394.	the **curator** of paintings	회화 전시 **담당자**
0395.	foreign **currency**	외**화**
0396.	in the **curriculum**	**교과 과정**에 포함된
0397.	be kept in **custody**	**감금**된 상태이다
0398.	information in **cyberspace**	**가상공간**의 정보
0399.	a **cyclone** tearing up houses	주택을 파괴하는 **사이클론**
0400.	psychological **damage**	심리적 **타격**
0401.	a **damp** cloth	**축축한** 행주
0402.	a car **dealer**	자동차 **판매상**
0403.	pay **dearly** for	~의 대가를 **톡톡히** 치르다
0404.	heated **debate**	열띤 **논의**
0405.	repay a **debt**	**빚**을 갚다
0406.	**deceive** the public	국민들을 **속이다**
0407.	get a **decent** job	**번듯한** 일자리를 얻다
0408.	**declare** independence	독립을 **선언하다**
0409.	**decline** to comment about	~에 대한 언급을 **거부하다**
0410.	**decode** enemy messages	적의 메시지를 **해독하다**
0411.	find the **defendant** not guilty	**피고**에게 무죄를 선고하다
0412.	play a **crucial** role	**결정적인** 역할을 하다
0413.	a **defensive** measure	**수비** 조치
0414.	trade **deficit**	무역 **적자**
0415.	be **defined** as	~로 **정의되다**
0416.	**definitely** not	**물론** 아니다
0417.	a master's **degree**	석사 **학위**
0418.	considerable **delay**	상당한 **지체**
0419.	the Canadian **delegate**	캐나다 **대표**
0420.	**deliberately** disobey an order	**고의로** 명령을 어기다

Day 15

0421.	absolutely **delicious**	정말 **맛있는**
0422.	pay cash on **delivery**	**배달**되자마자 현금으로 지불하다
0423.	emotionally **demanding**	정신적으로 **힘든**
0424.	a peaceful **demonstration**	평화적 **시위**
0425.	population **density**	인구 **밀도**
0426.	go to a **dentist**	**치과** 진료를 받다
0427.	**deny** a charge	혐의를 **부인하다**
0428.	his **departure** for Russia	그의 러시아**행**
0429.	post-natal **depression**	산후 **우울증**
0430.	the **deputy** chairman	**부회장**
0431.	a word **derived** from Latin	라틴어에서 **파생된** 단어
0432.	of Italian **descent**	이탈리아 **혈통인**
0433.	beyond **description**	말로 **표현할 수 없는**
0434.	**deserve** a place in the team	팀에 들어갈 **자격이 있다**
0435.	highly **desirable**	아주 **바람직한**
0436.	**despise** his neighbors	이웃을 **깔보다**
0437.	get to his **destination**	**목적지**에 다다르다
0438.	in **detail**	**자세히**
0439.	**detect** a difference	차이점을 **알아내다**
0440.	make a **detour**	**우회하다**
0441.	be **devoted** to	~에게 **헌신하다**
0442.	control **diabetes**	**당뇨병**을 다스리다
0443.	make a **diagnosis** of the illness as diabetes	그 병을 당뇨병으로 **진단하다**
0444.	Korean **diplomats**	한국 **외교관**
0445.	read the **directions**	**지시문**을 읽다
0446.	mentally **disabled**	정신 **장애가 있는**
0447.	the **disaster** area	**재난** 지역
0448.	sewage **discharged** into the sea	바다로 **방출된** 하수
0449.	**discipline** problems	**기강** 해이
0450.	**discourage** illegal immigration	불법 이민을 **하지 않게 유도하다**

Day 16

0451.	be left to the **discretion** of the supervisor	감독관의 **재량**에 맡기다
0452.	suffer from a rare **disease**	희귀**병**을 앓다
0453.	in **disguise**	**위장**한
0454.	much to my **disgust**	엄청 **혐오**스럽게도
0455.	be unfairly **dismissed** from his post	부당 **해고**를 당하다
0456.	a totally **disorganized** rescue effort	완전 **주먹구구식** 구조 시도
0457.	a garbage **disposal**	음식물 쓰레기 **처리기**
0458.	**dissuade** young people from smoking	젊은이들을 **설득하여** 담배를 **안 피우게 하다**
0459.	the **distribution** of aid supplies	구호물자 **배포**
0460.	**diverse** political views	**다양한** 정치적 견해
0461.	get a **divorce**	**이혼**하다
0462.	**domestic** flights	**국내** 항공편
0463.	the **dominant** position	**주도적** 위치
0464.	make a **donation** to charity	자선단체에 **기부**하다
0465.	a **draft** of cold air	**찬 바깥바람**
0466.	**drag** on	오래 **지체되다**
0467.	take **drastic** action	**과감한** 조치를 취하다
0468.	draw **attention**	관심을 끌다
0469.	the main **drawback** to the product	그 제품의 주요 **단점**
0470.	park the car in the **driveway**	**진입로**에 차를 대다
0471.	**due** in two years	2년 뒤에 **지불될**
0472.	a **dull** film	**지루한** 영화
0473.	**durable** goods	**내구**재
0474.	the **earth**'s atmosphere	**지구**의 대기권
0475.	an **earthquake** zone	**지진** 지대
0476.	his **easygoing** nature	그의 **너그러운** 성격
0477.	will have the **edge** over its competitors	경쟁자에 비해 **유리한** 위치에 서다
0478.	a limited **edition**	한정**판**
0479.	cause and **effect**	원인과 **결과**
0480.	the **election** campaign	선거 운동

Day 17

0481.	**enroll** in aerobics classes	에어로빅 강좌에 **등록하다**
0482.	**ensure** his success	그의 성공을 **보장하다**
0483.	**enter** politics	정계에 **입문하다**
0484.	a joint **enterprise**	합동 **사업**
0485.	in my **entire** life	내 인생을 **통틀어**
0486.	a forced **entry**	강제 **진입**
0487.	**environmental** damage	**환경**에 대한 피해
0488.	a flu **epidemic**	인플루엔자의 **유행**
0489.	brand-new computer **equipment**	새 컴퓨터 **장치**
0490.	a qualification which is **equivalent** to a degree	학위에 **상당하는** 자격증
0491.	the end of an **era**	한 **시대**의 종말
0492.	**erupt** into riot	폭동으로 **번지다**
0493.	absolutely **essential**	절대 **필수적인**
0494.	**establish** a research center	연구소를 **설립하다**
0495.	the deceased's **estate**	고인의 **유산**
0496.	hold A in high **esteem**	A를 높이 **평가하다**
0497.	a rough **estimate**	대강 내 본 **견적**
0498.	**exceed** my expectations	내 예상을 **뛰어넘다**
0499.	**excel** at foreign languages	외국어 실력이 **뛰어나다**
0500.	foreign **exchange**	**환전**
0501.	have **exclusive** access to	~의 **독점적** 사용권을 갖다
0502.	be **exempt** from tax	세금 **면제를 받다**
0503.	proceed with extreme **caution**	무척 **조심**스럽게 진행하다
0504.	a new sculpture **exhibit** at the museum	전시관에 새로 들어온 조각 **전시물**
0505.	the **existing** laws	**현행법**
0506.	a medical **expert**	의학 **전문가**
0507.	be **exposed** to light	빛에 **노출되다**
0508.	**extend** the deadline	마감기한을 **연장하다**
0509.	**extensive** research	**폭넓은** 조사
0510.	species in danger of **extinction**	**멸종** 위기에 처한 종

Day 18

0511.	an **extraordinary** talent	**굉장한** 재능
0512.	an **extravagant** lifestyle	**호화로운** 생활
0513.	**fabric** softener	**섬유** 유연제
0514.	look white and **fatigued**	창백하고 **무척 피곤해** 보이다
0515.	his **excessive** drinking	그의 **지나친** 음주
0516.	the conference's **failure** to reach an agreement	회의에서 합의 도출 **실패**
0517.	speak English **fairly** well	영어를 **꽤** 잘 하다
0518.	turn out to be a **fake**	**가짜**로 밝혀지다
0519.	radioactive **fallout**	방사능 **낙진**
0520.	**falter** for a moment	잠시 **비틀거리다**
0521.	taxi **fares**	택시 **요금**
0522.	potentially **fatal** diseases	**치명적**일 수 있는 병
0523.	physical and mental **fatigue**	육체적, 정신적 **피로**
0524.	turn off the **faucet**	**수도꼭지**를 잠그다
0525.	make a **favorable** impression	**좋은** 인상을 주다
0526.	a common **feature**	공통된 **특징**
0527.	**face** a difficult task	힘든 일을 **맡다**
0528.	a crucial **factor**	중대한 **요인**
0529.	have a **fever**	**고열**이 나다
0530.	sales **figures**	매출액 **수치**
0531.	business **finance**	기업 **금융**
0532.	pay a heavy **fine**	많은 **벌금**을 물다
0533.	be **fired** from my job	직장에서 **잘리다**
0534.	a **fitness** club	**헬스클럽**
0535.	be cut off by **floods**	**홍수**로 외부와 두절되다
0536.	have a strong **flavor**	**맛**이 강하다
0537.	enhance **flexibility**	**유연성**을 향상시키다
0538.	book a **flight** to	~행 **항공편**을 예매하다
0539.	**flourishing** businesses	**번창하는** 기업
0540.	**fluctuate** wildly from year to year	해마다 큰 폭으로 **바뀌다**

Day 19

0541.	**force** myself to get up	**억지로** 일어나다
0542.	America's **foreign** policy	미국의 **대외** 정책
0543.	the world's **foremost** figure skater	세계 **최고의** 피겨 스케이팅 선수
0544.	**fossil** fuel	**화석** 연료
0545.	adopt a child they were **fostering**	양자로 **키우던** 아이를 입양하다
0546.	be **founded** on	~에 **근거를 두다**
0547.	be **frightened** to death	엄청 **무서워하다**
0548.	**fulfill** one's ambition	야망을 **실현하다**
0549.	bodily **functions**	신체 **기능**
0550.	a **fund** raiser	**모금** 행사
0551.	a **fundamental** difference in opinion	**근본적인** 의견차
0552.	attend a **funeral**	**장례식에** 참석하다
0553.	take no **further** action	**추가** 조치를 취하지 않다
0554.	make a **fuss**	**호들갑을** 떨다
0555.	a reverse **gear**	후진 **기어**
0556.	a **generous** helping of pasta	**푸짐한** 파스타 1인분
0557.	a literary **genre**	문학 **장르**
0558.	a **genuine** diamond	**진짜** 다이아몬드
0559.	wedding **gifts**	결혼 **선물**
0560.	**glance** over his shoulder	어깨 너머로 **얼핏 보다**
0561.	have a **gossip** with	~와 남의 **뒷이야기를** 하다
0562.	**grab** the opportunity to go to America	미국에 갈 기회를 **잡다**
0563.	be in sixth **grade**	6**학년**이다
0564.	**grasp** his arm firmly	그의 팔을 꽉 **쥐다**
0565.	be **grateful** for	~에 **고마워하다**
0566.	a **graveyard** for old cars	고물차 **하치장**
0567.	the force of **gravity**	**중력**의 힘
0568.	**greet** him with cries of welcome	어서 오라고 큰 소리로 그에게 **인사하다**
0569.	a **grocery** store	**식료품**점
0570.	prove **groundless**	**근거 없다**고 밝혀지다

Day 20

0571.	stimulate economic **growth**	경제 **성장**을 촉진하다
0572.	under her expert **guidance**	그녀의 전문가다운 **안내**를 받아
0573.	plead **guilty** to two charges	두 혐의에 대해 **유죄**를 인정하다
0574.	natural **habitat**	자연 **서식지**
0575.	heavy showers of rain and **hail**	마구 쏟아지는 비와 **우박**
0576.	come to a **halt**	**멈추다**
0577.	**handle** the situation very well	상황에 아주 잘 **대처하다**
0578.	come in **handy**	**요긴하게 쓰이다**
0579.	**harmful** bacteria	**해로운** 박테리아
0580.	extremely **harsh** conditions	극도로 **가혹한** 환경
0581.	the front-page **headline**	1면 **헤드라인**
0582.	**heavily** armed troops	**중무장한** 부대
0583.	of average **height**	중간키인
0584.	indecipherable **hieroglyph**	해독 불가능한 **상형문자**
0585.	**high-tech** industries	**첨단 기술** 산업
0586.	**hinder** my career	내 일에 **지장을 주다**
0587.	be in charge of **hiring** and firing	**고용**과 해고를 담당하다
0588.	**hoist** the flag	깃발을 **게양하다**
0589.	companies with large property **holdings**	대규모의 부동산 **자산**을 가진 회사
0590.	a **holy** man	**신심이 깊은** 남자
0591.	be **homesick** for Korea	**고국**인 한국을 **그리워하다**
0592.	a **homicide** case	**살인** 사건
0593.	check under the **hood**	**후드**를 열고 살펴보다
0594.	honk my **horn**	**경적**을 울리다
0595.	a game show **host**	게임쇼 **진행자**
0596.	hire a **housekeeper**	**가정부**를 고용하다
0597.	a **huge** profit	**막대한** 이득
0598.	**humanitarian** relief	**인도적** 구제
0599.	rise from **humble** origins	**비천한** 출생을 딛고 성공하다
0600.	**humiliate** me in front of your friends	네 친구들 앞에서 나를 **망신 주다**

Day 21

0601.	the overwhelming strength of **hurricane**	**허리케인**의 압도적인 위력
0602.	**identify** the robber	강도의 **신원을 밝히다**
0603.	an **ignorant** and uneducated man	교육을 못 받은 **무식한** 남자
0604.	**illegal** drugs	**불법** 약물
0605.	recover from an **illness**	**병**이 낫다
0606.	**illuminate** his face	그의 얼굴에 **빛을 비추다**
0607.	the **immigration** control	**입국** 심사대
0608.	have a profound **impact** on	~에 심대한 **영향**을 미치다
0609.	hearing-**impaired**	청력이 **손상된**
0610.	offer **impartial** advice	**공정한** 조언을 주다
0611.	**implement** a policy	정책을 **실시하다**
0612.	**impose** a fine	벌금을 **부과하다**
0613.	be sentenced to 6 years' **imprisonment**	**징역** 6년형을 선고받다
0614.	**improve** with age	오래되면서 **좋아지다**
0615.	President Obama's **inauguration**	오바마 대통령의 **취임**
0616.	without **incident**	무사히
0617.	my natural **inclination**	내 솔직한 **기분**
0618.	everyone, you **included**	너를 **포함한** 모든 사람
0619.	be **incorporated** in the new legislation	새 법안에 **통합되다**
0620.	very good **indeed**	**정말** 아주 좋은
0621.	**independent** of the government	정부로부터 **독립한**
0622.	the **in-depth** report	**심층** 보도
0623.	an **inevitable** consequence	**불가피한** 결과
0624.	**infant** mortality	**유아** 사망률
0625.	**inflict** serious damage on the economy	경제에 심각한 **타격을 입히다**
0626.	exert **influence**	**영향력**을 행사하다
0627.	**inform** the police	경찰에 **신고하다**
0628.	an essential **ingredient** of corporate success	기업의 성공에 필수적인 **자질**
0629.	**innocent** of murder	살인**죄가 없는**
0630.	launch an **inquiry** into	~에 대한 **조사**에 착수하다

Day 22

0631.	**insist** on her innocence	그녀의 결백을 **주장하다**
0632.	provide **inspiration** for	~에게 **영감을** 주다
0633.	**install** new anti-virus software	컴퓨터 백신을 새로 **설치하다**
0634.	surgical **instruments**	수술 **도구**
0635.	**intense** concentration	**고도의** 집중
0636.	have every **intention** of	반드시 ~할 **생각**이다
0637.	the **interest** rate	**이자율**
0638.	**interfere** in politics	정치에 **간섭하다**
0639.	sorry to **interrupt**	**끼어들어서** 미안하다
0640.	**intervene** in disputes	싸움에 **개입하다**
0641.	be **intrigued** to know	무척 **알고 싶어하다**
0642.	an **invaluable** source of information	**아주 귀중한** 정보원
0643.	the tragic **irony**	비극적인 **역설**
0644.	the latest **issue**	최신**호**
0645.	go on a **journey**	**여행을** 가다
0646.	the **judicial** system	**사법** 체계
0647.	the members of the **jury**	**배심원들**
0648.	be brought to **justice**	**재판을** 받다
0649.	have a very **keen** sense of smell	후각이 아주 **예민하다**
0650.	**kidney** stone	**신장** 결석
0651.	**kneel** on the floor	바닥에 **무릎 꿇다**
0652.	specialist **knowledge**	전문 **지식**
0653.	a total **lack** of information	정보가 전혀 **없음**
0654.	**land** the airplane safely	비행기를 안전하게 **착륙시키다**
0655.	rural **landscape**	시골 **풍경**
0656.	a **landslide** election victory	선거의 **압승**
0657.	change **lanes** without signaling	깜박이를 켜지 않고 **차선을** 바꾸다
0658.	momentary **lapse**	찰나의 **실수**
0659.	a **laptop** computer	**노트북** 컴퓨터
0660.	**last** until midnight	자정까지 **계속되다**

Day 23

0661.	**launch** the new drug	신약을 **출시하다**
0662.	file a **lawsuit**	소송을 걸다
0663.	a defense **lawyer**	변호사
0664.	a **leaking** roof	물이 **새는** 지붕
0665.	a **lean** and athletic man	**호리호리하고** 운동 잘 하는 남자
0666.	a **lecture** on medieval art	중세 미술에 대한 **강의**
0667.	leave a **legacy**	유물을 남기다
0668.	do **likewise**	**똑같이** 하다
0669.	**literary** criticism	**문학** 비평
0670.	get a bank **loan**	은행 **대출을** 받다
0671.	be **located** in	~에 **자리 잡다**
0672.	a **logical** conclusion	**논리적인** 결론
0673.	a **lottery** ticket	**복권** 응모권
0674.	lead a life of **luxury**	**사치스런** 삶을 살다
0675.	**lyric** poets	**서정**시인
0676.	**maintain** contact with	~와 연락을 **유지하다**
0677.	the overwhelming **majority**	압도적 **다수**
0678.	the original **manuscript**	원본 **원고**
0679.	a gross profit **margin**	총 **이문**
0680.	the horror **masterpiece**	공포물의 **걸작**
0681.	be **mature** for his age	나이보다 **성숙하다**
0682.	**means** of transportation	교통**수단**
0683.	in the **meantime**	**그동안에**
0684.	a **measuring** cup	**계량**컵
0685.	**mechanics** working in the garage	정비소에서 일하는 **정비공**
0686.	**medium** to large companies	**중**대규모 기업
0687.	inspect the **merchandise** carefully	**제품을** 꼼꼼히 검사하다
0688.	a **mere** coincidence	**단순한** 우연
0689.	**merge** its subsidiaries	자회사들을 **통합하다**
0690.	a very creative use of **metaphor**	매우 독창적인 **은유**의 구사

Day 24

0691.	swallows **migrating** south	남쪽으로 **이동하는** 제비
0692.	the car's average **mileage**	차의 평균 **연비**
0693.	reach a significant **milestone**	중요한 **계기를** 맞다
0694.	**mind** your own business	자기 일에 **신경 쓰다**
0695.	the defense **minister**	국방부 **장관**
0696.	be shrouded in **mist**	**안개**에 싸이다
0697.	a **mixture** of emotions	**뒤섞인** 감정
0698.	**model** oneself after	~을 **닮으려** 애쓰다
0699.	a student of only **moderate** ability	**중간 정도** 실력밖에 안 되는 학생
0700.	a **modest** increase in costs	**약간의** 비용 증가
0701.	with **monotonous** regularity	**단조로울 만큼** 규칙적으로
0702.	**mostly** women	**대부분** 여자들
0703.	approve a **motion**	**발의를** 승인하다
0704.	**mount** an exhibition	전시를 **기획하다**
0705.	**move** an amendment	수정을 **제의하다**
0706.	be afraid of being **mugged**	**강도를** 당할까 무섭다
0707.	commit **murder**	**살인을** 저지르다
0708.	**mutual** trust	**상호** 신뢰
0709.	the **myth** of male superiority	남성 우월의 **통념**
0710.	by its very **nature**	원래 **특성상**
0711.	a feeling of **nausea**	**메스꺼운** 느낌
0712.	an absolute **necessity**	꼭 **필요한 것**
0713.	a **neglected** building	**방치된** 건물
0714.	and **nevertheless**	**그럼에도 불구하고**
0715.	be **nominated** for President	대통령 후보로 **지명되다**
0716.	read **non-fiction**	**실화를** 읽다
0717.	be **notified** in advance	미리 **통보받다**
0718.	a **notorious** computer hacker	**악명 높은** 컴퓨터 해커
0719.	a romantic **novel**	연애 **소설**
0720.	**obey** the law	법을 **준수하다**

Day 25

0721.	**obscure** legal phrases	**난해한** 법률 용어
0722.	an unhealthy **obsession**	불건전한 **집착**
0723.	clear an **obstacle**	**장애물**을 제거하다
0724.	**obtain** permission	허락을 **얻다**
0725.	state the **obvious**	**뻔한** 말을 하다
0726.	for a special **occasion**	특별한 **행사**를 위해
0727.	manual **occupations**	육체 노동**직**
0728.	an **occupying** army	**점령군**
0729.	it **occurs** to A to	A에게 ~할 생각이 **떠오르다**
0730.	body **odor**	**암내**
0731.	commit the **offense**	**범죄**를 저지르다
0732.	the **opening** of the Cannes film festival	칸 영화제 **개막**
0733.	the leading **opponent**	주요 **경쟁자**
0734.	satellites **orbiting** the Earth	지구 주위의 **궤도를 도는** 위성
0735.	a voluntary **organization**	자원봉사 **단체**
0736.	the place of **origin**	**원산지**
0737.	decide **otherwise**	**다른** 결정을 내리다
0738.	the **outcome** of the election	선거 **결과**
0739.	an **outline** of world history	세계사 **개요**
0740.	an **outrageous** hairstyle	**파격적인** 헤어스타일
0741.	**overdue** mortgage payments	**연체된** 주택담보대출 납부금
0742.	**overlook** a small detail	사소한 것을 **못 보고 넘어가다**
0743.	stay **overnight** at my house	우리집에서 **자고** 가다
0744.	a heart attack brought on by **overwork**	**과로**로 발생한 심근경색
0745.	**owe** you an apology	네게 사과할 **일이 있다**
0746.	go deathly **pale**	시체처럼 **창백해지다**
0747.	get into a **panic**	**겁에 질리다**
0748.	3,000 copies in **paperback**	**종이 표지책** 3천 부
0749.	**parliamentary** democracy	**의회** 민주주의
0750.	a **partial** solution	**불완전한** 해결책

Day 26

0751.	the **passport** control	출입국 관리소
0752.	his favorite **pastime**	그가 가장 즐기는 **취미**
0753.	a wealthy **patron**	돈 많은 **후원자**
0754.	a huge **paycheck**	엄청난 **소득**
0755.	have 400 people on the **payroll**	**직원** 수가 400명이다
0756.	receive a retirement **pension**	퇴직 **연금**을 받다
0757.	**perceive** a change in her behavior	그녀의 행동에서 변화를 **눈치 채다**
0758.	the **periodical** shelves at the library	도서관의 **정기 간행물** 서가
0759.	a **permanent** job	**정규**직
0760.	sales **personnel**	영업부 **직원들**
0761.	**persuade** him to come	그를 **설득해** 오게 하다
0762.	the initial **phase**	초기 **단계**
0763.	learn some French **phrases**	프랑스 말 몇 **마디**를 배우다
0764.	consult the **physician**	**의사**와 상의하다
0765.	a **pile** of books	책 **더미**
0766.	**pilgrims** visiting a holy shrine	성전을 방문하는 **성지 순례자들**
0767.	rule in favor of the **plaintiff**	**원고** 승소 판결을 내리다
0768.	the **planets** of our solar system	태양계의 **행성들**
0769.	a **plausible** explanation	**합당한** 설명
0770.	honor the election **pledge**	선거 **공약**을 지키다
0771.	**plenty** of time	**많은** 시간
0772.	**plunge** to one's death	**추락사하다**
0773.	**poisonous** substances	**독성** 물질
0774.	a leading Korean **politician**	한국의 거물급 **정치인**
0775.	carry out a **poll**	**설문조사**를 실시하다
0776.	soil **pollution**	토양 **오염**
0777.	**population** explosion	**인구** 폭발
0778.	full **potential**	모든 **잠재력**
0779.	be **pregnant** with twins	쌍둥이를 **배다**
0780.	get through the **preliminaries**	**예선**을 통과하다

Day 27

0781.	a movie **premiere**	영화 **시사회**
0782.	a monthly **premium** of 20 dollars	매월 **보험료** 20달러
0783.	be completely **preoccupied** with	~에 완전히 **몰두하다**
0784.	only available by **prescription**	**처방**으로만 구입 가능한
0785.	give a **presentation** on the new product	신제품에 대해 **발표하다**
0786.	be **preserved** intact	원래 상태 그대로 **보존되다**
0787.	**pretty** much	**거의**
0788.	**prevent** accidents	사고를 **예방하다**
0789.	a predator stalking its **prey**	먹잇감을 몰래 뒤쫓는 포식동물
0790.	**primates** including humans and apes	인간과 유인원 등의 **영장류**
0791.	renounce a **privilege**	**특권**을 포기하다
0792.	**proclaim** a state of emergency	비상시국을 **선포하다**
0793.	the legal **profession**	법조계 **전문직**
0794.	be **proficient** in English	영어가 **유창하다**
0795.	be **prohibited** from traveling abroad	해외여행을 **금지당하다**
0796.	**prolong** one's life	생명을 **연장하다**
0797.	play a **prominent** part	**중요한** 역할을 하다
0798.	**prompt** action	**즉각적인** 조치
0799.	a strong **proponent** of	~을 강력히 **지지하는 사람**
0800.	submit a **proposal**	**제안서**를 제출하다
0801.	**prose** style	**산문체**
0802.	a special **prosecutor**	특별 **검사**
0803.	a real **prospect**	현실적인 **가능성**
0804.	without **protest**	**항의** 없이
0805.	under the **provisions** of the Act	그 **법 조항**에 의거하여
0806.	**provocative** comments	**도발적인** 발언
0807.	write under the **pseudonym** 'Orwell'	'오웰'이라는 **가명**으로 글을 쓰다
0808.	a forensic **psychiatrist**	범인 **정신감정가**
0809.	a **punctual** start at 10 a.m.	오전 10시 **정각** 출발
0610.	give a **queer** laugh	**괴상한** 웃음소리를 내다

Day 28

0811.	**quench** a fire	불을 **끄다**
0812.	**quote** a passage from the Bible	성경 구절을 **인용하다**
0813.	a **solemn** vow	**엄숙한** 맹세
0814.	**racial** discrimination	**인종** 차별
0815.	a luggage **rack**	차 안의 짐 놓는 **선반**
0816.	**radiate** heat	열을 **내뿜다**
0817.	**radical** changes	**급진적인** 변화
0818.	the Korean **rail** system	한국의 **철도** 체계
0819.	a long period of low **rainfall**	**비가** 적게 **내리는** 기간의 오랜 지속
0820.	hold a **rally**	**집회를** 벌이다
0821.	a wide **range** of	여러 **종류의**
0822.	a **rare** disease	**희귀**병
0823.	a fixed **rate**	고정 **비율**
0824.	**ratify** a treaty	조약을 **비준하다**
0825.	**reach** A by telephone	전화로 A와 **연락하다**
0826.	cattle **rearing**	소 **사육**
0827.	at **reasonable** prices	**적절한** 가격에
0828.	the **rebel** leader	**반란** 주동자
0829.	if I **recall** correctly	내 **기억**이 맞다면
0830.	make out a **receipt**	**영수증**을 써 주다
0831.	be in deep **recession**	깊은 **침체**에 빠지다
0832.	a **recipe** for chicken soup	치킨수프 **조리법**
0833.	**recipients** of awards	수상**자**
0834.	make a remarkable **recovery**	놀랍도록 잘 **회복**하다
0835.	**recruit** new members	새 회원을 **모집하다**
0836.	**recycle** bottles	병을 **재활용하다**
0837.	**redeem** a voucher	상품권을 **상품으로 바꾸다**
0838.	**reduce** the risk of	~할 위험성을 **줄이다**
0839.	the removal of **redundant** information	**중복되는** 정보의 삭제
0840.	a letter of **reference**	**추천**서

Day 29

0841.	light **refreshments**	가벼운 **간식**
0842.	claim a **refund**	**환불**을 요구하다
0843.	**regain** consciousness	의식을 **되찾다**
0844.	a corrupt **regime**	타락한 **정권**
0845.	**reiterate** an argument	**또 다시** 주장하다
0846.	**reject** a suggestion	제안을 **거절하다**
0847.	a distant **relative**	먼 **친척**
0848.	**release** trade figures	상거래 금액을 **공개하다**
0849.	a **reliable** witness	**믿을 수 있는** 목격자
0850.	give a **reluctant** smile	**마지못해** 웃다
0851.	**remove** illegally parked vehicles	불법 주차된 차들을 **옮기다**
0852.	**renew** a contract	계약을 **갱신하다**
0853.	**renounce** a privilege	특권을 **포기하다**
0854.	a **renowned** author	**유명한** 저자
0855.	**replace** existing models	기존의 모델을 **대체하다**
0856.	an elected **representative**	선출된 **대표**
0857.	at the **request** of her manager	그녀의 매니저의 **요청**으로
0858.	**resemble** each other	서로 **닮다**
0859.	**reserve** a table for two	두 명이 앉을 자리를 **예약하다**
0860.	an infection that's **resistant** to antibiotics	항생제에 **저항력이 있는** 전염병
0861.	new year's **resolutions**	새해 **결심**
0862.	be **respectful** of authority	권위를 **존중하다**
0863.	Jim and Mary, aged 17 and 15 **respectively**	짐과 메리, 나이는 **각각** 17세와 15세
0864.	**restore** order	질서를 **회복하다**
0865.	be radically **restructured**	대대적으로 **재편되다**
0866.	**resume** negotiations	협상을 **재개하다**
0867.	**retail** prices	**소매** 가격
0868.	early **retirement**	조기 **퇴직**
0869.	**retrieve** information from the database	데이터베이스에서 정보를 **불러오다**
0870.	high risk, high **return**	고위험 고수익

Day 30

0871.	take **revenge** on	~에게 **복수하다**
0872.	**reverse** a verdict	판결을 **뒤집다**
0873.	a **revolutionary** idea	**파격적인** 생각
0874.	a **rigorous** analysis	**엄격한** 분석
0875.	**rip** the letter open	편지봉투를 **찢어** 개봉하다
0876.	**ripe** tomatoes	**익은** 토마토
0877.	**risk** one's life	목숨을 **걸다**
0878.	**roasting** meat	**구워지는** 고기
0879.	armed **robbery**	무장 **강도질**
0880.	**rookie** cops	**신참** 경찰
0881.	daily **routine**	매일 **하는 일**
0882.	impose **sanctions** against Iran	이란에 **제재** 조치를 내리다
0883.	on a large **scale**	**대규모**로
0884.	**scatter** seeds	씨를 **뿌리다**
0885.	a brief **resume** of events so far	사건 경과 **요약서**
0886.	a get-rich-quick **scheme**	대박을 터뜨릴 **계획**
0887.	**scrupulous** attention to detail	세세한 것에 **꼼꼼히** 신경 씀
0888.	come under close **scrutiny**	**정밀 조사**를 받다
0889.	**search** the Web for cheap flights	인터넷에서 저렴한 항공권을 **검색하다**
0890.	get **seasick**	**뱃멀미가** 나다
0891.	add **seasonings**	**조미료**를 넣다
0892.	**second** a motion	발의를 **재청하다**
0893.	a **secondhand** car	**중고** 차
0894.	a photo **session**	사진 촬영 **시간**
0895.	the building **security**	건물 **경비**
0896.	a **seemingly** endless journey	끝이 없어 **보이는** 여행
0897.	boost one's **self-esteem**	**자부심**을 높이다
0898.	**semiconductor** devices	**반도체** 기기
0899.	the California state **senate**	캘리포니아 주 **상원**
0900.	four **servings** of noodles	국수 **4인분**

Day 31

0901.	be **secure** in the knowledge that	~을 알고 **안심하다**
0902.	**severe** economic problems	**극심한** 경제난
0903.	**shabby** hotel rooms	**허름한** 호텔방
0904.	a **shallow** river	**얕은** 강
0905.	the **shareholders**' meeting	**주주** 총회
0906.	**shattered** windows	**박살난** 유리창
0907.	**skip** breakfast	아침밥을 **거르다**
0908.	**skirt** around the main issues	중요한 문제를 **피하다**
0909.	a **slightly** different color	**약간** 다른 색
0910.	**sneak** down the stairs	계단을 **살금살금** 내려가다
0911.	heavy **snowfalls**	폭설
0912.	**soaring** costs	**급증하는** 비용
0913.	major in **sociology**	**사회학**을 전공하다
0914.	a **rarely** performed play	**거의** 상연되지 **않는** 연극
0915.	**solicit** for funds	자금을 **요청하다**
0916.	carpets at **unbeatable** prices	**모두 만족할** 가격에 판매하는 카펫
0917.	liquids and **solids**	액체와 **고체**
0918.	**sophisticated** medical techniques	**정교한** 의학 기술
0919.	have a **sore** throat	목구멍이 **아프다**
0920.	buy A as a **souvenir**	**기념품**으로 A를 사다
0921.	a **sovereign** state	**주권** 국가
0922.	within a specific time **span**	특정한 **기간** 내에
0923.	**steadfast** loyalty	**확고한** 충성
0924.	the **steering** wheel	**운전**대
0925.	**stem** from	~에서 **유래하다**
0926.	**sterilized** milk	**독한** 우유
0927.	**stir** coffee	커피를 **젓다**
0928.	a **stopover** in Seoul	서울에 **들름**
0929.	the stresses and **strains** of daily life	일상의 스트레스와 **긴장**
0930.	**strategic** planning	**전략적** 기획

Day 32

0931.	**stray** cats	**집 없는** 고양이들
0932.	a car with a **streamlined** design	**유선형으로** 설계된 차
0933.	**submit** an application	지원서를 **제출하다**
0934.	**subscribe** to the monthly	월간지를 **정기구독하다**
0935.	be heavily **subsidized**	많은 **보조금을 받다**
0936.	all of a **sudden**	**갑자기**
0937.	**suffer** from asthma	천식에 **시달리다**
0938.	a **suitable** place to rear young children	아이들을 키우기 **적합한** 곳
0939.	a honeymoon **suite**	신혼부부용 **특별실**
0940.	be **superior** to	~보다 **우월하다**
0941.	**tear** down the walls	벽을 **무너뜨리다**
0942.	be stored at low **temperatures**	저온에서 **보관되다**
0943.	move into **temporary** accommodation	**임시** 숙소로 옮기다
0944.	in **terms** of	~의 **측면**에서
0945.	disputed **territory**	**영토** 분쟁 지역
0946.	aroma **therapy**	향기 **요법**
0947.	the sky **threatening** snow	눈이 올 **것 같은** 하늘
0948.	a clap of **thunder**	한 차례의 **천둥**
0949.	neat and **tidy**	잘 **정돈된**
0950.	wear a suit and **tie**	정장에 **넥타이를** 매다
0951.	a **timid** child	**숫기 없는** 아이
0952.	a man in **torment**	**고통스러워하는** 남자
0953.	pull a **trailer** to a campground	캠프장까지 **이동 주택을** 끌고 가다
0954.	financial **transactions**	금융 **거래**
0955.	**transform** the landscape	풍경을 **바꾸다**
0956.	the period of **transition**	**전환기**
0957.	signals **transmitted** from a satellite	위성에서 **전송된** 신호
0958.	a **transparent** plastic container	**투명** 플라스틱 용기
0959.	a **travel** agency	**여행사**
0960.	**trial** and error	**시행착오**

Day 33

0961.	**trip** and fall	이 걸려 넘어지다
0962.	a period of political **turbulence**	정치적 **혼란기**
0963.	the **ultimate** target	**최후의** 목표
0964.	a **unanimous** vote	**만장일치** 투표
0965.	**uncover** every clue	모든 단서를 **찾아내다**
0966.	**undergo** tests	시험을 **거치다**
0967.	**undertake** a task	일을 **맡다**
0968.	an **unemployed** builder	**일이 없는** 건축업자
0969.	a **unique** talent	**독특한** 재능
0970.	**unless** it's absolutely necessary	그것이 반드시 필요**하지 않다면**
0971.	**unprecedented** in modern times	근대에 **전례가 없는**
0972.	a **pretentious** film	**가식적인** 영화
0973.	an **unusual** feature	**독특한** 특징
0974.	**uphold** the conviction	유죄판결을 **확정하다**
0975.	sit **upright**	**똑바로** 앉다
0976.	**upset** arrangements	계획을 **망치다**
0977.	the **urge** to survive	생존 **욕구**
0978.	the **whole** truth	**완전한** 진실
0979.	a **useful** tool	**유용한** 도구
0980.	kitchen **utensils**	주방**용품**
0981.	public **utilities**	**공공 서비스**
0982.	a **valid** password	**정확한** 비밀번호
0983.	reach a **verdict**	**평결**을 내리다
0984.	**verify** the hypothesis	가설을 **입증하다**
0985.	earthquake **victims**	지진 **피해자들**
0986.	the maternity **ward**	산부인과 **병동**
0987.	nuclear **warfare**	핵**전쟁**
0988.	an arrest **warrant**	체포 **영장**
0989.	**waste** time	시간을 **허비하다**
0990.	a **waterproof** watch	**방수** 시계

Advanced
Stage

Day 34

0991.	**weigh** up the pros and cons	장단점을 **꼼꼼히 따지다**
0992.	in **urgent** need of	**속히** ~해야 하는
0993.	**widespread** damage	**광범위한** 피해
0994.	the hospital's maternity **wing**	병원의 산부인과 **병동**
0995.	a telephone **wire**	전화선
0996.	suffer from **constipation**	**변비로** 고생하다
0997.	work in the **consulate**	**영사관**에서 일하다
0998.	a **contagious** disease	**전염**병
0999.	**contaminated** food	**오염된** 음식
1000.	**contemplate** retirement	은퇴를 **고려하다**
1001.	a parking **token**	주차**권**
1002.	cheap and **nasty**	싸구려에 **질 나쁜**
1003.	a **plea** of not guilty	무죄 **주장**
1004.	stay **sober**	**술 취하지 않고 있다**
1005.	**cosmetic** surgery	**성형** 수술
1006.	the presidential **mandate**	대통령의 **임기**
1007.	pull out to **overtake** a truck	트럭을 **추월하려고** 차선을 바꾸다
1008.	apple **blossom**	사과꽃
1009.	**prosperous** countries	**번영하는** 국가들
1010.	**relax** stiff shoulder muscles	굳은 어깨 근육을 **풀어주다**
1011.	the T-**intersection**	T자형 **교차로**
1012.	**insider** trading	**내부자** (주식) 거래
1013.	glide down to the **runway**	**활주로**로 부드럽게 착륙하다
1014.	rent out the **condominium**	**콘도**를 세 주다
1015.	**dental** treatment	**이** 치료
1016.	a **freelance** journalist	**자유** 기고가
1017.	a chauffeured **limousine**	운전사가 딸린 **리무진**
1018.	Korea's economic **outlook**	한국의 경제 **전망**
1019.	a **naughty** boy	**버릇없는** 사내아이
1020.	**passive** smoking	간접흡연

Day 35

1021.	**manifest** oneself	모습을 **드러내다**
1022.	on **cue**	**신호**를 받으면
1023.	**neighboring** towns	**인근** 도시들
1024.	an **intolerable** burden	**견디기 힘든** 부담
1025.	it is **alleged** that	~라고들 **말한다**
1026.	advice on diet and **nutrition**	식생활과 **영양**에 대한 도움말
1027.	a **momentary** lapse of concentration	**잠시** 집중력이 흐트러짐
1028.	**hospitable** to strangers	낯선 이들을 **다정히 맞이하는**
1029.	**quicken** one's pace	발걸음을 **빨리 하다**
1030.	give way to **temptation**	**유혹**에 무너지다
1031.	**modernize** the equipment	장비를 **현대화하다**
1032.	a ministry **spokesperson**	정부 부처 **대변인**
1033.	a house in **multiple** occupancy	**다세대** 주택
1034.	a tax **audit**	세무 **감사**
1035.	frequent **flyers**	단골 **비행기 승객**
1036.	draw up **guidelines**	**지침**을 마련하다
1037.	health **certification**	건강 **증명서**
1038.	the Japanese **Embassy** in Seoul	주한 일본 **대사관**
1039.	a previous **tenant**	이전 **세입자**
1040.	a major **breakthrough** in negotiations	협상의 주요 **돌파구**
1041.	**conditional** approval	**조건부** 승인
1042.	a video game **console**	비디오 게임 **조종기**
1043.	a hormone **imbalance**	호르몬 **불균형**
1044.	close the **circuit**	**회로**를 닫다
1045.	be **presumed** dead	사망한 것으로 **추정되다**
1046.	cries of **outrage**	**분노**의 외침
1047.	bring A to a **standstill**	A를 **마비**시키다
1048.	**straightforward** instructions	**간단한** 지시
1049.	my one **aim** in life	나의 인생 **목표** 하나
1050.	a **fruitful** discussion	**생산적인** 토론

Day 36

1051.	**cholesterol** levels	콜레스테롤 수치
1052.	a **boycott** of furs	모피 불매 운동
1053.	make grossly **exaggerated** claims	많이 **과장된** 주장을 하다
1054.	**slash** prices	가격을 **대폭 인하하다**
1055.	a malignant **tumor**	악성 **종양**
1056.	**skyrocketing** oil prices	**급등하는** 유가
1057.	be exposed to **infection**	**감염**에 노출되다
1058.	**changeable** weather	**자주 바뀌는** 날씨
1059.	an **anxious** expression	**걱정하는** 표정
1060.	**express** delivery service	**퀵** 서비스
1061.	written **notification**	서면 **통보**
1062.	a **prospective** employee	**입사** 지원자
1063.	**presumably** because	**아마도** ~때문에
1064.	a self-addressed **envelope**	반송용 **봉투**
1065.	in **anticipation** of	~을 **기대하는**
1066.	**rusted** iron	**녹슨** 쇠
1067.	**bare** feet	**맨발**
1068.	**lust** for power	권력**욕**
1069.	decide my **fate**	내 **운명을** 결정짓다
1070.	**relieve** anxiety	걱정을 **덜어주다**
1071.	a heart **surgeon**	심장외과 **의사**
1072.	the **unemployment** rate	**실업률**
1073.	an **upward** gaze	**위를** 쳐다봄
1074.	it's only **lately** that	~한 것은 아주 **최근의** 일이다
1075.	have one's **wallet** stolen	**지갑**을 도둑맞다
1076.	price **labels**	가격**표**
1077.	the head **chef**	주방**장**
1078.	**affect** one's decision	~의 결정에 **영향을 주다**
1079.	**cooperate** closely	긴밀히 **협조하다**
1080.	**nearby** residents	**인근** 주민

1081.	be elected **mayor**	**시장**으로 선출되다
1082.	a **mass** of people	**많은** 사람들
1083.	play a **role** in	~에서 **역할을** 하다
1084.	a two-income **household**	맞벌이 **가정**
1085.	an interstate **highway**	주간 **간선 도로**
1086.	**highly** unlikely	가능성이 **매우** 낮은
1087.	**quite** angry with	~에게 **무척** 화가 난
1088.	**blue-chip** companies	**우량** 회사들
1089.	a collector's **item**	수집 **대상**
1090.	make a **reservation**	**예약**하다
1091.	for **rent**	**세놓음**
1092.	Sunday **shoppers**	일요일에 **쇼핑하는 사람**
1093.	in the bottom **drawer**	맨 밑 **서랍**에
1094.	at home and **abroad**	**국내외**에서
1095.	the **hallway** wall	**복도**의 벽
1096.	**terrible** injuries	**끔찍한** 부상
1097.	**eventually** even out	**결국** 잠잠해지다
1098.	**partly** because	**한 가지** 이유는
1099.	**celebrate** New Year	설을 **쇠다**
1100.	the **anniversary** of her husband's death	그녀 남편의 **기일**
1101.	hail a **cab**	손을 들어 **택시**를 잡다
1102.	the relevant **documentation**	필요한 **서류**
1103.	a **midday** meal	**정오**에 먹는 식사
1104.	a **replacement** for the position	그 직책의 **후임**
1105.	a perfectly **respectable** result	**괜찮은** 결과
1106.	and **moreover**	그리고 **더구나**
1107.	lie at anchor in the **harbor**	**항구**에 정박하다
1108.	make life **miserable**	삶을 **비참하게** 만들다
1109.	power **tools**	전동 **기구**
1110.	gain **practical** experience	**실제** 경험을 쌓다

Day 38

1111.	kitchen **cupboards**	주방 **찬장**
1112.	work **downtown**	**시내에서** 일하다
1113.	**extra** charge	**추가** 요금
1114.	software **package**	소프트웨어 **패키지**
1115.	retail **outlets**	소매 **할인점**
1116.	a paper jam in the **photocopier**	**복사기**의 종이 걸림
1117.	a zebra **crossing**	아스팔트에 흰 페인트로 칠한 **건널목**
1118.	be **eager** for	~을 **무척 바라다**
1119.	a government **official**	정부 **고위 관리**
1120.	**sweep** the floor	바닥을 **쓸다**
1121.	**especially** for you	**특별히** 너를 위해
1122.	a walk-in **closet**	대형 **벽장**
1123.	sit in an **armchair**	**안락의자**에 앉다
1124.	a lawyer with many **clients**	**의뢰인**이 많은 변호사
1125.	**digital** multimedia broadcasting	**디지털** 멀티미디어 방송
1126.	be **curious** as to	~에 대해 **궁금하다**
1127.	**memorize** a poem	시를 **외우다**
1128.	a price **tag**	가격이 표시된 **꼬리표**
1129.	in **theory**	**이론**적으로는
1130.	an uneven road **surface**	고르지 못한 도로**면**
1131.	**microwave** meals	**전자레인지로 돌려 만든** 식사
1132.	make it **worthwhile** to-v	~을 **할 만하게 하다**
1133.	a **meaningful** relationship	**진지한** 관계
1134.	the **unbelievable** cold	**엄청난** 추위
1135.	the company's Seoul **branch**	그 회사의 서울 **지사**
1136.	on 7th **Avenue**	7번**가에**
1137.	much more **besides**	**그밖에** 많은 것들
1138.	appear **confident** at interviews	면접에서 **자신 있는** 모습을 보이다
1139.	stack the **dishwasher**	**식기 세척기**에 그릇을 넣다
1140.	**perform** an experiment	실험을 **실시하다**

Day 39

1141.	an **unexpected** result	**예상 못한** 결과
1142.	a **valuable** experience	**귀한** 경험
1143.	a **backup** power supply	**예비** 전력 공급
1144.	be examined under a **microscope**	**현미경**으로 관찰하다
1145.	the financial **editor**	경제면 **편집자**
1146.	**dairy** products	**유**제품
1147.	a **chat** room	**채팅**방
1148.	**brush** strokes	**붓칠** 자국
1149.	Korean **automakers**	한국의 **자동차 회사**
1150.	an **annual** event	**연례**행사
1151.	**complain** to the manager	점장에게 **항의하다**
1152.	put A into **practice**	A를 **실행**에 옮기다
1153.	be **responsible** for	~에 **책임지다**
1154.	**blend** A with B	A와 B를 **섞다**
1155.	on the **evidence** of	~을 **근거로** 하여
1156.	teenagers **nowadays**	**요즘** 청소년들
1157.	safety **regulations**	안전 **수칙**
1158.	**transport** passengers	승객을 **실어 나르다**
1159.	a **tight** schedule	**촉박한** 일정
1160.	**technical** terms	**기술** 용어
1161.	a bulging **briefcase**	불룩한 **서류가방**
1162.	**billions** of dollars	**수십억** 달러
1163.	the Japanese **ambassador** to Korea	주한 일본 **대사**
1164.	be **allowed** to-v	~하도록 **허락받다**
1165.	trade **negotiation**	무역 **협상**
1166.	**apply** for a position	일자리에 **지원하다**
1167.	the illegible **postmark**	알아볼 수 없는 **소인**
1168.	poor **performance**	저조한 **성과**
1169.	lose control of one's **emotions**	**감정**을 다스리지 못하다
1170.	sit **beside** him	그의 **옆에** 앉다

Day 40

1171.	**interpersonal** relations	대인관계
1172.	a joint **venture**	합작 **사업**
1173.	hold a **convention**	**회의**를 개최하다
1174.	**compete** for the contract	계약을 따내려고 **경쟁하다**
1175.	**attend** a wedding	결혼식에 **참석하다**
1176.	a **container** ship	**컨테이너** 선박
1177.	in **praise** of	~을 **칭찬**하는
1178.	the **vacant** seat	**빈**자리
1179.	an **amusing** joke	**즐거운** 농담
1180.	my **prime** concern	내 **제1의** 관심사
1181.	offer a **discount** on	~을 **할인**해 주다
1182.	adopt a different **approach** to	~에 대한 다른 **해결책**을 시도하다
1183.	an **amazing** achievement	**아주 놀라운** 성과
1184.	his apprenticeship as a **carpenter**	그의 **목수** 견습생 기간
1185.	**genetic** engineering	**유전** 공학
1186.	propose a **toast** to	~에게 **건배**를 제안하다
1187.	**lock** the suitcase	여행 가방을 **잠그다**
1188.	psychological **wellbeing**	심리적 **행복**
1189.	fierce **competition**	치열한 **경쟁**
1190.	**announce** A over the intercom	사내 방송으로 A를 **발표하다**
1191.	get a haircut at the **barbershop**	**이발소**에서 머리를 자르다
1192.	under no **obligation** to-v	~할 **의무**가 전혀 없는
1193.	an **audience** of 20,000	2만 **관중**
1194.	issue a monthly **newsletter**	월간 **소식지**를 발행하다
1195.	a **convenience** store	편의점
1196.	and **therefore**	~이고 **그러므로**
1197.	the **applicants** for the job	그 일자리에 **지원한 이들**
1198.	**promote** economic growth	경제 성장을 **촉진하다**
1199.	a **tropical** island	**열대** 섬
1200.	**substitute** A for B	B를 A로 **대체하다**

Day 41

1201.	a vast **store** of knowledge	방대한 지식의 **축적**
1202.	under **construction**	**공사** 중인
1203.	a **bumpy** flight	많이 **흔들리는** 비행기
1204.	her **promotion** to sales manager	그녀의 영업부장 **승진**
1205.	be kept under **observation**	계속 **관찰**되고 있다
1206.	economic **stability**	경제적 **안정**
1207.	**boundary** disputes	**경계**를 둘러싼 분쟁
1208.	a nuclear power **plant**	핵**발전소**
1209.	**spare** cash	**비상금**
1210.	an **apparently** insoluble problem	해결하지 못할 **것 같은** 문제
1211.	be **omitted** from the list	명단에서 **빠지다**
1212.	high **humidity**	높은 **습도**
1213.	an autonomous **province**	자치 **지역**
1214.	**fuel** efficient	**연비**가 높은
1215.	**explore** for oil	석유를 **탐사하다**
1216.	the **couch** in the living room	거실의 **소파**
1217.	in the last **decade**	지난 **10년** 동안
1218.	have **confidence** in	~에 **믿음**을 갖다
1219.	my **colleagues** from the office	내 사무실 **동료들**
1220.	**represent** the interests of	~의 이해관계를 **대변하다**
1221.	**witnesses** to the accident	사고 **목격자**
1222.	the **proper** procedures	**적절한** 절차
1223.	be **determined** to-v	~하기로 **굳게 마음먹다**
1224.	an **even** surface	**고른** 표면
1225.	have a **negative** effect on	~에 **부정적인** 영향을 주다
1226.	flu **symptoms**	유행성 감기의 **증상**
1227.	a city **council**	시 **의회**
1228.	a water-saving **device**	물 절약 **장치**
1229.	**fasten** the seat belt	안전띠를 **매다**
1230.	a highly **intelligent** child	**지능**이 아주 **높은** 아이

Day 42

1231.	a six-week **layoff** with a broken leg	다리 골절로 인한 6주 **결근**
1232.	a **dispute** between the two countries about the border	국경을 둘러싼 두 국가간 **분쟁**
1233.	be severely **punished**	엄한 **처벌을 받다**
1234.	**beneficial** to health	건강에 **이로운**
1235.	**subtle** differences between	~간의 **미묘한** 차이
1236.	the **former** world champion	**전** 세계 챔피언
1237.	**up-to-date** figures	**최신** 통계치
1238.	**observe** the rules	규칙을 **지키다**
1239.	traffic **jam**	교통 **체증**
1240.	a **cargo** ship	**화물**선
1241.	a **pavement** cafe	**노천**카페
1242.	**frequently** asked questions	**자주** 하는 질문들(FAQs)
1243.	his fifth **successive** win	그의 5**연승**
1244.	a charitable **foundation**	자선 **기관**
1245.	have a **tendency** to-v	~하는 **경향**이 있다
1246.	**embarrass** the government	정부를 **골탕먹이다**
1247.	along the **corridor**	**복도**를 따라
1248.	**artificial** intelligence	**인공** 지능
1249.	the corporation's key **decision-makers**	그 기업의 **주요 결정권자들**
1250.	**shift** one's weight	무게중심을 **옮기다**
1251.	satisfy one's **greed** for	~에 대한 **욕심**을 채우다
1252.	**decorate** the walls	벽을 **꾸미다**
1253.	**transfer** money to his account	그의 계좌로 **이체하다**
1254.	fight a **desperate** battle	**필사적으로** 싸우다
1255.	improve **gradually**	**점차** 나아지다
1256.	an **insurance** policy	**보험** 상품
1257.	in **collaboration** with	~와 **협력**하여
1258.	the **layout** of streets	도로 **배치**
1259.	car **theft**	차량 **절도**
1260.	a tax **rebate**	세금 **환급액**

Day 43

1261.	be **described** as unusual	특이하다고 **일컬어지다**
1262.	collect **signatures** for the petition	탄원을 내려고 **서명운동을** 하다
1263.	**coordinate** the work of the team	팀 업무를 **조율하다**
1264.	a **candid** interview	**솔직한** 인터뷰
1265.	for whom it may **concern**	**관계자** 여러분에게
1266.	conclusive **proof**	결정적 **증거**
1267.	the **latter** half of the year	그 해의 **하반기**
1268.	as the name **indicates**	이름에서도 **알 수 있듯이**
1269.	plastic **objects**	플라스틱 **물품**
1270.	**overcome** formidable obstacles	험난한 장애물을 **극복하다**
1271.	an **identification** number	**인식** 번호
1272.	meet with **resistance**	**저항**에 부딪히다
1273.	5 meters in **width**	**폭** 5미터
1274.	**voluntary** contributions	**자발적** 기여
1275.	the **following** day	**다음** 날
1276.	leave a **note** for me	내게 **쪽지를** 적어 놓다
1277.	**absolutely** astonishing	**엄청나게** 놀라운
1278.	a reliable **method**	신뢰할 만한 **방식**
1279.	be **associated** with	~와 **연관되다**
1280.	the **maximum** temperature	**최고** 기온
1281.	broaden one's **horizons**	**견문**을 넓히다
1282.	**attach** a file	파일을 **첨부하다**
1283.	**beg** permission to leave	보내 달라고 **빌다**
1284.	**carry** a range of game software	모든 종류의 게임 소프트웨어를 **팔다**
1285.	**analyze** data	자료를 **분석하다**
1286.	private **correspondence**	개인 **서신**
1287.	play a **decisive** role	**결정적인** 역할을 하다
1288.	**remind** A of B	A에게 B를 **생각나게 하다**
1289.	**emphasize** the importance of	~의 중요성을 **강조하다**
1290.	a career **counselor**	직업 **상담사**

Day 44

1291.	a **requisition** form	요청서
1292.	**divine** providence	**신의** 섭리
1293.	be **investigated** by the police	경찰의 **조사를 받다**
1294.	follow the **instructions**	**설명**대로 따라하다
1295.	the principal **objective**	주요 **목표**
1296.	**dim** prospects	**암울한** 전망
1297.	be **concealed** from	~로부터 **숨겨지다**
1298.	lift a **ban**	**금지조치**를 풀다
1299.	attract **sponsors**	**후원사**를 유치하다
1300.	property **speculation**	부동산 **투기**
1301.	a **defect** in the glass	유리잔에 **빠진 이**
1302.	a **fertile** region	**비옥한** 지역
1303.	**freeze** solid	꽁꽁 **얼다**
1304.	**frown** with concentration	집중하며 이마를 **찡그리다**
1305.	**innovate** new products	신제품을 **소개하다**
1306.	a perfectly **legitimate** question	아주 **합당한** 질문
1307.	be closely **related**	밀접한 **관계가 있다**
1308.	a price **hike**	가격 **인상**
1309.	be **considerate** towards children	아이들을 잘 **배려하다**
1310.	**yield** to temptation	유혹에 **굴복하다**
1311.	**ignore** the suggestion	제안을 **무시하다**
1312.	**sue** A for damages	A를 상대로 피해보상 **소송을 걸다**
1313.	**fold** the paper in two	종이를 반으로 **접다**
1314.	in **response** to	~에 **반응하여**
1315.	in **particular**	**특히**
1316.	a **blanket** of fog	**자욱한** 안개
1317.	find a **solution**	**해결책**을 찾다
1318.	to a certain **extent**	어느 **정도**는
1319.	in **contrast** to	~와 **대조되는**
1320.	**considerable** damage	**상당한** 피해

Day 45

1321.	accident **prevention**	사고 **예방**
1322.	**virtually** impossible	**거의** 불가능한
1323.	be **dependent** on	~에 **의존하다**
1324.	a high-**definition** TV	고**화질** TV
1325.	sit on my **lap**	내 **무릎**에 앉다
1326.	a tight-fitting **lid**	밀봉 **뚜껑**
1327.	**rid** A of B	A의 B를 **제거하다**
1328.	an artificial **limb**	인공 **팔다리**
1329.	the **rim** of the glass	유리잔의 **가장자리**
1330.	flowers **blooming** in spring	봄에 **피는** 꽃들
1331.	**bleed** to death	**피를 많이 흘려** 죽다
1332.	a rare **breed**	희귀**종**
1333.	be taken **literally**	**곧이곧대로** 받아들여지다
1334.	the **youth** of today	오늘날의 **젊은이들**
1335.	blind **faith**	맹목적인 **신뢰**
1336.	walk along a **path**	**오솔길**을 걷다
1337.	commit a **sin**	**죄**를 저지르다
1338.	**imaginary** fears	**상상 속의** 공포
1339.	be **soaking** wet	흠뻑 **젖다**
1340.	be **worth** a fortune	거액**의 가치가 있다**
1341.	a **sigh** of relief	안도의 **한숨**
1342.	have a **shave**	**면도하다**
1343.	**ship** goods	상품을 **배송하다**
1344.	a state of **siege**	**포위된** 상태
1345.	**cease** fire	사격을 **중지하다**
1346.	**seize** a chance	기회를 **잡다**
1347.	**vanish** without trace	흔적도 없이 **사라지다**
1348.	**breathe** in	**숨을 들이쉬다**
1349.	feel utterly **exhausted**	**완전히 지치다**
1350.	the **architect** of the building	그 건물의 **설계사**

Day 46

1351.	clearly **evident**	아주 **분명한**
1352.	**artistic** abilities	**예술적** 역량
1353.	**flexible** plans	**융통성 있는** 계획
1354.	a **feasible** solution	**가능한** 해결책
1355.	**cough** politely	조심스럽게 **기침하다**
1356.	an **isolation** ward	**격리** 병동
1357.	**volunteer** helpers	**자원** 봉사자
1358.	**implied** criticism	**은근한** 비난
1359.	**enthusiastic** supporters	**열렬한** 지지자들
1360.	beyond **endurance**	**참기** 힘들 만큼
1361.	a flash of **insight**	순간 번뜩이는 **통찰력**
1362.	severe **drought**	극심한 **기뭄**
1363.	**supervise** building work	공사를 **감독하다**
1364.	work as a **librarian**	**사서**로 일하다
1365.	a **vicious** circle	**악순환**
1366.	a **resident** of New York	뉴욕 **주민**
1367.	have lunch in the **cafeteria**	**구내식당**에서 점심을 먹다
1368.	cultural **inheritance**	문화**유산**
1369.	**diminishing** returns	**줄어드는** 수익
1370.	chicks **hatch**	병아리가 **알에서 깨어나다**
1371.	minor **inconveniences**	약간의 **불편**
1372.	a blood **donor**	헌혈**자**
1373.	**peep** inside	안을 **살짝 들여다보다**
1374.	a **gloomy** expression	**암담한** 표정
1375.	a top **priority**	가장 **중요한 것**
1376.	mental **arithmetic**	**암산**
1377.	a **thermometer** reading	**온도계** 수치
1378.	a change from **agriculture** to industry	**농업**에서 산업으로 변화
1379.	**convert** dollars into euros	달러를 유로로 **바꾸다**
1380.	the terms of the insurance **policy**	**보험** 약관

Day 47

1381.	the Italian **Peninsula**	이탈리아 **반도**
1382.	a **formal** evening dress	**격식 있는** 이브닝드레스
1383.	vegetable **protein**	식물성 **단백질**
1384.	an **adopted** child	**입양**아
1385.	a private **secretary**	개인 **비서**
1386.	**swell** the ranks of	~의 수를 **늘리다**
1387.	an **efficient** method	**효율적인** 방식
1388.	the **assembled** company	자리에 **모인** 일동
1389.	rest **assured**	**안심하다**
1390.	**cure** an illness	병을 **고치다**
1391.	**smash** a cellphone to pieces	휴대전화를 **산산조각 내다**
1392.	**suspect** all along	줄곧 **의심하다**
1393.	**internal** organs	신체 **내** 장기
1394.	**impulse** buying	**충동**구매
1395.	a building **contractor**	건축 **도급업자**
1396.	do a **magnificent** job	**굉장한** 일을 해내다
1397.	fall behind in **output**	**생산량**이 떨어지다
1398.	a **rectangle** and a square	**직사각형**과 정사각형
1399.	a **welfare** state	**복지** 국가
1400.	**calculate** benefit	수익을 **계산하다**
1401.	in one's **judgment**	~의 **판단**으로는
1402.	the fourth **dimension**	4**차원**
1403.	parliamentary **democracy**	의회 **민주주의**
1404.	organic **chemistry**	유기 **화학**
1405.	under **guarantee**	**보증기간** 내에 있는
1406.	a fuel **gauge**	연료 **측정기**
1407.	remain **neutral**	**중립**을 지키다
1408.	the **reform** of the educational system	교육제도의 **개혁**
1409.	**deadly** weapons	**흉기**
1410.	**decayed** teeth	**썩은** 이

Day 48

1411.	have a clear **conscience**	**양심**에 거리낄 것이 없다
1412.	a research **institute**	연구소
1413.	**dedicate** oneself to	~에 **헌신하다**
1414.	**accuse** A of theft	A를 절도 혐의로 **기소하다**
1415.	an area of 400 **square** meters	400 **제곱**미터 넓이
1416.	blood **circulation**	혈액 **순환**
1417.	sexual **reproduction**	유성 **생식**
1418.	an **energetic** supporter	**열렬한** 지지자
1419.	be badly **bruised**	심하게 **멍들다**
1420.	an agony of **suspense**	**긴장**에 떠는 괴로움
1421.	**designate** one's successor	후임을 **임명하다**
1422.	**evaporate** moisture	수분을 **증발시키다**
1423.	**conceive** a child	아기를 **임신하다**
1424.	conduct a **survey**	설문조사를 **실시하다**
1425.	leave plates in the **sink**	접시를 **싱크대**에 두다
1426.	a **tow** truck	**차량 견인** 트럭
1427.	the main **theme**	주요 **주제**
1428.	circulate the **memo**	**회람**을 돌리다
1429.	during his **lifetime**	그가 **살아 있었을 때**
1430.	the **extension** number	**교환** 번호
1431.	a fire **alarm**	화재**경보기**
1432.	be up for **auction**	**경매**에 오르다
1433.	fill a **vacancy**	**빈자리**를 채우다
1434.	job **opportunities**	취업 **기회**
1435.	a **downturn** in sales	매출액 **감소**
1436.	in the **suburbs**	**교외**에
1437.	**personality** clashes	**성격**차이로 인한 충돌
1438.	the **primary** aim	**1차** 목표
1439.	have a medical **checkup**	**건강검진**을 받다
1440.	**cashiers** at the supermarket	슈퍼의 **계산원들**

Day 49

1441.	a **variety** of	다양한
1442.	attention deficit **disorder**	주의력 결핍 **장애**
1443.	**assume** responsibility	책임을 **맡다**
1444.	**ache** all over	온몸이 **아프다**
1445.	**mend** shoes	신발을 **고치다**
1446.	a coughing **fit**	마구 터져 나오는 **기침**
1447.	**barely** audible	들릴락 **말락 한**
1448.	on the **recommendation** of	~의 **권유**로
1449.	**barking** dogs	**짖는** 개
1450.	**rub** one's eyes	눈을 **비비다**
1451.	**urban** renewal	**도시** 재개발
1452.	supermarket **shelves**	슈퍼마켓 **선반**
1453.	**remote** control	**원격** 조종
1454.	**previous** experience	**이전** 경력
1455.	put down a 10% **deposit** on	~에 10%의 **계약금**을 걸다
1456.	a language **laboratory**	어학**실**
1457.	a **satisfied** smile	**흡족한** 웃음
1458.	**contribute** to his death	그의 죽음에 원인을 **제공하다**
1459.	safety **procedures**	안전 **조치**
1460.	a **sustained** attack	**계속되는** 공격
1461.	an **attractive** girl	**매력적인** 소녀
1462.	a **fascinating** subject	**매혹적인** 주제
1463.	a highly **significant** fact	매우 **중요한** 사실
1464.	**concentrate** the mind	정신을 **집중하다**
1465.	do a **terrific** job	**대단한** 일을 해내다
1466.	**barren** land	**불모**지
1467.	a tough **assignment**	힘든 **과제**
1468.	the fall **semester**	가을 **학기**
1469.	in an **ideal** world	**상상 속**의 세계에서는
1470.	keep the **principal** intact	**원금**에 손대지 않다

Day 50

1471.	erect a **monument**	**기념관**을 건립하다
1472.	in **descending** order	높은 것부터 **낮은 순서로**
1473.	for **various** reasons	**여러 가지** 이유로
1474.	**heir** to a large fortune	막대한 재산의 **상속인**
1475.	the grassy **plain**	초원
1476.	a Korean film **dubbed** into English	영어로 **더빙된** 한국영화
1477.	**raise** questions about	~에 대한 의문을 **제기하다**
1478.	the **florist**'s	꽃가게
1479.	**dye** fabric	천을 **염색하다**
1480.	**largely** because	**주로** ~때문에
1481.	a fairy **tale**	동화
1482.	sow **seeds**	씨를 뿌리다
1483.	a **deserted** nest	**버려진** 둥지
1484.	a dry **cell**	건**전지**
1485.	**stare** A down	**눈싸움**으로 A를 이기다
1486.	a bus **route**	버스 **노선**
1487.	dead and **buried**	죽어 땅에 **묻힌**
1488.	a **male** nurse	**남자** 간호사
1489.	**heal** the wounds	상처를 **치료하다**
1490.	the **sole** survivor	**유일한** 생존자
1491.	in **vain**	헛되이
1492.	**alter** significantly	많이 **변하다**
1493.	an **aisle** seat	**통로** 쪽 좌석
1494.	**complement** each other	서로를 **보완하다**
1495.	**foul** breath	**고약한** 입냄새
1496.	the **idling** car	**공회전 중인** 차
1497.	mounting **tension**	고조되는 **긴장**
1498.	**martial** arts	무술
1499.	in a **row**	한 **줄로**
1500.	**graduate** with honors	우등생으로 **졸업하다**

Day 51

1501.	**major** in business administration	경영학을 **전공하다**
1502.	value-added **tax**	부가가치**세**
1503.	be **characterized** by	~라는 **특징이 있다**
1504.	take up a **post**	**직책**을 맡다
1505.	the ebb and flow of the **tide**	**조수**의 변화
1506.	the accounting **department**	경리**부**
1507.	a **faint** glow	**희미한** 빛
1508.	a **spark** plug	**점화** 플러그
1509.	a vegetable **plot**	채소 **텃밭**
1510.	this summer's **hot** ticket	올 여름 **인기** 영화
1511.	**ongoing** negotiations	**계속되는** 협상
1512.	**pickpockets** stealing purses	지갑을 훔치는 **소매치기**
1513.	no matter how **bad-off** I am	내가 아무리 **돈이 없어도**
1514.	**engrave** A with B	A에 B를 **새기다**
1515.	**fatality** rates	**사망률**
1516.	have her **womb** removed	**자궁** 적출 수술을 받다
1517.	his **attitude** towards women	여자에 대한 그의 **태도**
1518.	**possess** a credit card	신용 카드를 **갖고 있다**
1519.	**sidestep** the environmental issues	환경 문제를 **회피하다**
1520.	a **startling** discovery	**아주 놀라운** 발견
1521.	an **enchanting** place	**매혹적인** 곳
1522.	lose his **sanity**	**정신**이 나가다
1523.	bring **dishonor** on his family	집안 **망신을 시키다**
1524.	**rekindle** painful memories of the war	괴로운 전쟁의 기억을 **다시 상기시키다**
1525.	**embody** everything I admire in a teacher	내가 존경하는 교사의 자질을 모두 **구현하다**
1526.	be politically **oriented**	정치 **지향적이다**
1527.	**standardized** tests	**표준화된** 시험
1528.	**tumble** backwards	뒤로 **떨어지다**
1529.	be in **uproar**	**난리**가 나다
1530.	hear the dog **whining**	개가 **낑낑거리는** 소리를 듣다

주제별 어휘

☐	anarchy	무정부 상태
☐	aristocracy	귀족정치
☐	aristocrat	귀족
☐	autocracy	독재정치
☐	dictatorship	독재
☐	dictator	독재자
☐	ballot box	투표함
☐	bicameral	양원제의
☐	bourgeois	부르주아 계급
☐	bourgeoisie	부르주아 개인
☐	proletariat	무산 계급
☐	proletarian	무산자
☐	by-election	보궐선거
☐	canvass	유세활동을 하다
☐	chauvinism	국수주의
☐	chauvinist	국수주의자
☐	demagogue	선동가
☐	egalitarian	평등주의의
☐	egalitarianism	평등주의
☐	filibuster	의사진행 방해자
☐	gerrymander	선거구를 유리하게 바꾸다
☐	hard-liner	강경파
☐	hegemony	패권
☐	independent	무소속
☐	militarism	군국주의
☐	nepocracy	족벌정치
☐	nepotism	혈연주의
☐	plebiscite	국민투표 = referendum
☐	plurality	과반수, 겸직
☐	plutocracy	금권정치
☐	regent	섭정
☐	reign	통치기간
☐	secession	탈당
☐	suffrage	참정권
☐	totalitarianism	전체주의

외교

☐	brinkmanship	벼랑 끝 전술
☐	cease-fire	휴전
☐	consul	영사
☐	detent	국가 간 긴장완화
☐	diplomatic immunity	외교 면책특권
☐	envoy	특사, 외교사절
☐	espionage	첩보행위
☐	nuclear disarmament	핵군축
☐	repatriation	강제 송환
☐	deportation	송환
☐	summit (talk)	정상 회담
☐	territorial waters	영해
☐	territorial dispute	영토 분쟁
☐	shirt-sleeve diplomacy	비공식 외교
☐	war declaration	선전포고

과학

☐	aritificial intelligence	인공 지능
☐	automate	자동화하다
☐	cyberspace	가상공간
☐	debug	컴퓨터 버그를 수정하다
☐	fiber communication	광통신
☐	glitch	자잘한 고장
☐	integrated circuit	집적 회로
☐	space probe	우주 탐사선
☐	ubiquitous	도처에서 사용 가능한
☐	virtual reality	가상현실
☐	stem cell	줄기세포
☐	chromosome	염색체
☐	lava	(액체 또는 고체 상태의) 용암
☐	meteor	유성
☐	meteorite	운석
☐	monsoon	(인도, 남아시아의) 장마철
☐	meteorology	기상학
☐	paleontology	고생물학

☐	act	법령, 조례
☐	amnesty	사면
☐	attorney	변호사
☐	bail	보석금, 보석금을 지불하다
☐	barrister	법정 변호사
☐	breach	위반
☐	by-law	내규
☐	civil law	민법
☐	criminal law	형법
☐	civil suit	민사 소송
☐	code	법전, 법규
☐	cross-examine	반대심문하다
☐	culprit	범죄자, 형사 피고인
☐	custody	구속, 수감
☐	due process of law	적법 절차
☐	embezzle	횡령하다
☐	felony	중범죄
☐	misdemeanor	경범죄
☐	holdup	노상강도
☐	indict	기소하다
☐	acquit	무죄 판결하다
☐	larceny	절도
☐	life imprisonment	무기징역
☐	lose a case	패소하다
☐	annul	결혼, 법적 계약을 무효로 하다
☐	parole	가석방
☐	patent infringement	특허권 침해
☐	penal	형법의
☐	perjury	위증
☐	postmortem	검시
☐	autopsy	검시
☐	practitioner	개업의, 변호사
☐	mediation	중재
☐	proviso	법령, 조약의 단서
☐	search warrant	수색 영장

☐	summons	소환장, 법원 출두명령
☐	subpoena	소환장
☐	testimony	법정 증언
☐	witness	증인, 목격하다
☐	writ	영장
☐	extraterritoriality	치외법권

패션

☐	attire	의복
☐	bathing suit	수영복
☐	bow tie	나비 넥타이
☐	cosmetics	화장품 = make-up
☐	costume	복장
☐	dressing room	탈의실 = changing room, fitting room
☐	fad	일시적 유행
☐	get a perm	파마하다
☐	patch	덧대는 조각
☐	stylish	멋진
☐	tie tack	넥타이 핀
☐	trend	유행, 경향
☐	vogue	유행

지구, 지리

☐	topography	지형학
☐	archipelago	군도
☐	Arctic	북극의
☐	the North Pole	북극
☐	Antarctic	남극의
☐	Antarctica	남극 대륙
☐	the South Pole	남극
☐	astrology	점성술
☐	aurora	극광, 오로라
☐	brine	해수
☐	canyon	협곡
☐	comet	혜성
☐	constellation	별자리
☐	crescent	초승달

☐	delta	삼각주
☐	earth's axis	지축
☐	equinox	춘분, 추분
☐	lime	석회
☐	marble	대리석
☐	firmament	창공
☐	galactic nebula	은하성운
☐	geyser	간헐온천
☐	gorge	협곡
☐	granite	화강암
☐	graphite	흑연
☐	gravel	자갈
☐	heavenly body	천체
☐	Mercury	수성(cf. mercury 수은)
☐	Venus	금성
☐	Mars	화성
☐	Jupiter	목성
☐	Saturn	토성
☐	Uranus	천왕성
☐	Neptune	해왕성
☐	Pluto	명왕성
☐	dwarf planet	왜소 행성
☐	molten	용해된
☐	nova	신성
☐	pebble	조약돌
☐	petrify	석화하다
☐	petrifaction	석화
☐	planet	행성
☐	reef	암초
☐	sand dune	사구
☐	satellite	위성
☐	sediment	퇴적물
☐	summer solstice	하지
☐	winter solstice	동지
☐	subtropical	아열대의

□	tribunary	지루
□	leap year	윤년
□	seismograph	지진계
□	seismometer	지진계
□	sunspot	태양 흑점
□	medical science	의학
□	orthodontist	치열 교정 의사
□	orthodontics	치열 교정
□	osteoporosis	골다공증

금융

□	bill	어음
□	bond	채권
□	blue chips	우량주
□	bust	파산시키다
□	debenture	채무 증서
□	endorse	수표 뒷면에 서명하다, 배서하다
□	fiat money	불환 화폐
□	liquidate	빚을 갚다, 상환하다
□	liquidation	청산
□	monetary system	통화 제도
□	oligopoly	과점
□	moratorium	지불 유예
□	passbook	은행 통장
□	principal	원금
□	promissory note	약속어음
□	proprietary	독점의
□	stagflation	성장 없는 통화 팽창
□	stagnation	불경기
□	usury	고리대금업
□	con artist	금융 사기꾼

경제

□	appraise	견적을 내다 = estimate
□	appropriation	충당금
□	autarky	자급자족
□	barter	물물교환

□	buoyant	시세가 오름세인
□	cession	할양
□	deflation	통화 긴축
□	depreciation	가치 하락
□	devaluation	평가절하
□	fluctuation	가치 변동
□	glut	과잉 공급
□	gross national product	국민 총생산
□	gross domestic product	국내 총생산
□	increment	증가분, 이윤
□	indemnity	손해배상
□	inventory	재고
□	lucre	부당한 이익
□	monger	상인(접미어) – fishmonger(생선 상인)
□	mortgage	저당
□	national treasury	국고
□	offset	상쇄하다
□	outlay	소비
□	pecuniary	돈의
□	pumping priming	경기 부양책
□	rush	급수요, 주문 쇄도
□	sequestrate	가압류하다
□	shut-down	사업장 폐쇄
□	stock-taking	재고 조사
□	tycoon	재벌

교육

□	pedagogy	교육학
□	academic advisor	지도 교수
□	alma mater	모교
□	alumnus	동창생
□	assignment	과제
□	bachelor	학사
□	bachelor's degree	학사 학위
□	master	석사
□	master's degree	석사 학위

☐ doctor	박사
☐ doctorate	박사 학위
☐ co-ed	남녀 공학의, 남녀 공학의 여학생
☐ commencement	졸업식
☐ curriculum	교육과정
☐ syllabus	강의 개요
☐ curve	상대평가
☐ dean	학장
☐ diploma	졸업장
☐ dropout	중퇴자
☐ expel	퇴학시키다
☐ enrollment	등록
☐ faculty	교직원
☐ grade point average	학점 평점(GPA)
☐ graduate school	대학원
☐ lifelong education	평생 교육
☐ prerequisite	선수 과목
☐ thesis	논문
☐ tuition	등록금

통신

☐ addressee	수신인
☐ area code	지역번호
☐ collect call	수신인 부담 전화
☐ direct mail	광고 우편
☐ directory	인명록
☐ telephone directory	전화번호부
☐ toll-free call	무료 전화
☐ zip code	우편번호
☐ extension (number)	내선 번호
☐ junk mail	원치 않는 광고 우편
☐ local call	시내 전화
☐ long-distance call	시외전화, 장거리 전화
☐ mobile communication	이동 통신
☐ overseas call	국제전화
☐ postage stamp	우표

☐	postscript	추신
☐	registered mail	등기 우편
☐	router	데이터 전송시 최적 경로를 선택하는 장치
☐	salutation	편지 인사말
☐	self-addressed	수신인 주소와 성명이 기재된

예술, 문화

☐	overture	서곡
☐	abstract (painting)	추상화
☐	landscape	풍경화
☐	still life	정물화
☐	adagio	느리게
☐	andante	느리게
☐	brushwork	화풍
☐	bust	반신상
☐	cacophony	불협화음
☐	caricature	풍자화
☐	chamber music	실내악
☐	choreography	발레 안무
☐	chromatic	색채의
☐	cinematography	영화 촬영법
☐	co-star	공동 주연하다
☐	fiddle	바이올린
☐	fine arts	미술
☐	kitsch	저속한 작품
☐	metronome	박자기
☐	monochrome	단색화
☐	motif	작품의 주제
☐	mural	벽화
☐	opus	음악 작품
☐	sculptor	조각가
☐	tone-deaf	음치인
☐	virtuoso	거장

역사

☐	anachronism	시대착오
☐	archaeology	고고학

☐	artifact	유물
☐	Ice Age	빙하기 = glacial epoch
☐	Stone Age	석기 시대
☐	Bronze Age	청동기 시대
☐	Iron Age	철기 시대
☐	feudal age	봉건 시대
☐	feudalism	봉건제
☐	hominoid	유인원
☐	homo erectus	직립원인
☐	mound	고분
☐	prehistoy	선사시대사
☐	prehistoric times	선사시대
☐	regal	왕의
☐	stratum	사회 계층
☐	hierarchy	위계질서
☐	unearth	발굴하다
☐	ups and downs	흥망성쇠 = rise and fall
☐	chivalry	기사도
☐	class warfare	계급투쟁
☐	cromlech	고인돌
☐	diggings	발굴된 것
☐	pictograph	상형문자
☐	serf	농노, 중세 농민
☐	slavery	노예제

문학, 언어

☐	allegory	우화
☐	alliteration	두운법
☐	anthology	전집
☐	censorship	검열
☐	epic	서사시
☐	euphemism	완곡어법
☐	jargon	은어
☐	orthography	철자법
☐	prose	산문
☐	verse	운문

☐	protagonist	주인공
☐	pen name	필명
☐	saga	무용담
☐	satire	풍자
☐	synopsis	줄거리
☐	syntax	구문론

환경, 기상

☐	acid rain	산성비
☐	atmospheric pressure	기압
☐	barometer	기압계
☐	cloudburst	소나기
☐	glacier	빙하
☐	icecap	만년설
☐	meteorology	기상학
☐	monsoon	계절풍
☐	muggy	후덥지근한
☐	humid	습기 있는 = wet
☐	sultry	습도가 높은
☐	overcast	구름이 잔뜩 낀
☐	precipitation	강수량
☐	sleet	진눈깨비
☐	thunderstorm	뇌우
☐	torrid	매우 더운
☐	trade wind	무역풍
☐	weather bureau	기상청
☐	westerlies	편서풍
☐	wind velocity	풍속
☐	zephyr	미풍
☐	lightning rod	피뢰침
☐	avalanche	눈사태
☐	blizzard	눈보라
☐	downpour	단기간의 폭우
☐	epicenter	진원지
☐	heat wave	폭염
☐	cold spell	기습 한파

☐	cold snap	반짝 추위
☐	inundation	홍수
☐	landslide	산사태
☐	tempest	폭풍우
☐	volcanic ashes	화산재
☐	vortex	회오리

인체, 건강

☐	acute	급성의
☐	chronic	만성의
☐	alternative medicine	대체 의학
☐	amnesia	기억상실
☐	anatomy	해부
☐	anemia	빈혈
☐	anesthesia	마취
☐	anesthetic	마취제
☐	anorexia	거식증
☐	antidote	해독제
☐	antifebrile	해열제
☐	aphasia	실어증
☐	artery	동맥
☐	vein	정맥
☐	arthritis	관절염
☐	asthma	천식
☐	astigmatism	난시
☐	athlete's foot	무좀
☐	barren	불임의 = infertile
☐	bladder	방광
☐	bone marrow	골수
☐	bosom	가슴
☐	bowel	장
☐	breast cancer	유방암
☐	bronchi	기관지
☐	bronchitis	기관지염
☐	bump	혹
☐	caesarian section	제왕절개

☐	cardiac	심장의
☐	cartilage	물렁뼈
☐	cataract	백내장
☐	cerebral	대뇌의
☐	cerebellum	소뇌
☐	cerebral death	뇌사
☐	chest	흉부
☐	choke	질식시키다
☐	coagulation	혈액 응고
☐	coma	혼수상태
☐	constipation	변비
☐	contagion	전염
☐	contraceptive	피임약
☐	corporal	육체의
☐	cranium	두개골
☐	cure-all	만병통치약
☐	delivery	분만
☐	conception	임신
☐	conceive	임신하다
☐	denture	틀니
☐	depilatory	탈모제
☐	dermatology	피부과
☐	dextral	오른손의
☐	sinistral	왼손의
☐	wisdom tooth	사랑니
☐	diabetes	당뇨병
☐	diagnose	진단하다
☐	diarrhea	설사
☐	dimple	보조개
☐	disinfect	소독하다
☐	duodenum	십이지장
☐	dyspepsia	소화불량 = indigestion
☐	field medicine	응급처치
☐	fracture	골절
☐	gallstone	담석

☐	gastric juice	위액
☐	gastric ulcer	위궤양
☐	sputum	가래
☐	stethoscope	청진기
☐	swoon	졸도
☐	symptom	징후
☐	syringe	주사기
☐	urine	소변
☐	urology	비뇨기과
☐	vegetable	식물인간
☐	venereal disease	성병
☐	vertigo	현기증
☐	wisdom tooth	사랑니
☐	gullet	식도
☐	hepatitis	간염
☐	hiccup	딸꾹질
☐	hypnosis	최면
☐	infirmary	양호실
☐	insomnia	불면증
☐	intensive care unit	중환자실
☐	internal medicine	내과
☐	internist	내과의사
☐	intestine	창자
☐	jaundice	황달
☐	kidney	신장
☐	lethargy	무기력
☐	leukemia	백혈병
☐	liver	간
☐	malnutrition	영양실조
☐	myopia	근시안
☐	narcotism	혼수상태
☐	ointment	연고
☐	olfactory	후각의
☐	ophthalmology	안과
☐	orthopedics	정형외과

☐	osteoporosis	골다공증
☐	palate	입천장
☐	palliate	임시로 통증을 완화하다
☐	palpitate	심장이 뛰다
☐	paralysis	마비
☐	pediatrics	소아과
☐	plastic surgery	성형수술
☐	pneumonia	폐렴
☐	polio	소아마비
☐	pulmonary	폐의
☐	recurrence	재발
☐	saliva	침
☐	scald	화상
☐	side effect	부작용

종교

☐	advent	예수의 강림
☐	apocalyptic	예언적인
☐	archbishop	대주교
☐	atheism	무신론
☐	baptism	세례
☐	benediction	축복, 감사기도
☐	blaspheme	신을 모독하는 말을 하다
☐	blasphemy	신성 모독
☐	cathedral	대성당
☐	Confucianism	유교
☐	deification	신격화
☐	domestication	교화
☐	eschatology	종말론
☐	orthodox	정통 교리의
☐	heterodox	이단의
☐	infidel	이단
☐	martyr	순교자
☐	martyrdom	순교
☐	mundane	세속의
☐	Muslim	이슬람교도

☐	nirvana	열반
☐	persecution	박해
☐	pilgrim	성지 순례자
☐	pluralism	다원주의
☐	Protestant	신교도
☐	puritan	청교도
☐	resurrection	예수의 부활
☐	crucifix	예수가 못 박힌 십자가
☐	crucifixion	예수가 십자가에 못 박힘
☐	Sabbath	안식일
☐	sacrilege	신성 모독
☐	sacrosanct	신성불가침의
☐	salvation	구원
☐	sect	종파
☐	theology	신학
☐	Trinity	삼위일체

TEPS 단골 실용 어구

☐	a high[low]demand for	~에 대한 많은[적은] 수요
☐	comprehensive checkup	종합 검진
☐	bull market	증권 강세 시장
☐	bear market	증권 약세 시장
☐	par value	주식, 채권의 액면가
☐	at par	액면가로
☐	above par	액면가보다 높게
☐	below par	액면가보다 낮게
☐	body shop	자동차 차체 제조공장, 차체 수리소
☐	developed country	선진국
☐	developing country	개발도상국
☐	underdeveloped country	후진국
☐	affiliated company	계열사
☐	ahead of time	미리, 예정보다 일찍 = in advance
☐	behind time	예정보다 늦게
☐	airline ticket	항공권
☐	aisle seat	통로쪽 좌석
☐	window seat	창가쪽 좌석

☐	annual conference	연례회의
☐	anti-war protest	반전 시위
☐	apply paint[lotion/cream]	페인트[로션/크림]을 바르다
☐	ask A a favor	A에게 부탁하다
☐	at one's leisure	느긋하게, 서두르지 않고
☐	at the tender age of	~ 살이라는 어린 나이에, 세상물정 모를 때
☐	attached file	첨부 파일 = attachment
☐	average temperature	평균 기온
☐	avian flu	조류 인플루엔자
☐	baggage claim area	공항에서 짐 찾는 곳
☐	claim one's baggage	공항에서 짐을 찾다
☐	bank account	은행 계좌
☐	be booked up	전 좌석의 예약이 끝나다
☐	be caught in traffic / be caught in a traffic jam	차가 막혀 못 가다
☐	be held	개최되다 = take place
☐	be in a good[bad] mood	기분이 좋다[나쁘다]
☐	be indebted to	~에게 신세를 지다, 고마워하다 = be grateful to
☐	be opposed to	~에 반대하다
☐	be subject to	~에 종속되다, ~의 영향을 받게 되어 있다
☐	be tied to	~와 관련되다, ~의 제약을 받다
☐	beggars can't be choosers	거지가 찬 밥 더운 밥 가리랴
☐	behind the scenes	비공개로, 막후에서
☐	blood transfusion	수혈
☐	board meeting	이사회
☐	board of directors	이사회
☐	boarding pass	비행기 탑승권
☐	boarding school	기숙학교
☐	day school	(기숙사가 없는) 통학 학교
☐	break a habit	습관을 고치다
☐	break a promise	약속을 어기다
☐	keep a promise	약속을 지키다
☐	break the news	(안 좋은) 소식을 전하다
☐	break-in	건물 침입
☐	break in	(물건을 훔치려고) 침입하다
☐	bridal shower	신부 친구들이 선물을 하는 축하연

☐	bumper-to-bumper traffic	차가 많이 막히는 교통상황
☐	burst into applause	우레와 같은 박수를 보내다
☐	business ethics	영업 윤리
☐	busy signal	통화중 신호음
☐	canned goods	통조림 제품
☐	cardiovascular disease	심장 혈관계 질환
☐	carry-on (baggage)	비행기에 갖고 탈 수 있는 짐
☐	cast a ballot	투표하다
☐	celestial body	천체
☐	cell phone	휴대전화
☐	change trains	기차를 갈아타다
☐	checking account	당좌 예금계좌
☐	child abuse	아동 학대
☐	child custody	자녀 양육권
☐	civil law	민법
☐	criminal law	형법
☐	claim ~ lives	~명의 목숨을 앗아가다
☐	classified ads / classifieds	신문의 분야별 광고란
☐	cold front	한랭 전선
☐	warm front	온난 전선
☐	compact car	소형 차
☐	consumer goods	소비재
☐	corporate ladder	회사 내 승진가도, 승진 단계
☐	plastic surgery	성형 수술 = cosmetic surgery
☐	nose [boob] job	코[가슴] 수술
☐	cost-efficient	비용 대비 성능이 좋은
☐	crack a joke	농담하다 = tell a joke
☐	credit rating	신용 등급
☐	critical phase	결정적인 시기
☐	current price	시가
☐	customs declaration	세관 신고
☐	cutting-edge	최첨단의 = state-of-the-art
☐	dairy farm	낙농장
☐	supply and demand	수요와 공급
☐	designated area	지정 구역

☐	diplomatic envoy	외교 사절
☐	disembarkation card	입국 신고서
☐	do hair	머리를 손질하다
☐	do the laundry	세탁하다
☐	domestic flights	국내 항공편
☐	down payment	선금, 계약금 = deposit
☐	down-to-earth	실용적인
☐	drag on	너무 오래 계속되다, 질질 끌다
☐	driving culture	운전 문화
☐	duration of stay	체류 기간
☐	duty-free shop	면세점
☐	economy class	항공기 이코노미 클래스
☐	educated guess	지식을 근거로 한 추측
☐	electronic data processing system	전자 데이터 처리 시스템
☐	emergency room	응급실
☐	endangered species	멸종 위기에 처한 종
☐	excess baggage charge	허용중량 초과 짐의 요금
☐	exchange rate	환율
☐	excuse oneself from	양해를 구하고 ~을 뜨다
☐	exercise caution	주의하다
☐	be expecting (a baby)	임신 중이다
☐	fairy tale	동화
☐	field trip	야외수업
☐	file a complaint	불만사항을 접수하다
☐	file a suit	소송을 걸다
☐	fill a cavity	충치를 때우다
☐	final destination	최종 목적지
☐	financial aid	금융 지원
☐	fitness club	헬스클럽
☐	have a flat tire	타이어에 구멍이 나다
☐	flight attendant	비행기 승무원
☐	for ages	아주 오랫동안
☐	foregone conclusion	뻔한 결론
☐	forward a mail	메일을 전달하다
☐	fringe benefit	복리 후생(유급휴가, 건강보험 등)

front desk	호텔 등의 접수처
gain weight	체중이 늘다 = put on weight
lose weight	체중이 줄다
gas station	주유소
genetic engineering	유전공학
genetically modified organism	유전자 변형 생물(GMO)
give A a ride	A를 차에 태워주다
give birth to	~을 낳다
go through an ordeal	시련을 겪다
graduate from	~을 졸업하다
have trouble with/-ing	~에 어려움을 겪다
have[make] a narrow escape	간신히 빠져나오다
health insurance	건강 보험
hear from	~에게 근황을 듣다
high-speed wireless Internet	고속 무선 인터넷
hit the headlines	주요 뉴스로 보도되다
home equity loan	주택 담보 대출 = home loan, mortgage
honk a horn	자동차 경적을 울리다
housewarming party	집들이
housing market	주택 시장
human rights activist	인권 운동가
identity theft	아이디 도용
illegal substances	불법 약물
in a coma	혼수상태에 빠진
in every respect	모든 측면에서
in plain English	쉬운 영어로
in retrospect	돌이켜 생각해 보니
in session	(의회, 회의) 회기 중인, 진행 중인
in terms of	~의 측면에서
incorporated company	법인 회사 = corporation
in-flight meal	기내식
information technology	정보 기술(IT)
inquiry into	~에 대한 조사
interest rate	이자율
international line	국제선